Frits VAN SETERS participait aux championnats d'échecs depuis 1933. Il remporta sa première victoire en 1940 et, depuis lors, ses succès, tant dans les championnats nationaux qu'internationaux, ne se comptèrent plus. Il rencontra notamment avec succès l'ex-champion du monde Euwe et le grand maître O'Kelly, et réussit un match nul contre l'ex-champion du monde Smyslov et le candidat au titre mondial Taimanov. Frits van Seters assumait les chroniques d'échecs et de bridge d'un grand quotidien. Il écrivait couramment dans différentes revues spécialisées. Il a fait partie d'un comité chargé par l'Euratom de programmer un ordinateur capable de jouer aux échecs. Il est décédé en 1977.

Frits Van Seters

LES ÉCHECS

Cet ouvrage a paru précédemment sous le titre :
Le guide Marabout des échecs.

© Editions Gérard & C°, Verviers, et Marabout s.a.,
Alleur (Belgique).

Un jeu séculaire

Des auteurs arabes affirment que le jeu d'échecs a été inventé par Adam et Eve à seule fin de se consoler du meurtre d'Abel. Certains prétendent que les Egyptiens le pratiquaient déjà. D'autres assurent que les échecs ont été inventés en Chine, bien avant notre ère.

Ces explications n'engagent que leurs auteurs. Le jeu d'échecs, merveilleux symbole de la puissance créatrice de l'homme, nous a été transmis sans que l'on sache indiscutablement qui en est l'inventeur. Au VIIe siècle, toutefois, le jeu était, semble-t-il, connu en Inde sous le nom de Tschaturanga. Au VIIIe siècle, il était pratiqué en Arabie. Il a gagné l'Europe par l'Espagne et l'Italie, où il a évolué lentement au fil des siècles.

Un traité d'échecs au XIIIe siècle

Le roi d'Espagne Alphonse X contribue à la diffusion du jeu en ordonnant la rédaction d'un traité d'échecs (achevé en 1283). Le texte de cet ouvrage reproduit des règles sur la marche des pièces ; ces règles diffèrent de celles de nos jours.

C'est à un moine, Jacob Cessoles, que nous devons le deuxième document sur les échecs : son livre, écrit vers 1300, évoque les principes élémentaires du jeu mais comprend aussi des sermons, dont le principal objet est de combattre la passion du jeu de dés.

Près de deux siècles s'écoulent avant que ne paraissent les livres de Francesco Vincent (*Cent fins de partie*) et de Lucéna.

Au XVIe siècle, et en Espagne encore, le jeu s'ordonne sous la forme que nous lui connaissons aujourd'hui. Il connaît une période de gloire à la cour de Philippe II. Un prince de l'Eglise,

Ruy Lopez, protégé du roi pour ses qualités de bon joueur, entreprend d'écrire un ouvrage sur les échecs « modernisés ».

Au début du xviie siècle, le Calabrais Gioachimo Greco (1600-1634) écrit à l'âge de dix-neuf ans un traité qui fait autorité pendant près de deux siècles.

Un siècle s'écoule entre la mort de Greco et la naissance de Philidor. Né en 1726 à Dreux, près de Paris, François-André Danican Philidor excelle non seulement aux échecs mais aussi au jeu de dames et en musique. Son traité, *L'Analyse du jeu des échecs* (1749), est traduit en plusieurs langues et donne le ton pendant un siècle.

Louis XVI, élève enthousiaste, mais peu doué, de Philidor, avait consenti à son professeur une rente viagère. Cette faveur royale faillit coûter la vie à son bénéficiaire, lorsqu'éclata la Révolution ; craignant Robespierre (joueur d'échecs également), Philidor se réfugia à Londres, où il mourut en 1795.

Avant sa fuite, il avait néanmoins joué des parties célèbres, au café de la Régence à Paris, en compagnie de Jean-Jacques Rousseau ou de Voltaire. On vit ensuite dans ce lieu, devant l'échiquier, Robespierre et le lieutenant Bonaparte, tous deux faibles joueurs. En revanche, l'un des généraux de l'Empereur, Alexandre-Louis-Honoré Lebreton Deschapelles, et son élève Labourdonnais (qui ne devait pas tarder à surclasser son maître) devinrent très rapidement les champions incontestés de leur époque.

Au moment où Labourdonnais se trouve au faîte de sa gloire (1824), un nouveau talent se lève en Grande-Bretagne : Alexandre Macdonnel. Désireux de se mesurer avec lui, Labourdonnais se rend à Londres en 1834, et une partie sans précédent s'engage. Puis, pendant deux ans, les deux champions ne disputent pas moins de quatre-vingt-huit parties, au terme desquelles l'avantage reste à Labourdonnais (+44 ; =14 ; -30). La suprématie française est consacrée, d'autant que la mort prématurée de Macdonnel (1835) laisse momentanément son adversaire sans rival.

Après la mort de Labourdonnais, survenue à Londres en 1840, de nouvelles vedettes voient le jour : Saint-Amant, en France, et Howard Staunton, en Angleterre. Une première rencontre les oppose à Londres en 1843 ; elle se termine à l'avantage du Français, par 3 1/2 à 2 1/2. Une deuxième, plus longue, organisée la même année à Paris, consacre la nette supériorité de l'Anglais (13 à 8). Depuis lors et jusqu'à ce jour, la France a cessé de jouer un rôle de premier plan dans le domaine des échecs, si ce n'est grâce à Alekhine, à Bernstein et à Tartakover, tous trois d'origine russe mais naturalisés français.

Le premier tournoi international

En 1851, pour la première fois, un tournoi international se déroule à Londres, à l'initiative de Staunton. A la surprise générale, c'est l'Allemand Adolphe Andersen, un professeur de mathématiques de Breslau, qui remporte la victoire. Du coup, l'Allemagne prend la vedette et, pendant plusieurs années, Andersen demeure le maître incontesté des échecs, jusqu'au jour où un jeune Américain de vingt ans traverse l'océan.

En 1857, Paul Morphy avait littéralement écrasé plusieurs de ses compatriotes au cours d'un tournoi disputé à New York. Encouragé par son succès, il lance un défi à Staunton. Mais le champion anglais ne se montre guère disposé à se rendre aux Etats-Unis. Sans hésiter, Morphy, dont les parents sont riches, s'embarque pour Londres où il relance Staunton.

Hélas ! la rencontre tant souhaitée par Morphy ne s'arrange pas. En revanche, d'autres Anglais relèvent le défi, mais sans l'ombre d'un succès. Faute de joueurs à sa taille, Morphy quitte Londres pour Paris. Là aussi, aucun de ses adversaires ne résiste à ses combinaisons. Et l'idée vient de lui opposer Andersen. Une première rencontre avec l'Allemand est organisée à Paris, en 1858. Mais Andersen cède à son tour aux coups de boutoir du jeune Américain.

Aussi fulgurante son apparition, aussi soudaine sa retraite : atteint de folie, Morphy abandonne les échecs en 1869 ; il mourra en 1884.

Les idées romantiques

Les victoires retentissantes de Morphy vont créer un courant d'idées nouvelles.

Le secret du style de Morphy, ignoré de ses adversaires, ne sera percé à jour que plus tard par Steinitz. Et les idées romantiques professées par Andersen et perfectionnées par Morphy trouveront, grâce à Steinitz, leur champ d'application ainsi que leurs limites. Elles lui permettront de découvrir des règles nouvelles relatives au jeu de position.

Philosophe, théoricien et praticien, appartenant à la même génération que Morphy, d'un an son cadet, Steinitz se devait, après la retraite de celui-ci, de faire valoir ses idées dans la compétition. Et de s'attaquer à Andersen, son principal rival. La rencontre eut lieu à Londres en 1866 et se termina à l'avantage de Steinitz.

La Russie en vedette

Tchigorine (né en 1851) contribue à la diffusion des échecs dans le monde, grâce à son travail inlassable, et met la Russie en vedette. Joueur d'attaque par excellence, partisan de l'initiative à tout prix, fût-ce au prix de l'équilibre matériel du jeu, Tchigorine refuse de considérer les idées de Steinitz comme des règles absolues. Leur polémique reste inconnue du grand public jusqu'au jour où les deux adversaires se rencontrent à La Havane (1889). Steinitz triomphe. Et d'écrire après sa victoire : « Un vieux maître de la nouvelle école a défié un jeune maître de la vieille école, et la nouvelle l'emporta en dépit de l'âge avancé de son représentant ».

Si Tchigorine est, aux yeux de tous, le fondateur de l'école russe, Tarrasch (né en 1862) est généralement considéré comme le père de l'école allemande. Ses premiers tournois se situent à l'époque des célèbres victoires de Steinitz. En peu de temps, Tarrasch se hisse au rang des plus grands joueurs. Une longue rencontre entre Tchigorine et l'Allemand a lieu en 1893 ; elle se termine par un match nul : tous les espoirs lui semblent désormais permis. Malheureusement, ses ambitions sont bientôt déçues. Son compatriote Lasker, de six ans son cadet, se révèle pour lui un concurrent hors pair. Malgré son jeune âge, Lasker progresse rapidement au point de pouvoir bientôt défier Steinitz. La rencontre historique a lieu en 1894 et se solde par une écrasante victoire de Lasker (10 à 5). Sacré champion du monde à l'âge de vingt-huit ans, Lasker conserve son titre pendant un quart de siècle.

Si la supériorité de Lasker est incontestable, on ne peut passer sous silence le problème insoluble que lui a posé Schlechter. Ce Viennois (1874-1914) s'était créé, en défense, un style de jeu incomparable, à telle enseigne qu'on se demandait si Lasker parviendrait à lui résister. Une rencontre, limitée à dix parties, a eu lieu en 1910. Après quatre jeux nuls, Schlechter a remporté la cinquième manche et est parvenu à « annuler » les quatre suivantes. Avant d'entamer l'ultime partie, Schlechter avait pour ainsi dire le titre mondial à portée de la main. En dépit de ses imprudences précédentes, Lasker a néanmoins pris l'avantage dès l'abord. Nonobstant, Schlechter a réussi à rétablir l'équilibre si bien que la partie aurait pu se terminer par un match nul. Négligeant cet avantage, Schlechter s'est brusquement départi de sa réserve et a voulu terminer par un coup d'éclat. Mal lui en a pris, car, progressivement, il a perdu l'avantage. Le miracle s'est produit : Lasker a fini par l'emporter, conservant ainsi son titre.

Un an plus tard, un joueur plus redoutable encore débarque en Europe : José Raoul Capablanca. Ce jeune Cubain, né à La Havane en 1888, avait battu avec une rare aisance tous ses adversaires américains. Il est aux prises avec les vedettes européennes — à l'exclusion de Lasker — au tournoi de Saint-Sébastien (1911) et fait une tournée triomphale qui rappelle celle de Morphy un demi-siècle plus tôt. On le porte aux nues.

Le tournoi de Saint-Pétersbourg (1914), auquel tous les « grands » de l'époque, Lasker en tête, avaient été conviés, confirme ses dons. Dès les éliminatoires, Capablanca prend l'avantage sur Lasker : il précède celui-ci d'un point et demi avant d'aborder la finale, qui s'annonce, par conséquent, comme des plus passionnantes. Mais Lasker reconquiert progressivement le terrain perdu : trois tours avant la fin, lorsqu'il affronte son grand rival, celui-ci doit céder devant ses coups et il termine avec un demi-point de retard sur le champion du monde.

Après la première guerre mondiale

Dès la fin de la première guerre mondiale, les échecs ont connu une période particulièrement faste et active. Des joueurs se sont bientôt fait connaître, tels Breyer, Réti et Nimzovitch, remettant en question les « lois imprescriptibles » énoncées par Steinitz et son disciple Tarrasch. Ils se sont faits les défenseurs d'idées nouvelles relatives au « centre » et à l'art de la mobilisation. Une large publicité a été réservée à leurs ouvrages : *Die neuen Ideen im Schachspiel*, de Richard Réti, et *Mein System*, de Aron Nimzovitch. Tant et si bien que la nouvelle école, dite néoromantique, a bientôt dominé l'ancienne. Elle comptait parmi ses adeptes des joueurs aussi célèbres que Capablanca, Bogoljubov, Tartakover et Alekhine.

Entre-temps, Capablanca, de retour en Europe, remporte, parmi d'autres, le tournoi de Hastings (1919). Le moment lui paraît opportun de lancer un nouveau défi à Lasker. Les pourparlers traînent, pour des raisons financières surtout. A défaut d'accord, Lasker propose même de se retirer et de céder sans lutte son titre à Capablanca. Sous la pression de l'opinion publique, le champion en titre accepte néanmoins de reprendre les palabres qui, cette fois, aboutissent. La grande explication, limitée à trente parties au maximum, se déroule en 1921 à La Havane. Elle ne tarde pas à constituer une profonde désillusion pour Lasker. Souffrant sans doute du climat, il se défend mollement et sans ambition. Au terme de la neuvième partie,

Capablanca mène avec un point d'avance, les huit autres parties s'étant soldées par un match nul. Le Cubain remporte les trois parties suivantes, et Lasker abandonne la lutte et... son titre.

A l'opposé du règne de Lasker, celui de Capablanca se révèle court et parsemé d'embûches. Au tournoi de Londres (1922), le nouveau champion du monde s'adjuge la première place, en l'absence de Lasker.

Un an plus tard, à Mährisch Ostrau (1923), Lasker affronte l'école néo-romantique et triomphe ; cette fois, c'est Capablanca qui n'est pas de la partie. Il faut attendre le tournoi de New York (1924) pour assister à une première surprise : premier, Lasker ; second Capablanca... Les conceptions modernes présentent-elles des failles ou bien ses promoteurs manquent-ils de talent ? Cette question ne reste pas longtemps sans réponse. A Moscou (1925), un émigré russe, Bogoljubov, domicilié en Allemagne, l'emporte tour à tour sur Lasker et sur Capablanca. Un autre émigré russe, Alexandre Alekhine, gagne brillamment le tournoi de Baden-Baden (1925) auquel ne participent ni Lasker ni Capablanca. A Kecksemet (1927), Alekhine obtient un deuxième succès. Finalement, la confrontation Alekhine-Capablanca, tant attendue, a lieu à New York en 1927. Elle se termine à l'avantage de Capablanca qui laisse Alekhine loin derrière lui, à la seconde place.

Alekhine, de quatre ans le cadet de Capablanca, commence une carrière moins foudroyante, mais plus studieuse, plus combative, plus artistique. Il se montre particulièrement doué pour les combinaisons les plus élaborées. Depuis son retour en Europe, au lendemain de la révolution russe, son étoile ne cesse de monter. Mieux que quiconque, il tire parti des conceptions modernes du jeu d'échecs, de l'importance de l'ouverture, par exemple ; il mesure très vite les qualités et les défauts de ses concurrents. Chargé de rédiger le célèbre ouvrage consacré au tournoi de New York, il n'hésite pas à y ajouter une étude approfondie sur le style de Capablanca, soulignant les travers de celui-ci. Et de lancer, la même année, à Capablanca un défi dont l'enjeu est le titre mondial. La rencontre a lieu en 1927 à Buenos Aires. Le contrat stipule que le vainqueur sera celui qui, le premier, gagnera *six* parties. Cette compétition mémorable, unique dans l'histoire des échecs, se termine après *trente-quatre parties*, à l'encontre de tous les pronostics, par la victoire d'Alekhine (+ 6 ; = 25 ; − 3). Sacré champion du monde, Alekhine déclare : « Capablanca est certes un joueur qui pense plus vite que moi ; en revanche, mes pensées sont plus profondes ! »

Ainsi Capablanca, d'une classe vraiment exceptionnelle, cède sa place au sommet à Alekhine. Les grands tournois, à San Remo, en 1930 (premier Alekhine avec 14 sur 15), et, à Bled, en 1931 (premier : Alekhine avec cinq points et demi d'avance sur Bogoljubov) en font la brillante démonstration. A Londres (1932), à Berne (1932) et à Pasadena (1932), le nouveau champion du monde se classe chaque fois premier. A tous ces tournois, Capablanca brille par son absence : les deux joueurs s'évitent prudemment depuis Buenos Aires.

D'autre part, de nouveaux et jeunes talents, tels Flohr et le docteur Euwe font leur apparition. Au tournoi de Berne (1934), le champion du monde a toutes les peines du monde à les vaincre : le docteur Max Euwe lui inflige même une défaite ! La même année, à Hastings, le champion soviétique Botvinnik participe pour la première fois à un tournoi en Europe occidentale. A Margate (1935), l'ex-enfant prodige Reshevsky triomphe de Capablanca. Enfin, à Varsovie en 1935, au tournoi des Nations, le jeune Esthonien Keres se joue des valeurs établies. La même année également, le docteur Max Euwe défie à son tour le champion du monde. Alekhine accepte, comme il l'avait fait pour Bogoljubov en 1929 et en 1934, sans se douter apparemment que sa valeur décline.

Contre toute attente, le challenger finit par l'emporter. Disputée dans plusieurs villes des Pays-Bas, la bataille est chaude : Euwe termine avec un point d'avance (+9 ; =13 ; - 8). Une nouvelle ère commence : finie l'époque des super-champions ! Au tournoi de Nottingham (1936) se retrouvent : le champion en titre (Euwe), trois ex-champions du monde (Lasker, Capablanca et Alekhine), un futur champion du monde (Botvinnik) et tous les « grands » de l'époque, à l'exclusion de Keres. Mentionnons le bilan final : premiers, Capablanca et Botvinnik ; troisième, Euwe ; quatrième, Fine ; cinquième, Reshevsky ; sixième, Alekhine ; septième, Lasker.

Capablanca avait tenté en vain d'organiser un match de revanche avec son vainqueur de Buenos Aires. Alekhine y parvient sans difficulté avec Euwe. Organisée en 1937, la rencontre a lieu aux Pays-Bas comme précédemment ; en revanche, les pronostics sont cette fois nettement favorables au champion hollandais. C'était méconnaître la volonté de puissance et la minutieuse préparation d'Alekhine, qui l'emporte (+ 10 ; =11 ; - 4), démontrant ainsi combien sa défaite de 1935 était accidentelle.

Un autre événement important se produit, l'année suivante, dans ce même pays : le tournoi de l'A.V.R.O. Comme à Nottingham, champions, ex-champions et futurs candidats au titre mondial rivalisent d'adresse et d'audace. Le score final ne laisse désormais plus aucun doute sur la valeur des jeunes et sur le danger qu'ils représentent pour les anciens : premier et deuxième, Keres et Fine (8 ½ sur 14) ; troisième, Botvinnik (7 ½) ; quatrième, cinquième et sixième, Alekhine, Euwe, et Reshevsky (7) ; septième, Capablanca (6) ; huitième, Flohr (4 ½).

La lente renaissance des échecs en Union Soviétique

La révolution de 1917 explique évidemment que, dans l'entre-deux-guerres, les Soviétiques ne portent que peu d'intérêt aux échecs. Le départ de talents célèbres, tels qu'Alekhine, Bogoljubov, Bernstein, Tartakover et Snosko-Borovsky, avait creusé un grand vide en Union Soviétique. Il a fallu l'espace d'une génération pour le combler. Ce n'est que quelques années avant la deuxième guerre mondiale que les Russes invitent les grands joueurs du monde entier à reprendre contact avec eux. Les deux tournois de Moscou, en 1935 et en 1936, marquent un tournant (premier et deuxième, Botvinnik, Flohr ; troisième, Lasker ; quatrième, Capablanca ; cinquième, Spielmann — premier, Capablanca ; deuxième, Botvinnik ; troisième, Flohr ; quatrième, Lilienthal). Comme le montrent les résultats, seul Botvinnik, le nouveau numéro un soviétique, se montre d'une classe internationale, ses invités se réservant les places d'honneur.

Durant le deuxième conflit mondial, comme pendant la Grande Guerre (1914-1918), on ne note que peu de compétitions d'échecs. En revanche, le nombre des adeptes du jeu est en progression constante. Aux armées, dans les hôpitaux, les prisons, les camps de prisonniers et les cercles de famille, ce passe-temps noble et intelligent fait oublier les longues attentes et l'inquiétude. Ainsi s'explique l'extraordinaire engouement pour les échecs à travers le monde.

Un extraordinaire engouement

Après la guerre, les échecs connaissent un succès retentissant ; mais dans le monde des grands joueurs, c'est la confusion. Depuis la disparition de Lasker (1940) et de Capablanca (1942), les prétendants au titre mondial sont nombreux : à côté des « anciens », Euwe et Bogoljubov, de jeunes talents, Botvinnik, Keres et Reshevsky, déjà connus avant la tourmente, affirment leur classe mondiale. Qui osera défier Alekhine ? La mort du champion du monde, au Portugal, en 1946, met brusquement fin à ces spéculations. La guerre de succession est désormais ouverte.

La constitution soudaine de la FIDE (Fédération internationale des échecs) change le cours des événements. Pour la première fois dans l'histoire des échecs, le championnat du monde, jusqu'ici laissé à l'initiative privée, devient une compétition officielle. La FIDE décide d'organiser un tournoi en 1948 auquel seraient conviés les meilleurs joueurs du moment, afin de les départager. Cinq d'entre eux sont invités : Botvinnik et son compatriote Smyslov, Euwe, Keres et Reshevsky. Disputé à la fois à La Haye et à Moscou, ce tournoi met en évidence la supériorité de Botvinnik ; il mène dès le début et s'empare du titre avec une avance de trois points sur Smyslov.

Depuis lors, le championnat du monde se dispute tous les trois ans. Des éliminatoires ont lieu dans les différentes parties du monde, afin de permettre à chaque pays membre de la FIDE de sélectionner un ou plusieurs de ses ressortissants. Désormais, le tenant du titre ne peut plus refuser de concourir et n'a plus la faculté de choisir lui-même son adversaire. Contraint d'affronter le vainqueur de la dernière épreuve éliminatoire, il voit son titre régulièrement remis en question. Où est la belle époque des privilégiés qu'ont connue les Lasker, les Capablanca et les Alekhine ? En 1948, Botvinnik disposait encore du droit de revanche sans devoir passer par le tournoi des candidats...

Voici la liste des finales qui ont eu lieu depuis 1948 dans le cadre du championnat du monde :

Botvinnik - Bronstein	(1951)	...	12 à 12
Botvinnik - Smyslov	(1954)	...	12 à 12
Botvinnik - Smyslov	(1957)	...	9 ½ à 12 ½
Botvinnik - Smyslov	(1958)	...	12 ½ à 10 ½
Botvinnik - Tahl	(1960)	...	8 ½ à 12 ½
Botvinnik - Tahl	(1961)	...	13 à 8
Botvinnik - Petrossian	(1963)	...	9 ½ à 12 ½
Petrossian - Spassky	(1966)	...	12 à 10
Petrossian - Spassky	(1969)	...	12 ½ à 10 ½

En 1950, la FIDE, décide de reprendre tous les deux ans l'organisation des Olympiades. La première a lieu à Dubrovnik, la même année. D'autres initiatives annuelles n'intéressent que la jeunesse : le championnat du monde individuel des juniors (âge maximum, vingt et un ans), le championnat du monde des étudiants organisé par équipes. Aussi, les tournois officiels et officieux se multiplient-ils très rapidement, pour le plus grand profit de la diffusion du jeu et de la qualité de ses pratiquants.

La part de l'Union Soviétique

En Union Soviétique, l'Etat a encouragé la pratique des échecs qui se trouve correspondre assez bien avec sa philosophie politique. Le jeu est rapidement devenu un délassement pour la masse des travailleurs et une véritable discipline pour les classes dirigeantes. S'inspirant des méthodes défendues par les plus illustres joueurs russes, tels que Tchigorine et Alekhine, les meilleurs théoriciens et praticiens du pays se sont livrés de concert à un travail scientifique de grande envergure. Cette étude concernait aussi bien les ouvertures que les finales, sans négliger pour autant les milieux de parties (la raison pure ne peut y suffire sans imagination créatrice) non plus que le problème de la défense qui suppose autant d'ingéniosité que d'esprit d'à-propos. Ce travail a été complété par de nouvelles méthodes d'entraînement où l'on donne libre cours à l'audace et à l'esprit dynamique des joueurs. Une nouvelle école a ainsi été créée ; elle n'a pas tardé à faire sentir ses effets enrichissants au plan de la théorie et de la pratique. L'école soviétique a défendu des conceptions réactionnaires par rapport aux propos défaitistes de Lasker, de Capablanca, d'Euwe et de Grünfeld. Lasker n'avait-il pas déclaré en 1921 : « Les échecs n'en ont plus pour longtemps à nous cacher leurs mystères. L'heure fatale de ce vieux jeu est proche. Dans sa forme actuelle, il est voué à une mort rapide à cause de la fréquence des parties nulles. » Capablanca, pour sa part, avait suggéré, vers les années trente, la création d'un double échiquier pour rendre le jeu encore plus difficile !

Le pessimisme ne l'a pas emporté en pratique. L'école soviétique a puissamment contribué à ce changement de mentalité. N'avait-elle pas toujours défendu une certaine philosophie du jeu et prôné la recherche constante d'idées neuves ? Citons Alekhine : « Les réformistes prétendent que les progrès de la théorie conduiront à la disparition des échecs, et qu'il faut, pour leur rendre vie, en remanier les règles. En réalité, qu'exprime cette affirmation ? Le mépris de l'intuition, de l'imagination et de tous les autres éléments qui font des échecs un art. »

PREMIÈRE PARTIE

Les notions de base

1

Les éléments du jeu

On n'imagine pas qu'on puisse commencer une partie sans connaître la topographie de l'échiquier non plus que les caractéristiques et la position des différentes pièces. Le présent chapitre propose les connaissances fondamentales qui déterminent n'importe quelle partie d'échecs — simple ou magistrale.

L'échiquier et les figures

Le tableau carré, divisé en soixante-quatre *cases,* alternativement noires et blanches, porte le nom d'*échiquier.*

Par convention, chaque joueur prend place devant l'échiquier de manière que la case de coin à sa droite soit blanche (diagr. 1).

Il est important de concevoir l'échiquier en termes de verticales, dites *colonnes* ; d'horizontales, dites *rangées* ou *traverses* ; d'obliques, dites *diagonales.* Il s'agit des chemins le long desquels se meuvent la plupart des pièces (diagr. 1).

En typographie, l'échiquier dessiné porte le nom de diagramme.

La position de départ

Au départ, chaque camp (blancs et noirs) dispose de *seize pièces* : roi, dame, deux tours, deux fous, deux cavaliers et huit pions.

De chaque côté de l'échiquier, les pièces occupent la *première rangée* ; les pions, la *deuxième rangée* (diagr. 2).

Il convient de noter que les pièces blanches occupent une position symétrique à celle des pièces noires. Toutefois, au départ, la dame des blancs occupe toujours une case *blanche,*

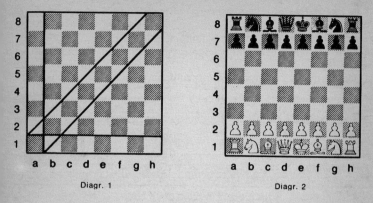

Diagr. 1   Diagr. 2

tandis que la dame adverse occupe immanquablement une case *noire*.

L'appellation des figures

Pour mieux localiser le combat sur les soixante-quatre cases de l'échiquier et mieux définir les pièces qui participent à la mêlée, on a subdivisé l'échiquier en *trois zones* (diagr. 3).

Il suit de là que les pièces qui, au départ, se trouvent du côté de la dame s'appellent : *tour dame, cavalier dame, fou dame* ; celles des côtés du roi : *tour roi, cavalier roi, fou roi*.

Même dénomination pour les pions. Les trois pions du côté de la dame s'appellent :*pion tour dame, pion cavalier dame, pion fou dame* ; et les trois pions du côté du roi : *pion fou roi, pion cavalier roi, pion tour roi*.

Pour des raisons de clarté et de facilité, la littérature des échecs ne retient que des abréviations :

Roi	R	Fou	F
Dame	D	Cavalier	C
Tour	T	Pion	P

que l'on utilise, comme on le verra plus loin (pp. 31 et suiv.), dans la notation *algébrique*.

En revanche, la notation *descriptive* recourt aux abréviations suivantes :

Fou Roi	FR	Fou Dame	FD
Cavalier Roi	CR	Cavalier Dame	CD
Tour Roi	TR	Tour Dame	TD

La conduite de la partie

Les deux adversaires jouent à tour de rôle en faisant *un* coup à la fois. C'est le joueur qui a les pièces *blanches* qui commence la partie.

On dit qu'un joueur a le *trait* quand c'est à son tour de jouer.

La marche des pièces

Le roi

Le roi ne peut se déplacer que d'*une case à la fois*.

Toute case contiguë à la sienne lui est accessible, à condition que celle-ci ne soit pas menacée par une pièce ou un pion de l'adversaire (car il se mettrait volontairement en échec)[1].

Lorsque le roi n'occupe pas une case appartenant au bord du tableau, il *contrôle huit cases*, ce qui signifie que huit cases lui sont immédiatement accessibles (diagr. 4).

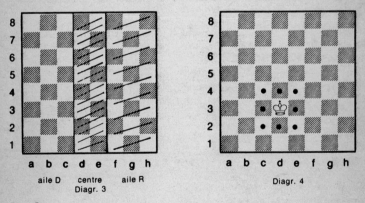

aile D   centre   aile R
Diagr. 3

Diagr. 4

La dame

La dame, qui est la pièce la plus puissante du jeu, peut se déplacer d'autant de cases qu'elle le désire, le long des *horizontales*, des *verticales* et des *diagonales*.

Placée au centre de l'échiquier, la dame *contrôle vingt-sept cases* (diagr. 5).

1. On dit que le roi est en échec lorsqu'il occupe une case menacée par une pièce adverse.

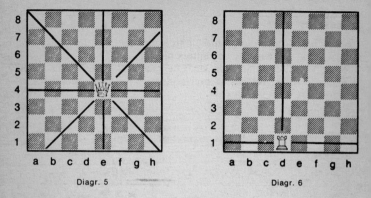

Diagr. 5   Diagr. 6

La tour

Deux propriétés en commun avec la dame : la tour se déplace à volonté le long des *verticales* et des *horizontales*. En revanche, les diagonales lui sont interdites.

Quelle que soit sa position, la tour *contrôle quatorze cases* (diagr. 6).

Le fou

Le fou n'a qu'une propriété commune avec la dame : il se déplace à volonté en *diagonale*, mais seules les cases de *même couleur* que sa case d'origine lui sont accessibles.

Placé au centre, le fou *contrôle treize cases* (diagr. 7).

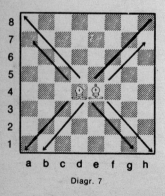

Diagr. 7

Diagr. 8

Le cavalier

C'est la pièce la plus curieuse, parce qu'elle *saute* les obstacles, propriété qui la distingue des autres pièces.

Si un cavalier est installé sur une case *noire*, seules les cases *blanches* les plus proches et non contiguës lui sont accessibles et vice versa.

Placé au centre de l'échiquier, le cavalier *contrôle huit cases* (diagr. 8).

Le pion

A l'inverse des pièces, le pion avance sans faculté de retour, car toute retraite lui est interdite.

D'une marche limitée, le pion n'avance que d'*une case* à la fois, soit *verticalement* (le cas le plus courant), soit en *diagonale*, sous la forme d'une prise, vers l'une des deux cases contiguës en avant (diagr. 9 et 10).

Au départ : lorque le pion se trouve encore à sa case de départ, il peut avancer de *deux* cases à la fois (diagr. 9).

La promotion. Un deuxième privilège entre en vigueur lorsque le pion atteint le bord horizontal de l'échiquier : il doit, dans ce cas, être *changé* du même coup, au gré du joueur, en une dame, une tour, un fou ou un cavalier de même couleur que la sienne. Le choix du joueur dépendra uniquement des exigences de la position ; peu importe le nombre de pièces présentes sur l'échiquier. La présence de deux dames ou de trois cavaliers du même

Diagr. 9

Diagr. 10

camp, par exemple, est parfaitement conforme aux règles, pourvu que la pièce supplémentaire doive sa naissance à une promotion de pion. L'action de la pièce est immédiate (diagr. 11).

Les obstacles

Voyons à présent les obstacles qui s'opposent au déplacement des pièces.

— Aucune pièce ne peut accéder à une case occupée par une pièce *de son propre camp*.

— A l'exclusion du cavalier, aucune pièce ne peut sauter par-dessus les pièces de son camp ou celles de l'adversaire.

— Aucune pièce ne peut se mouvoir lorsqu'elle est *clouée* sur le roi, c'est-à-dire lorsqu'elle intercepte le rayon d'action d'une pièce adverse dirigé vers le roi.

— A la différence des autres pièces, le roi ne peut accéder à une case contrôlée par le camp opposé. En effet, le roi ne peut pas se mettre volontairement *en échec*.

Le roque

A la marche ordinaire du roi et de la tour s'ajoute une manœuvre particulière : le *roque*, qui n'est autorisée qu'*une seule fois* au cours de la partie.

Le roque se compose de deux mouvements, respectivement à l'aide des deux pièces : d'abord, le roi se déplace horizontalement de deux cases ; ensuite, la tour vient se loger à côté de lui, en l'enjambant.

Selon que le roque s'opère du côté roi ou du côté dame, on distingue le *petit roque* et le *grand roque*.

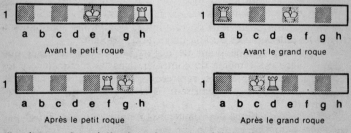

Avant le petit roque

Avant le grand roque

Après le petit roque

Après le grand roque

Conditions. La réalisation du roque doit obligatoirement satisfaire aux quatre conditions suivantes :

1. Le roi et la tour impliqués dans le transfert ne peuvent pas avoir été déplacés auparavant.

2. Les cases séparant le roi et la tour sont vides.

3. Le roi n'est pas soumis à un échec. Autrement dit, la case qu'il occupe n'est pas contrôlée par une pièce adverse.

4. La case d'arrivée du roi et la case qu'il franchit ne sont, ni l'une ni l'autre, contrôlées par une pièce adverse.

Soit, par exemple, le diagramme 12. Le *petit roque* y est interdit parce que la case d'arrivée du roi (g1) est contrôlée par Fc5. En revanche, le *grand roque* est autorisé, car aucune des cases occupées successivement par le roi n'est contrôlée par Ff5.

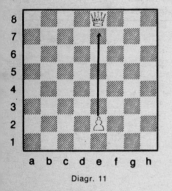

Diagr. 11

Diagr. 12

Le rayon d'action

Quels enseignements peut-on tirer de l'étude du rayon d'action *théorique* des pièces ?

Laissons de côté le roi, dont le rôle particulier engendre des critères qui échappent aux autres pièces et que l'on étudiera en détail plus loin et tâchons de réunir des conditions communes à toutes les autres pièces ou à la majorité d'entre elles.

En prenant comme point de départ le nombre de cases que chaque pièce est à même de contrôler dans les circonstances les plus heureuses (en pratique, rarement atteintes), on découvrira de la sorte les facteurs qui favorisent l'activité des pièces et ceux qui l'entravent.

Le rayon d'action des dames, des tours et des fous, par exemple, s'amplifie en raison directe de leur *mobilité*. Or, celle-ci réclame des lignes *ouvertes* (verticales, horizontales et diagonales), c'est-à-dire vides d'obstacles.

Quant au cavalier, du fait qu'il saute, ce sont moins les lignes ouvertes que des *points d'appui*, aux alentours de la position adverse, qui lui importent.

Dernière particularité à retenir : les dames, les tours et les fous peuvent agir à *longue distance*, tandis que le cavalier ne peut faire sentir ses effets qu'à courte distance.

Cela dit, nous pouvons à présent énumérer les facteurs qui contrarient la mobilité des pièces :

— *absence de lignes ouvertes* (verticales, horizontales et diagonales), soit parce que celles-ci se trouvent obstruées par des figures de notre propre camp, soit par celles du camp opposé : entraves statiques, tantôt momentanées, tantôt permanentes, auxquelles seul le cavalier échappe ;

— *impossibilité d'accès* à des cases vides, parce que soumises à un contrôle adverse (entraves dynamiques) ;

— *immobilité totale ou partielle des figures*, due au clouage, par exemple. Nous y reviendrons en détail plus loin.

2

Les règles

Le lecteur connaît à présent toutes les pièces, leur marche et leurs caractéristiques. Mais plusieurs questions restent sans réponse et, entre autres, celles-ci : quelle est la valeur relative des différentes pièces ? Comment vont-elles se comporter au cours de la partie ? Il conviendra de répondre à ces questions avant d'aller plus avant.

Les prises

Les *prises* présentent une signification particulière aux échecs. Elles supposent une capture et se distinguent de l'*échange*. D'où l'expression : « laisser une pièce en prise », qui signifie que l'adversaire peut la prendre sans offrir la moindre compensation matérielle en échange. Dès lors, le terme de prise implique, du même coup, la capture d'une figure (pièce ou pion) non protégée ou insuffisamment défendue.

Mieux que toute autre pièce, le roi satisfait à cette définition : en effet, il ne peut capturer qu'une pièce ou un pion *non protégé* (diagr. 13). Pour cela, le roi enlève d'abord la pièce (ou le pion) adverse et s'installe à sa place, procédé qui s'applique à toute prise, quelle que soit la pièce qui en prend l'initiative.

Retenons, enfin, que l'initiative de la prise implique obligatoirement le *contrôle* de la case appartenant à la figure (pièce ou pion) capturée, loi commune à toutes les pièces (diagr. 14).

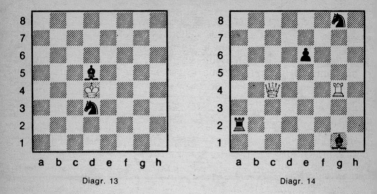

Diagr. 13　　　　　　　　　　Diagr. 14

Les faiblesses du roi

Le *roi* n'a pas accès à une case contrôlée par une pièce (ou un pion) adverse : de cette propriété fondamentale découlent deux règles particulières :

　　1. Le roi ne peut capturer un pion ou une pièce adverse lorsque le pion ou la pièce se trouve *protégé par un pion ou une pièce*. Soit, par exemple, le diagramme 15 : le pion est gardé par Cf6. De la sorte, le roi ne peut capturer ce pion, sous peine de se mettre en échec. En revanche, la prise du pion par Cc3 est autorisée.

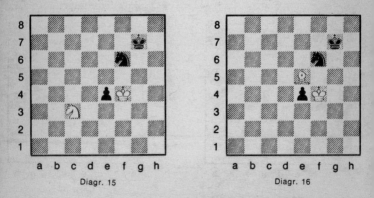

Diagr. 15　　　　　　　　　　Diagr. 16

2. Le roi ne bénéficie pas de la paralysie totale d'une pièce clouée, bien que l'action de celle-ci s'éteigne vis-à-vis de toute autre pièce. Il s'ensuit que le roi ne peut capturer une pièce ou un pion dont le défenseur se trouve cloué. Considérons le diagramme 16. Le fou cloue le cavalier sur le roi noir, si bien que ce cavalier ne peut se mouvoir sous peine de mettre son propre roi en échec. Il n'empêche que, vis-à-vis du roi blanc, le cavalier cloué maintient le contrôle des cases qui se trouvent à sa portée. Pour cette raison, le roi blanc ne peut capturer le pion, car celui-ci est protégé par le cavalier cloué.

La prise en passant

C'est un cas particulier des prises autorisées au pion. Nous savons que toute prise effectuée par un pion se fait par voie diagonale.

La *prise en passant* est liée à la faculté que possède un pion de franchir *deux* cases lorsqu'il quitte sa case de départ.

Soit le diagramme 17. Quelles sont les caractéristiques de la position ? *Primo*, le pion blanc se trouve à sa case de départ. *Secundo*, le pion adverse a franchi le milieu de l'échiquier et se situe à distance de cavalier du pion blanc, sur une colonne contiguë.

Lorsque le pion blanc avance de deux pas, à la même hauteur que le pion noir, nous obtenons le diagramme 18, *avant* la prise en passant. Enfin, le diagramme 19 montre le résultat *après* la prise en passant : le pion noir a pris le pion blanc en diagonale, tout comme si celui-ci se trouvait une case plus bas.

Diagr. 17

Diagr. 18

Diagr. 19

La valeur théorique comparée des figures

On a pu établir par l'expérience — les échecs sont avant tout une science empirique — la valeur intrinsèque de chaque pièce, avec une approximation satisfaisante. A cet effet, on a pris le pion comme élément de référence.

Figures	Valeur	Qualité
Pion	1	
Fou	3 ¹/₄	pièces mineures
Cavalier	3 ¹/₄	ou légères
Tour	5	pièces lourdes
Dame	10	

Du tableau qui précède, il ressort *deux équivalences* approximatives de la plus haute importance pour juger le rapport matériel sur l'échiquier. A savoir :

Fou = cavalier = 3 pions
Dame = 2 tours = 3 pièces mineures

et une *inégalité*, dont le jugement du joueur ne pourrait se passer, à savoir : *la tour vaut plus qu'une pièce mineure* (la différence de valeur qui les sépare s'appelle la *qualité*).

La valeur relative

En fait, la valeur intrinsèque des pièces est infiniment *instable et variable*, selon le degré de développement de la partie (ouverture, milieu ou fin de partie) et les caractéristiques inhérentes à chaque position. Le roi en propose un exemple flagrant : la valeur du roi est infinie (du fait qu'il constitue l'enjeu suprême de la partie), mais son activité, en qualité de combattant, ne se manifeste qu'à mesure que le matériel se réduit sur l'échiquier.

Une autre donnée expérimentale se rapporte à la paire de fous. C'est un fait acquis : les deux fous accusent une plus-value par rapport aux deux cavaliers *en fin de partie,* sauf rares exceptions.

Le jugement de valeur du fou par rapport au cavalier est plus délicat et varie selon les caractéristiques de la position. Retenons, cependant, *qu'en fin de partie* le fou marque souvent une supériorité sur le cavalier.

L'échec, le pat, le mat

Le roi est en *échec* lorsqu'il subit l'attaque d'une figure adverse. La tradition veut qu'on annonce l'échec, encore qu'il ne s'agisse pas là d'une obligation, vu que *l'échec réclame une parade immédiate,* à l'exclusion de tout autre coup qui négligerait de soustraire le roi à cette attaque directe.

Le *pat* traduit une situation particulière du roi. Sans être soumis à un échec, il est impossible au roi de se déplacer, sous peine de subir un échec. Deux cas peuvent se présenter :

— s'il s'agit du roi *dépouillé,* c'est-à-dire privé de tous ses combattants, la partie est nulle, sous réserve que le roi dépouillé soit au trait ;

— si, au contraire, le roi se trouve encore entouré de combattants, le joueur, qui a le trait, sera obligé de mouvoir l'un d'eux. Faute de pouvoir les déplacer (blocus, clouage), la partie sera encore déclarée nulle.

Le *mat,* but suprême du jeu, se produit lorsque toutes les parades se trouvent épuisées pour échapper à l'échec. Celui qui réussit à mater le roi adverse gagne automatiquement la partie, car la *prise du roi ne se fait jamais aux échecs.*

3

La notation

L'étude des échecs ne peut se passer d'un système de *notation* des coups.

La notation permet de conserver les parties des joueurs illustres et de publier toutes celles qui se disputent dans le domaine des compétitions. En outre, le joueur plus modeste pourra, de la sorte, garder une trace des parties qu'il aura jouées et mesurer ses progrès personnels.

La notation algébrique

La notation la plus courante, la plus simple et la plus précise — la notation dite algébrique — est utilisée sur tout le continent, à l'exclusion de l'Espagne.

La notation algébrique consiste, quand on se place du point de vue des blancs, à assigner une lettre (de *a* à *h*) à chaque colonne, en commençant par la colonne de gauche, et à numéroter les rangées de *1* à *8* (diagr. 20). De la sorte, on désigne chaque case par deux coordonnées : une lettre en abscisse, un chiffre en ordonnée (diagr. 21).

Le code

L'écriture d'un coup joué s'accompagne de quelques abréviations et symboles. Ainsi :

— un mouvement de pièce est précédé de la lettre *capitale* qui la désigne : par exemple, R = roi, et ainsi de suite ;

— en revanche, une avance (ou une prise ou un échange) de pion ne nécessite *aucune* spécification préalable. L'absence d'une lettre capitale implique automatiquement qu'il s'agit du

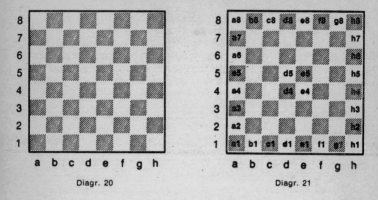

Diagr. 20

Diagr. 21

mouvement d'un pion et non de celui d'une pièce ;

— le roque du côté roi (petit roque) s'exprime par le symbole : *0 - 0* ; le roque du côté dame (grand roque) : *0 - 0 -0* ;

— toute prise (ou échange) s'exprime par le signe de la multiplication : *X*.

La notation d'un coup

Dans la notation algébrique *non abrégée* (voir ci-dessous), tout coup joué est indiqué par sa case de départ et par sa case d'arrivée, séparées par un trait d'union (simple déplacement) ou par le signe de la multiplication (prise). Exemples :

— l'avance de deux pas du pion dame : d2-d4 ;

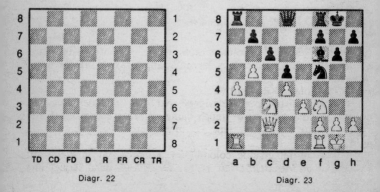

Diagr. 22

Diagr. 23

— l'avance de deux pas du pion dame des noirs : é7-é5 ;
— la sortie du cavalier roi des blancs : *Cg1-f3*.

Les publications spécialisées et même les journaux ont tendance, de nos jours, à utiliser la notation algébrique abrégée, qui se caractérise par l'absence de la case de départ. Ainsi, dans les exemples donnés ci-dessus, au lieu d'écrire *d2-d4, é7-é5, Cg1-f3*, on se borne à noter *d4, é5, Cf3*.

Les symboles

D'autres abréviations visent à *commenter* ou à *préciser* un coup joué, ou encore à exprimer un jugement de valeur sur les chances réciproques que réserve la position :

+	échec
+ +	échec double
≠	mat
: D	promotion d'un pion à dame
!	bon coup
!!	très bon coup
?	coup faible
??	coup très faible
e.p.	prise en passant
=	position en équilibre
±	supériorité aux blancs
∓	supériorité aux noirs

La notation descriptive

La notation descriptive, plus compliquée et génératrice d'erreurs, est toujours en vigueur dans les pays anglo-saxons et en Amérique latine.

Dans la notation descriptive :
— chaque pièce est désignée par son *initiale* avec, en outre, l'*initiale du secteur* (côté dame ou côté roi) auquel elle appartient au départ du jeu. Le même procédé vaut pour le pion ;
— en outre, chaque colonne est désignée par la *pièce* qui s'y trouve au départ du jeu et par le *secteur* dans lequel elle s'insère.

Diagr. 24

Le seul point commun avec la notation algébrique réside dans le numérotage des *rangées*. Il existe, néanmoins, une différence importante entre les deux systèmes : les blancs sont comptés de 1 à 8, de même pour les noirs. A telle enseigne que la huitième rangée, du point de vue des blancs, est la première du point de vue des noirs (diagr. 22).

A l'usage, la notation descriptive a été de plus en plus abrégée, au grand profit de la clarté (diagr. 23 et 24).

4

La partie : son sens et son but

Le *mat*, nous l'avons dit, est le but suprême du jeu : on saisit dès lors l'importance qu'il faut accorder à la sécurité de son propre roi.

Le charme et la beauté des échecs tiennent précisément à la difficulté de la victoire. Il est rare qu'on y parvienne en quelques coups.

De nombreuses parties mettant aux prises des joueurs de force équivalentes se terminent même sans décision (parties nulles), pour la seule raison que ni l'un ni l'autre n'ont réussi à mater le roi adverse.

Les objectifs intermédiaires

A partir de la position de départ, d'innombrables tâches préalables attendent le joueur : elles constituent autant de tremplins indispensables pour s'approcher de la position adverse et, partant, pour pouvoir attaquer, avec succès, le roi ennemi.

La première tâche concerne la *mobilisation* des pièces. Nul, au départ, le rayonnement des pièces ne s'accroît que dans la mesure où le joueur réussit à les développer. D'où l'art de leur réserver les cases les plus efficaces afin d'en tirer le meilleur rendement possible. C'est tout le problème de l'*ouverture* dont la théorie reste essentiellement mouvante.

La deuxième tâche, par ordre de priorité, concerne le *gain de matériel*. Une violente rupture d'équilibre dans le rapport des forces (gain d'une pièce), toutes autres conditions restant égales, permet à celui qui en bénéficie de forcer le mat à brève ou à longue échéance, à la condition qu'il ne commette pas, à son tour, une grosse faute. Le souci de l'*équilibre matériel* est, dès lors, d'une importance capitale : il intervient dans la sélection de chaque coup.

La troisième tâche se rapporte à un stade beaucoup plus avancé : le milieu de partie. Le joueur part à la recherche d'avantages d'un autre ordre : espace, mobilité, temps, etc. ; ou conçoit une *combinaison* susceptible de lui procurer un avantage matériel ou un avantage de position.

Les trois phases capitales

Une partie d'échecs comprend trois phases capitales :

— *l'ouverture* est la phase initiale de la partie ; elle couvre la période où chaque joueur mobilise petit à petit ses pièces ;

— *le milieu de partie* est la phase qui annonce l'entrée en action des pièces. L'une de ses principales caractéristiques est l'abondance des pièces sur l'échiquier ; une autre, la présence des dames ;

— *la fin de partie,* quant à elle, est marquée par une sensible réduction du matériel et, dans 90 pour 100 des cas, par l'absence de dames. Cette phase ultime n'a lieu que lorsque, en milieu de partie, aucun des deux joueurs n'a pu forcer le mat ou la nullité. En effet, de nombreuses parties *n'atteignent pas la troisième phase* du jeu. L'abandon de l'un des joueurs se situe fréquemment au milieu de partie, même s'il n'a pas encore été maté, car la fin de partie ne laisse aucun espoir à celui qui s'y lance avec un gros déficit matériel.

Les cas de nullité

Six conditions peuvent faire qu'une partie se termine par la nullité :

1. *Le pat :* incapacité de mouvoir une pièce ou un pion alors que le roi ne se trouve pas soumis à un échec.

2. *La répétition de la même position à trois reprises.* Lorsque la même position se reproduit à trois reprises avec le même joueur au trait, chacun des joueurs en présence a la faculté d'exiger la nullité. Le fait de renoncer à ce droit implique la poursuite de la partie et l'impossibilité pour chacun de s'y référer par la suite.

3. *L'échec perpétuel,* lorsque le roi est incapable de se dérober à des échecs successifs et répétés, alors qu'il dispose chaque fois d'une case de fuite pour échapper au mat.

4. *Le commun accord*. Rarement appliqué dans une partie amicale, cet accord diplomatique est fréquent dans les compétitions. Pour freiner ce règlement pacifique, la FIDE (Fédération internationale des échecs) ne l'autorise qu'au terme du trentième coup.

5. *Le potentiel de mat insuffisant*. Le mat exige un minimum vital de pièces. A défaut, le joueur, même numériquement le plus fort, sera incapable de forcer le mat.

6. *La règle des 50 coups* stipule que la partie est automatiquement nulle lorsqu'un joueur qui a le trait démontre que cinquante coups au moins ont été joués de part et d'autre sans qu'une capture de pièce ou un mouvement de pion ait eu lieu.

5

Les finales théoriques

Avant d'aborder l'étude de l'ouverture et du milieu de partie, où il est appelé à manœuvrer la totalité de ses pièces, ou presque, le joueur devra d'abord se familiariser avec les manœuvres de deux ou trois pièces.

Dans cet ordre d'idées, les finales, dites théoriques (parce que l'issue en est connue d'avance), lui offrent un merveilleux banc d'essai. Elles illustrent non seulement le mat et le pat, mais encore quantité d'autres notions d'une grande portée générale.

A quoi bon, par exemple, avoir une dame, une tour ou deux fous contre le roi dépouillé (*RD*), si l'on n'est pas capable de tirer parti de cette supériorité numérique ? Cette technique, heureusement, peut s'acquérir aisément. Nous allons l'examiner en détail.

1. Roi + dame contre roi dépouillé

A noter. La technique employée ici fait largement appel au *zugzwang*, c'est-à-dire à une situation où l'obligation de jouer constitue un handicap. Le roi dépouillé est obligé de se déplacer à chaque coup : l'adversaire profitera de cette situation pour chasser le roi dépouillé vers une case favorable au mat.

Le diagramme 25 nous montre diverses images de mat susceptibles de se produire. En voici les caractéristiques :

— Le « RD » a été refoulé à la bande, où son rayonnement se trouve sensiblement diminué. Au lieu de contrôler huit cases, il n'en contrôle plus que cinq.

— Le mat réclame la coopération du roi, qui doit s'approcher le plus près possible du « RD ».

Le diagramme 26 illustre une position de départ quelconque, à partir de laquelle nous allons examiner la marche à suivre pour forcer l'une des positions favora-

Diagr. 25

Diagr. 26

bles qui autorisent le mat du
« RD ».

La première étape consiste à
refouler le « RD » au bord de
l'échiquier au moyen du zugzwang.
On commence par enfermer le
« RD » dans un rectangle où se
trouve également le roi. Plus tard,
le roi va à la rencontre du « RD ».

Deux conseils à retenir :

— Ne pas donner d'échecs
inutiles. La plupart du temps
ceux-ci impliquent une perte de
temps.

— Faire attention au pat !

En jouant les coups les plus
précis, on obtient le mat en dix
coups ou moins, selon la position de départ.

A partir du diagramme 26, on
procède donc comme suit :

1. Dh8 - f6

Première mesure de coercition :
la dame enferme le roi dépouillé
dans un rectangle plus petit, afin
de réduire sa liberté de manœuvre.

1. ...   Rd5 - c5
2. Ra1 - b2

Comme la dame ne contrôle
pas assez de cases pour assurer le
triomphe du zugzwang, l'intervention du roi est indispensable pour

refouler le « RD » à la bande. Un
autre bon coup eût été 2. Df6 - é6,
afin de réduire davantage le rectangle du « RD ». Mais l'application systématique de ce procédé
a l'inconvénient d'augmenter le
danger du pat.

2. ...   Rc5 - d5
3. Rb2 - c3

Aussi longtemps que le « RD »
se trouve au milieu, le danger du
pat est inexistant.

3. ...   Rd5 - é4
4. Rc3 - c4

A présent, les deux rois se font
vis-à-vis sur une même horizontale, à une case de distance (c'est
l'un des cas où l'on dit que les
rois sont en opposition), situation éminemment importante,
parce qu'elle réduit au maximum
la liberté de manœuvre du « RD ».

4. ...   Ré4 - é3

La seule case d'accès disponible. Le travail combiné du roi et
de la dame commence à faire sentir ses effets : un choix de plus en
plus limité du « RD ».

5. Df6 - f5

Les blancs reprennent la méthode initiale : réduire le rectangle du « RD ». Et pour cause,
car la répétition de la manœuvre

précédente par 5. Rc4 - c3 serait peine perdue, le « RD » regagnant le milieu par 5. ... Ré3 - é4.

    5.   ...   Ré3 - d2

ou 5. ... Ré3 - é2 ; 6. Df5 - f4 ! et le « RD » doit gagner le bord du tableau.

    6.   Df5 - f2 +

Achève la première étape : le « RD » est refoulé à la bande.

    6.   ...   Rd2 - c1
    7.   Rc4 - c3

Cette fois, les deux rois sont en opposition sur une verticale, manœuvre qui s'accompagne d'une menace de mat, du fait que le roi décharge la dame du contrôle de la deuxième traverse.

    7.   ...   Rc1 - d1
    8.   Df2 - d2 mat.

2. Roi + tour contre roi dépouillé

Conformément au diagramme 27, les images de mat de la tour contre le « RD » présentent les mêmes caractéristiques que celles de la dame contre « RD ».

Diagr. 27

Il faut que les deux rois soient en opposition (par conséquent, à une case de distance sur la même verticale ou horizontale), à moins que le « RD » n'occupe une case de coin ; auquel cas, le roi peut se trouver à distance de cavalier. La méthode à suivre pour forcer le mat, elle est encore la même que celle qui s'applique au cas précédent :

— refouler le « RD » à la bande à l'aide de la tour et du roi ;

— installer le roi en face du « RD », en opposition, pour qu'il ne s'échappe pas de la bande.

La seule différence réside dans la durée ; à l'inverse de la dame, qui contrôle toutes les cases autour d'elle, la tour peut être l'objet d'une attaque du « RD » en diagonale, ce qui lui fait perdre des temps. D'où un nombre plus élevé de coups (dix-sept au maximum) pour atteindre l'objectif.

Illustrons la marche à suivre à partir du diagramme 28.

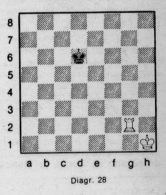

Diagr. 28

    1.   Tg2 - é2

réduit le rectangle du « RD ».

    1.   ...   Rd6 - d5
    2.   Rh1 - g2

L'intervention du roi est d'autant plus indispensable que l'application systématique de la manœuvre précédente se solderait par une perte de temps. Par exemple : 2. Té2 - é4? Rd6 - d5!, et la tour doit battre en retraite, car le roi est trop éloigné pour assurer sa protection.

2. ...   Rd5 - d4
3. Rg2 - f3   Rd4 - d5
4. Rf3 - f4   Rd5 - d6

Un coup faible serait 4. ..., Rd5 - d4?, mettant les deux rois face à face. Les blancs poursuivent par 5. Té2 - d2 + et réduisent le rectangle du « RD » avec gain de temps.

5. Té2 - é5

La position favorable du roi autorise à présent la poursuite de l'idée initiale : réduire le rectangle du « RD ».

5. ...   Rd6 - d7
6. Rf4 - é4   Rd7 - d6
7. Ré4 - d4   Rd6 - c6
8. Té5 - é6 +

Réduit encore la liberté de manœuvre du « RD », qui se trouve obligé de s'approcher de la bande.

8. ...   Rc6 - b5
9. Té6 - d6

Un coup d'attente qui exploite l'absence de liberté de manœuvre du « RD ». Il doit choisir entre deux maux : ou bien gagner le bord du tableau, ou bien accéder à la case défavorable b4 où les deux rois sont en opposition.

9. ...   Rb5 - b4
10. Td6 - b6 +

La situation est mûre pour l'intervention de la tour, le « RD » n'ayant pas d'autre solution que de se loger à la bande.

10. ...   Rb4 - a5

Attaque la tour et, partant, ralentit l'exécution finale.

11. Rd4 - c5   Ra5 - a4
12. Tb6 - b7

Encore un coup d'attente, qui s'appuie sur les considérations suivantes :

— Aussi longtemps que les deux rois ne sont pas en opposition, la tour a la charge de maintenir le « RD » à la bande.

— Dès le moment où le « RD » se trouve condamné à l'opposition par la méthode du zugzwang, la tour reprend sa liberté et donne échec et mat à la bande.

12. ...   Ra4 - a3!
13. Rc5 - c4   Ra3 - a2!
14. Rc4 - c3   Ra2 - a1!
15. Rc3 - c2   Ra1 - a2

Arrêté par le bord du tableau, le « RD » est contraint de remonter et d'accepter l'opposition.

16. Tb7 - a7 mat.

3. Roi + 2 fous contre roi dépouillé

Les images de mat illustrées par le diagramme 29 nous permettent de relever les caractéristiques suivantes :

— le « RD » se trouve au bord de l'échiquier ;

— le « RD » doit obligatoirement occuper une case de coin ou une case contiguë à celle-ci ;

— il y a coopération des trois pièces qui établissent la supériorité numérique ;

— si le « RD » occupe une case de coin, le roi doit se trouver à distance de cavalier du « RD » ;

— si le « RD » occupe une case contiguë à celle du coin, le roi doit se trouver en opposition.

Ainsi, la méthode à suivre pour

Diagr. 29

forcer le mat réclame de conduire le « RD » d'abord à la bande — par le principe du zugzwang — ensuite vers un coin. A cet effet, la coopération des trois pièces est nécessaire ; il importe souvent de poster les deux fous sur des cases contiguës, afin de freiner au maximum la liberté de manœuvre du « RD ». Ce mat ne devrait jamais dépasser les dix-sept coups.

Voyons comment on procède à partir du diagramme 30.

Diagr. 30

1. Fg1 - é3 !

Maintient le « RD » dans le rectangle a5 - a8 - h8 - h5.

| 1. | ... | Ré5 - d5 |
| 2. | Fb1 - d3 ! | |

En vertu des mêmes considérations que le coup précédent.

| 2. | ... | Rd5 - é5 |
| 3. | Ra1 - b2 | |

Les deux fous juxtaposés occupent une position idéale :

— ils freinent au maximum la liberté de manœuvre du « RD » ;

— ils se trouvent à l'abri d'une attaque du « RD ». Aussi, pour renforcer leur position, les blancs doivent-ils faire appel à leur troisième pièce, le roi, afin de réduire encore la liberté du « RD ».

3.	...	Ré5 - d5
4.	Rb2 - c3	Rd5 - é5
5.	Rc3 - c4	Ré5 - é6
6.	Fé3 - f4	

Interdit le retour du « RD » à la cinquième traverse.

| 6. | ... | Ré6 - f6 |
| 7. | Rc4 - d5 | |

Assure un nouveau gain d'espace : le « RD » se trouve refoulé à la septième traverse.

| 7. | ... | Rf6 - f7 |
| 8. | Ff4 - g5 | |

Avec la même idée que le sixième coup des blancs.

| 8. | ... | Rf7 - g7 |
| 9. | Rd5 - é6 | |

Achève la première étape : le « RD » est obligé de se loger à la bande.

| 9. | ... | Rg7 - f8 |
| 10. | Fd3 - g6 | |

Oblige le « RD » à se diriger vers le coin.

| 10. | ... | Rf8 - g7 |
| 11. | Fg6 - f7 | |

Montre combien le coup précédent des noirs n'était qu'un succès provisoire : le « RD » doit revenir à la bande.

| 11. | ... | Rg7 - h7 |
| 12. | Ré6 - f6 | |

Manœuvre essentielle pour forcer le mat. Le roi se prépare à s'approcher le plus près possible du « RD ».

12.	…	Rh7 - h8
13.	Ff7 - b3	

Un coup d'attente qui réserve, le cas échéant, la case f7 au roi. Une grave faut eût été 13. Rg6?? car le « RD » était pat !

13.	…	Rh8 - h7
14.	Ff6 - f7	Rh7 - h8
15.	Fg5 - d2!	

Encore un coup d'attente, qui permet aux deux fous d'intervenir avec échec suivi de mat.

15.	…	Rh8 - h7
16.	Fb3 - c2 +	Rh7 - h8
17.	Fd2 - c3 mat.	

4. Roi + fou + cavalier contre roi dépouillé

Voici une autre supériorité numérique qui autorise le mat du « RD ».

Le diagramme 31 illustre les images de mat que le joueur peut forcer. Elles montrent que le « RD » doit occuper soit la case de coin de même couleur que le fou, soit une case de bord contiguë à celle-ci.

Nous n'insisterons pas sur la marche à suivre, tant elle dépasse le cadre de notre propos ; son intérêt est d'ailleurs purement académique.

Diagr. 31

5. Roi + 2 cavaliers contre roi dépouillé

A la différence des finales précédentes, la supériorité numérique « R + 2C » est insuffisante pour forcer le mat : autrement dit, elle est dépourvue d'un *potentiel de mat*. Il n'empêche que le mat est tout de même possible, à la condition que l'adversaire commette une faute ! L'analyse du cas suivant (diagr. 32) nous apprendra pourquoi.

Avec les *noirs* au trait, il suit :

1.	…	Rg8 - h8
2.	Cd6 - f7 +	Rh8 - g8
3.	Cf7 - h6 +	Rg8 - h8
4.	Cé6 - g5	

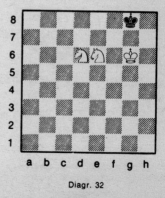

Diagr. 32

et le roi noir échappe au mat grâce au pat.

Avec les *blancs* au trait, il suit :

1. Cd6 - c4   Rg8 - h8
2. Cc4 - é5   Rh8 - g8
3. Cé5 - d7   Rg8 - h8

4. Cé6 - g5   Rh8 - g8
5. Cd7 - f6 +   Rg8 - f8!!
etc.

et non 5. ..., Rg8 - h8?? ; 6. Cg5 - f7 mat.

6. Roi + pion contre roi dépouillé

Cette finale, où les rois jouent un rôle capital, peut être considérée comme le prélude à la fin de la partie : « R + D » contre « RD ». L'objectif à atteindre se réduit à la question : *comment assurer la promotion du pion ?*

Deux cas peuvent se présenter :
— une course de vitesse entre le pion et le « RD » ;
— une lutte entre « R + pion » et le « RD » afin de forcer la promotion.

Dans l'un et l'autre cas, il est possible d'anticiper le résultat par le calcul. Celui-ci, comme nous le verrons, est même superflu dans le premier cas.

La règle du carré

A partir du diagramme 33, les *blancs*, au trait, atteignent la case de promotion par :

1. c5 - c6   Rg6 - f7
2. c6 - c7   Rf7 - é7
3. c7 - c8:D, etc.

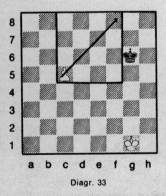

Diagr. 33

En revanche, les *noirs*, au trait, arrêtent et capturent le pion :

1. ...   Rg6 - f6

2. c5 - c6   Rf6 - é6
3. c6 - c7   Ré6 - d7

et la partie est nulle.

Afin de savoir si le « RD » est à même de rattraper le pion, on décrit un carré dont la grande diagonale joint le pion à la huitième traverse. Si le « RD » ne se trouve pas dans le carré, le pion, au trait, va à dame. En revanche, si le « RD » se trouve

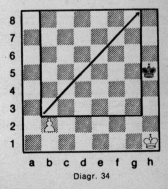

Diagr. 34

dans le carré, il arrête le pion, même s'il n'a pas le trait.

Lorsque le pion se trouve encore à sa case de départ, la règle du carré réclame une petite correction : vu que le pion peut avancer de deux cases, on décrira un carré dont la grande diagonale joint à la case située *devant* le pion avec le bord de l'échiquier (diagr. 34).

La situation se complique quand le roi participe à la lutte pour forcer le promotion du pion. Ce combat exige une technique appropriée et le développement d'une notion dont nous avons déjà parlé brièvement.

L'opposition

Lorsque les deux rois se font face, vis-à-vis, il y a opposition (diagr. 35, 36, 37, 38). *Celui qui n'a pas le trait possède l'opposition ; celui qui a le trait perd* *l'opposition.*

Celui qui *possède* l'opposition *gagne du terrain* par zugzwang : telle est la particularité de l'opposition. Elle n'est pas déterminante.

Diagr. 35

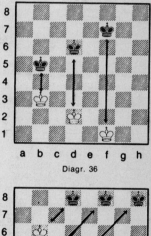

Diagr. 36

Diagr. 37

Diagr. 38

Diagr. 39

Diagr. 40

en soi. Il faut encore réaliser un gain de terrain qui coïncide avec le but visé.

Admettons, par exemple, que les *blancs* gagnent au cas où ils atteignent la huitième traverse (diagr. 39).

Le but est irréalisable s'ils ont le trait :

1.	Rd3 - é3	Rd5 - é5
2.	Ré3 - f3	Ré5 - f5, etc

Le roi noir maintient l'opposition, et la partie sera nulle. En revanche, les *noirs*, au trait, devront céder le passage au roi adverse :

1.	...	Rd5 - é5
2.	Rd3 - c4	Ré5 - d6

3.	Rc4 - b5	Rd6 - c7
4.	Rb5 - a6	Rc7 - b8
5.	Ra6 - b6	Rb8 - c8
6.	Rb6 - a7	

et le but est atteint.

Chose piquante, l'opposition éloignée produit exactement le même effet. A partir du diagramme 40, les noirs, au trait, perdent l'opposition verticale et doivent tolérer le passage du roi blanc. Par exemple :

1.	...	Rd7 - é7
2.	Rd3 - c4	Ré7 - d7
3.	Rc4 - b5	Rd7 - c7
4.	Rb5 - c5	

et l'opposition courte se trouve rétablie.

La conquête de la case de promotion

Chaque fois que le « RD » se trouve dans le carré, l'opposition joue un rôle décisif. Et la promotion du pion est impensable sans la collaboration du roi. Pour que celle-ci soit efficace, il faut les conditions suivantes :

— le roi se loge devant son pion ;

— le roi a l'opposition.

Mais lorsque le roi se trouve devant son pion, à deux cases de distance de la case de promotion,

l'opposition ne joue plus de rôle.

Le diagramme 41 illustre une position terminale classique. Les blancs, au trait, ne peuvent forcer la promotion, car après 1. Rd6 - é6, le « RD » est pat ! Si, d'aventure, le « RD » est au trait, les blancs gagnent. Mais cette éventualité ne se conçoit qu'après une faute préalable du « RD ».

Voyons comment celle-ci peut se produire (diagr. 42).

1.	é4 - é5 +	Rf6 - é6

Diagr. 41

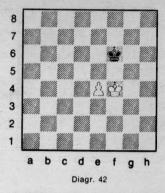

Diagr. 42

2.	Rf4 - é4	Ré6 - é7
3.	Ré4 - d5	Ré7 - d7
4.	é5 - é6 +	Rd7 - é7
5.	Rd5 - é5	Ré7 - d8??
6.	Ré5 - d6 gagne.	

Au lieu de Ré7 - d8??, les noirs doivent occuper la case de promotion par 5. … Ré7 - é8!! Insistons sur cette règle générale : *lorsque le « RD » est acculé, au cours de sa retraite, à occuper la huitième traverse, seule l'occupation de la case de promotion assure la nullité.*

Examinons, à présent, le cas où les conditions nécessaires se trouvent réunies pour forcer la promotion du pion (diagr. 43). Non seulement le roi se trouve devant son pion, mais encore il jouit de

Diagr. 43

la mobilité de ce pion. Les blancs au trait forcent l'opposition par l'avance é2 - é3 ; les noirs au trait perdent d'emblée l'opposition.

7. Tour + pion contre tour

Si les finales de tours figurent parmi les plus fréquentes aux échecs, il importe de se pencher avant tout sur le résidu tour + pion contre tour, afin de se familiariser avec la technique de cette importante fin de partie.

La règle générale est simple : *si le roi noir peut atteindre la case de promotion, la partie est nulle ; dans la négative, la partie est perdue.* C'est là un excellent guide pour juger une position donnée, mais rien de plus, car la règle générale souffre des exceptions !

Examinons, tout d'abord, la posi-

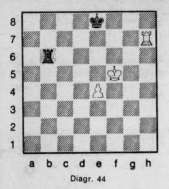

Diagr. 44

tion « historique » due à Philidor, afin d'indiquer la méthode à suivre pour *annuler*. Relevons les caractéristiques de la position (diagr. 44) :

1. Le roi occupe la case de promotion.

2. Le pion est peu avancé.

3. Le roi noir ne peut être chassé et perdre ainsi le contrôle de la case de promotion.

4. La tour noire occupe la sixième traverse, horizontale cruciale par laquelle le roi pourrait s'approcher du roi noir en créant simultanément une menace de mat à la huitième traverse, notamment par l'occupation de é6.

En vertu de ce dernier point, la tour noire doit conserver le contrôle de la sixième traverse aussi longtemps que la tour ne s'y trouve pas. Dès l'instant où le pion atteint la sixième traverse, la tour noire gagne la première traverse, d'où elle inquiète le roi par des échecs verticaux, pour éviter que celui-ci n'occupe les cases d6 ou f6. Par exemple :

1.	é4 - é5	Tb6 - a6
2.	é5 - é6	Ta6 - a1 !
3.	Rf5 - f6	Ta1 - f1 +
4.	Rf6 - é5	Tf1 - é1 +
5.	Ré5 - d6	Té1 - d1 +,
		etc.

Le joueur qui se trouve en infériorité numérique doit éviter *trois pièges* :

— immobiliser sa tour ;

— rejoindre la mauvaise case lorsque son roi doit quitter la case de promotion ;

— autoriser l'adversaire à chasser le roi de la case de promotion.

Examinons successivement ces trois pièges.

Piège n° 1

Ainsi que le montre le diagramme 45, la tour noire, loin d'avoir gagné la première traverse au moment opportun, s'est retirée à la huitième traverse et ne peut plus la quitter sous peine de mat. Comment les blancs procèdent-ils ?

1.	Ta2 - h2	Rf8 - g8
2.	Th2 - g2 + !	Rg8 - h8

(Ou 2. … Rf8 ; 3. é7 + , Ré8 ; 4. Tg8 + , Rd7 ; 5. Txb8 et gagne.)

3.	Rf6 - f7	Tb8 - b7 +
4.	é6 - é7	

et la tour doit se sacrifier contre le pion.

Diagr. 45

Piège nᵒ 2

Le diagramme 46 illustre une position analysée par Kashdan et reprise par Fine.

1. Rb5 - b6

Menace 2. Th8 + , Rd7 ; 3. c6 + , Ré7 ; 4. Rc7!, Tc1 ; 5. Th2! et la double menace 6. Té2 + ou 6. Td2 écarte définitivement le roi noir des opérations et, partant, l'empêche de s'opposer à la promotion du pion. Inefficace eût été 1. Rc6? à cause de l'échec horizontal Tg6 + forçant le roi blanc à regagner la case b5.

1. ...   Tg1 - c1!

Diagr. 46

La défense la plus précise, parce qu'elle s'oppose à la manœuvre 2. Th8 + , Rd7 ; 3. c6 + ?, à cause de la réplique T × c6 + .

Observons que l'échec horizontal par 1. ..., Tg6 + ? est insuffisant, car il suit 2. c6! et la menace de mat à la huitième rangée oblige les noirs à la retraite : Tg8 ; 3. Ta7, Rb8 ; 4. c7 + , Rc8 ; 5. Ta8 + avec gain de la tour.

L'échec vertical par 1. ..., Tb1 + n'est pas plus utile, parce qu'il ne s'oppose pas à la menace principale du premier coup des blancs. Il suit 2. Rc6, et la me-

nace de mat à la huitième rangée oblige le roi noir à se soustraire à l'opposition, soit par 2. ..., Rd8?, soit par 2. ..., Rb8!, ce qui entraîne deux variantes instructives :

a) 1. ..., Tb1 + ; 2. Rc6, Rd8? ; 3. Th8 + , Ré7 ; 4. Rc7!, Tc1 ; 5. c6, Ta1 ; 6. Th2! et les noirs n'ont pas de parade contre la double menace 7. ..., Té2 + ou 7. ..., Td2 éloignant définitivement le roi noir de la case de promotion.

b) 1. ..., Tb1 + ; 2. Rc6, Rb8! Cette retraite, non considérée par Kashdan, permet encore aux noirs d'échapper à la défaite : 3. Th8 + , Ra7 ; 4. Rd6, Tg1! ; 5. Td8, Tg6 + ; 6. Rc7, Tg7 + ; 7. Td7 — la raison d'être du cinquième coup des blancs —, Tg8 ; 8. c6, Th8 ; 9. Té7, Tg8 ; 10. Rd7, Th8 ; 11. c7, Rb7 et les blancs ne progressent plus.

2. Rb6 - c6   Rc8 - b8!!

La réponse clef après 2. ..., Rd8? : 3. Th8 + , Ré7 ; 4. Tc8!!, les blancs gagnent, parce que le roi noir s'est réfugié du *côté long*, c'est-à-dire vers le bord vertical le plus éloigné du pion. Or, ici, le roi noir se trouvera dans le chemin de sa propre tour, ce qui prive la tour d'un échec horizontal à la septième traverse. Par exemple : 4. ..., Ta1 ; 5. Rb7, Tb1 + ; 6. Rc7!, Tc1!, 7. c6, Ta1 ; 8. Th8, Tc1 ; 9. Th2!, et la double menace 10. Té2 + ou 10. Td2 décide.

3. Th7 - h8 +   Rb8 - a7

Bien que la retraite vers le *côté court* — c'est-à-dire vers le bord vertical le plus proche du pion — s'accompagne d'un manque de liberté de manœuvre, elle a le grand mérite de ne pas intercepter l'action future de la tour .

noire à la septième traverse qui, par des échecs horizontaux, ne cessera d'inquiéter le roi.

4. Th8 - c8   Tc1 - h1!!

La tour se prépare à donner des échecs horizontaux et, pour ce faire, elle a intérêt à s'éloigner le plus possible du roi blanc afin de se mettre à l'abri d'une contre-attaque de celui-ci par voie diagonale.

5. Tc8 - d8

Prépare une interception de la tour pour couvrir un futur échec horizontal.

5. ...   Th1 - c1!

Immobilise le roi blanc et empêche de la sorte la manœuvre 6. Rc7 suivie de 7. c6.

6. Td8 - d5

Menace 7. Rc7 et 8. c6.

6. ...   Ra7 - b8

S'oppose à la manœuvre précédente.

7. Rc6 - d7

Menace 8. c6.

7. ...   Rb8 - b7

Gagne le contrôle de la case c6. Les blancs ne progressent plus.

Piège n° 3

Il consiste, par conséquent, à se laisser chasser de la case de promotion ; l'étude de Lasker (diagr. 47) nous en offre un bel exemple. Le roi noir est menacé d'un mat à la huitième traverse, inconvénient mineur s'il n'était doublé d'une position défectueuse de la tour, laquelle est incapable de déloger le roi blanc par un échec horizontal.

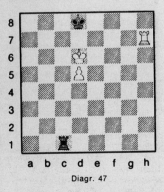

Diagr. 47

Sur toute autre case de la première traverse, à l'exclusion de é1, la tour eût été à même de fournir un échec horizontal, et la

partie se serait terminée par la nullité ; à présent, les blancs gagnent par :

1. ...   Rd8 - c8

La menace de mat à la huitième rangée réclame une protection immédiate, sans autoriser pour autant une interception de la tour noire. En effet, après : 1. ..., Té1? ; 2. Th8+, Té8 ; 3. T×é8+!, R×é8 ; 4. Rc7!, le roi blanc gagnerait le contrôle de la case de promotion et le pion irait à dame. Une autre défense possible était 1. ..., Ré8. Elle est inférieure à celle du texte car, ce faisant, le roi se dirigerait vers le côté long, freinant l'action horizontale de sa propre tour.

2. Th7 - h8+   Rc8 - b7

3. Rd6 - d7

Prépare l'avance d6.

3. ...   Tc1 - g1!

Prépare l'intervention de la tour en vue d'inquiéter le roi par des échecs horizontaux. Une moins bonne défense eût été 3. ..., Tc7+ ; 4. Ré6!, Tg7 ; 5. d6, et les blancs gagnent du temps par rapport à la suite qui nous occupe.

4. d5 - d6   Tg1 - g7+

5.	Rd7 - é6	Tg7 - g6 +
6.	Ré6 - é7	Tg6 - g7 +
7.	Ré7 - f6!	

Faute d'avoir pu occuper la colonne *h*, la tour a dû se contenter de la colonne *g*, d'où elle se trouve plus près du roi blanc, avec tous les inconvénients que cela comporte : les échecs horizontaux sont interrompus à la suite d'une contre-attaque du roi, en diagonale. En fait, la tour blanche, sur la colonne *h*, supprime le côté long, en rapprochant d'une colonne le bord vertical le plus éloigné du pion !

| 7. | ... | Tg7 - d7 |

La tour ne peut descendre, à la suite de 8. d7 : le pion va à dame.

| 8. | Rf6 - é6 | Td7 - g7 |
| 9. | d6 - d7 | |

Force la promotion, de sorte que les noirs doivent rendre la tour ; après quoi, la finale « R + T » contre « RD » ne présente plus qu'un problème technique.

Le roi est coupé de la colonne de promotion

Nous entendons par-là que la tour blanche occupe la colonne qui sépare celle du roi et celle du pion, de sorte que le roi noir est incapable de bloquer le pion.

Diagr. 48

La position qu'illustre le diagramme 48 est la situation clef à laquelle il s'agit d'aboutir dans ce genre de finale. Elle fut découverte pour la première fois par l'auteur espagnol Lucena, dont les écrits datent de la fin du XVᵉ siècle.

Les blancs gagnent comme suit :

1. Tf1 - f4!!

(La raison d'être de cette manœuvre apparaîtra bientôt ; ériger une barricade contre les échecs verticaux de la tour noire.)

1.	...	Th2 - h1
2.	Tf4 - é4 +	Ré8 - d7
3.	Rg8 - f7	

Menace la promotion du pion. Entre-temps, les noirs disposent d'une série d'échecs pour différer l'exécution de cette menace.

3.	...	Th1 - fì +
4.	Rf7 - g6	Tf1 - g1 +
5.	Rg6 - f6	Tg1 - f1 +
6.	Rf6 - g5!	Tf1 - g1 +
7.	Té4 - g4 !	

Voilà pourquoi la tour devait occuper d'abord la quatrième traverse. L'interception met une fin brutale aux échecs verticaux, et le pion va à dame.

DEUXIEME PARTIE

L'ouverture

1

Comment ouvrir
une partie d'échecs?

La position du départ des pièces offre aux blancs vingt possibilités différentes, au minimum, d'entamer la partie.

Chacun des huit pions peut avancer d'une ou de deux cases, soit déjà seize positions différentes. S'y ajoutent les deux sorties du cavalier-dame et les deux sorties du cavalier-roi, et le compte y est (diagr. 49).

Mais, près de la moitié de ces ouvertures possibles sont déconseillées, en vertu des principes qui régissent l'art de la mobilisation. Ainsi, les avances sur l'aile-roi, telles que 1. h3, 1. h4, 1. f3, ne contribuent en rien à la mobilisation des pièces mineures et ne permettent pas davantage le contrôle ou l'occupation du centre. Il en est de même des avances sur l'aile-dame, 1. a3 ou 1. a4. Ecartons également les sorties de cavaliers, telles que 1. Ch3 ou 1. Ca3 : ces positions décentralisées réduisent considérablement le champ de contrôle de ces pièces et, surtout, les

Diagr. 49 — Position initiale

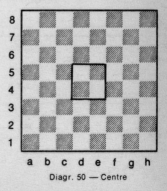

Diagr. 50 — Centre

empêchent de contrôler les cases centrales. *Or, l'ouverture est avant tout une bataille pour le centre !* (diagr. 50).

En dehors de ces mauvaises ouvertures, les autres coups sont jouables, sans être tous également appréciés des champions. Ainsi, la modeste avance du pion roi, é3, a été bien souvent expérimentée par Nimzovitch, sans gagner la faveur d'autres maîtres. L'avance du pion-dame d'une seule case, d3, est encore moins prisée : la théorie n'en parle même pas, à défaut d'exemples dans les grands tournois.

En revanche, avancer de *deux cases* le pion roi (début dit « ouvert ») ou le pion dame (début dit « fermé ») est infiniment plus valable ; cette procédure correspond, du reste, parfaitement aux principes cardinaux de l'ouverture : *occupation du centre* et *mobilisation rapide des pièces*. Il importe, en effet, que les deux joueurs acheminent leurs pièces vers la ligne médiane, la ligne de front, où s'opère la première rencontre (diagr. 51).

L'évolution des ouvertures

Un élément essentiel, *le facteur « temps »*, permet la comparaison entre les différentes époques de l'histoire des échecs. Les gambits sauvages de l'ère romantique n'avaient d'autre but que de prendre l'adversaire de vitesse. Morphy, le plus grand spécialiste en son temps de la *partie « ouverte »*, affectionnait la mobilisation ultra-rapide.

Steinitz devait renoncer à ces pratiques ; il annonce d'autres concepts : gain de terrain, cases fortes et faibles, structure de

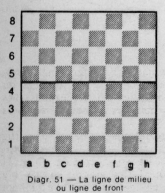

Diagr. 51 — La ligne de milieu
ou ligne de front

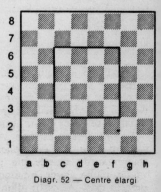

Diagr. 52 — Centre élargi

pions, déclin de la vitesse. Les contemporains de Steinitz jugeaient son jeu très lent. Ses disciples, Tarrasch et Lasker, visaient encore davantage le gain d'espace et, partant, la mobilité. Bref, le jeu de position, dont Steinitz avait jeté les bases théoriques, était né : c'est le début de la période dite classique.

L'époque moderne, qui s'ébauche peu avant la première guerre mondiale, affine encore davantage le jeu de position au détriment de la vitesse. Les attaques inconditionnelles, les assauts non justifiés, qui avaient la faveur des romantiques, cèdent désormais le pas aux offensives minutieusement préparées qu'exige la situation. Cette nouvelle façon de mobiliser les pièces (la *partie fermée* ou *semi-fermée*) a fait perdre au facteur temps une grande partie de son importance.

Plus tard, les « hypermodernes » devaient encore ralentir davantage la phase de mobilisation : le jeu de position commençait dès les premiers coups ! A l'occupation du centre, on préférait son contrôle par des ouvertures latérales (c2 - c4 ou f2 - f4) en utilisant les ressources du *fianchetto* (c'est-à-dire la mobilisation des fous sur les grandes diagonales). Ainsi, de nouvelles méthodes de mobilisation, les jeux de flanc, ont mis en lumière, pour la première fois, la fragilité du *centre élargi* ; elles ont fait rapidement leurs preuves, en pratique (diagr. 52).

Ces ouvertures se caractérisent précisément par la lenteur de la prise de contact avec l'adversaire. Au principe de la vitesse de mobilisation, ou *développement quantitatif*, dont le champ d'application par excellence est la partie ouverte, les hypermodernes substituent un autre concept relatif à la partie fermée : *le développement qualitatif*, lequel recommande, si la situation l'exige, le déplacement d'une pièce déjà mobilisée, plutôt que la sortie d'une nouvelle pièce.

L'apprentissage

Les profanes s'imaginent volontiers que les premiers coups de la partie ne sont que de simples préliminaires à l'engagement du combat et qu'ils ne retiennent pas l'attention des experts. Les maîtres procéderaient, d'abord, à quelques passes stéréotypées avant de se livrer à leur fantaisie.

En fait, il n'en est rien. A l'heure actuelle, les débuts de partie forment une matière tellement vaste qu'aucun joueur, fût-il champion du monde, ne pourrait les assimiler tous. D'où la vanité d'une étude mnémotechnique ! Les grands joueurs n'y songent pas. A partir d'un minimum de théorie, ils exploitent surtout les ouvertures qui correspondent le plus à leur goût ou à leur tempérament. Il en va de même pour le novice : mémoriser, même sous une forme simplifiée, tous les débuts de parties est un travail stérile. A quoi bon, par exemple, connaître telle variante « théorique », si l'on est incapable de contrer une riposte « qui ne se trouve pas dans les livres » ? Il y a, d'autre part, des débuts irréguliers dont la théorie parle à peine.

Ce n'est certes pas ainsi que le débutant apprendra à mobiliser ses pièces. Il aura avantage à n'assimiler que quelques idées fondamentales et à s'efforcer ensuite de les appliquer au mieux. Plus tard, il pourra faire son profit d'une analyse plus méthodique de l'une ou l'autre ouverture.

Une série de questions essentielles surgit aussitôt. A quelles pièces et à quel secteur (aile D - centre - aile R) accorder la priorité et pourquoi ? Quelles sont les cases privilégiées des cavaliers ? Sur quelles diagonales aligner les fous ? Comment rendre les tours efficaces ? Vers quelles zones acheminer d'abord les pièces lourdes (dame et tours) ? Quel est le rôle du roi ? Comment et dans quel but manœuvrer les pions ?

Des réponses globales à ces questions découlent les principes d'une bonne mobilisation.

Les qualités et les défauts des pièces

Avant de songer à manœuvrer ses pièces, il importe d'en connaître le caractère et les possibilités d'utilisation.

La dame. Ennemie jurée du roi et pièce agressive, s'il en est, la dame a le don d'agir à *distance* et, de surcroît, son rayonnement s'amplifie à mesure qu'elle s'approche des positions adverses. Cette dernière possibilité lui est quasi interdite en début de jeu, et cela pour des raisons de sécurité : l'importance de la pièce justifie pareille mesure. On veillera, par conséquent, à acheminer la dame sur des cases qui la mettent *à l'abri des attaques enne* mies et, de préférence, comme l'enseigne l'expérience, sur les cases des *trois* premières rangées (rangées 8, 7 et 6, pour les noirs).

La tour. A l'instar de la dame, la tour a la faculté d'agir à *distance,* et cela compense sa vulnérabilité. D'où la nécessité absolue de disposer de colonnes *ouvertes* (c'est-à-dire vides) ou, à défaut, de colonnes *semi-ouvertes* (obstruées par un pion adverse), sous peine de voir l'activité de la tour réduite à sa plus simple expression. La mobilisation rapide de la tour R s'obtient par le *petit* roque ; celle de la tour D par le *grand* roque. Leur base d'opération est la première rangée (la huitième pour les noirs).

Le fou. Comme la dame et la tour, le fou a un grand rayon d'action, à la condition qu'il contrôle une diagonale *ouverte* ou, à défaut, *semi-ouverte*. L'alignement en *fianchetto* (c'est-à-dire sur la grande diagonale) se révèle particulièrement efficace et constitue la base de nombreuses ouvertures modernes. Le point faible de cette pièce est son incapacité à contrôler, à la fois, les cases blanches et noires. Seule la présence simultanée des deux fous remédie à cet inconvénient.

Le cavalier. Rien n'est plus facile que de mobiliser le cavalier puisqu'il n'exige aucun déplacement de pion ! Point n'est besoin de lignes ouvertes. Il suffit qu'il prenne position de manière à contrôler les cases centrales En revanche, à l'inverse du fou et des pièces lourdes, il n'agit qu'à *courte distance* : son champ de manœuvres, par excellence, est le centre.

Une règle d'or consiste, d'autre part, à sortir les cavaliers avant les fous.

Le roi. D'une valeur capitale, puisqu'il constitue l'enjeu de la partie, le roi n'intervient pas, en principe, lors de l'ouverture. Point de mire de l'adversaire et, de ce fait, vulnérable à l'extrême, il n'aspire qu'à la sécurité ! *Le meilleur moyen de satisfaire cette exigence fondamentale est de procéder aussi vite que possible au roque.*

Le pion. Son rôle est indispensable au développement du jeu, car sa mission l'appelle à prendre position au centre (au sens large). Il y remplit diverses fonctions :
— ouvrir des diagonales au profit des fous et des colonnes au profit des tours ;
— fournir des points d'appui, principalement aux cavaliers ;
— permettre le contrôle de certaines cases adverses ;
— barrer le centre à l'adversaire ;
— gagner de l'espace ;
— ouvrir le chemin à ses propres pièces vers les positions adverses.

C'est pourquoi le pion a évidemment tout intérêt à *occuper* et à *contrôler* le centre.

Néanmoins, dans les positions *ouvertes,* on mobilisera le

moins de pions possible : les mouvements de pièces s'imposent davantage. En revanche, dans les positions *fermées,* les avances de pions sont moins risquées et, qui plus est, indispensables à l'ouverture du jeu sur les flancs et au centre.

A quelles pièces accorder la priorité ?

Il faut d'abord songer à la *sortie des pièces mineures.* Les deux cavaliers, et le cavalier roi en particulier, ont généralement avantage à être mobilisés les premiers ; et cela tant pour exercer un contrôle sur les cases centrales que pour *préparer* le *petit* roque. Les cases f3 et c3 (f6 et c6 pour les noirs) sont les plus intéressantes à occuper, principalement dans les débuts dits *ouverts.*

La mobilisation des fous pose un problème plus délicat. La formation centrale adoptée par l'adversaire est bien souvent déterminante à cet égard dans la mesure où elle *ouvre* certaines diagonales, tout en en *fermant* d'autres.

La sortie du fou roi précède généralement celle du fou dame : d'abord, elle prépare le *petit* roque ; ensuite, le fou roi s'aligne plus facilement sur une diagonale ouverte dans la plupart des ouvertures.

Les pièces lourdes (tour et dame) sont plus *lentes* à mobiliser, parce que les conditions favorables à leur déplacement supposent une longue préparation, singulièrement pour les tours.

A quel secteur accorder la priorité ?

Le choix du *secteur prioritaire* dépend du type d'ouverture. En règle générale, cependant, la mobilisation de l'aile roi prime celle de l'aile dame, car elle permet de roquer plus vite. Le petit roque (côté R) s'effectue en deux temps : la sortie du cavalier, puis celle du fou. En revanche, le grand roque (côté D) exige un temps supplémentaire à cause de la sortie de la dame.

Quand faut-il roquer ?

C'est l'un des problèmes les plus complexes qui se posent au joueur. La réponse à cette question dépend autant du système choisi que des répliques adverses. En règle générale, cependant, on a presque toujours intérêt à roquer rapidement surtout lorsqu'il subsiste, au centre, des colonnes ouvertes. Seules les positions fermées autorisent un certain délai. Le roque vise un double but : mobiliser la tour et mettre le roi en lieu sûr.

Le facteur temps

Les vertus du développement *quantitatif* sont liées à l'importance du facteur *temps*. Tout ce qui contribue à accroître la *vitesse* de mobilisation doit être exploité. Ce principe souffre peu d'exceptions dans les positions *ouvertes*. C'est la raison pour laquelle il est dangereux de lancer prématurément les pièces lourdes à proximité des lignes ennemies ou de provoquer, par une avance inconsidérée des pièces mineures, la poussée de pions adverses qui risqueraient de les contraindre à une retraite désavantageuse.

L'importance de la vitesse diminue à mesure que la position se ferme. Le développement *qualitatif* reprend alors ses droits.

Le terrain

La mobilisation des pièces n'est pas le but unique que vise l'ouverture. Celui qui réalise *un gain d'espace* se ménage, par la même occasion, une plus grande liberté de manœuvre. C'est essentiellement le rôle assigné aux pions : l'occupation du centre y contribuera puissamment.

La coopération

Il est pour ainsi dire hors de question qu'une pièce, aussi puissante soit-elle, puisse agir seule. Les actions isolées, au détriment de la mobilisation *générale,* sont presque toujours vouées à l'échec. En revanche, les actions *combinées* multiplient la puissance de chacune des pièces prises isolément et permettent d'obtenir une supériorité numérique à un point donné !

La menace

Même si l'on respecte tous les principes énoncés jusqu'à présent, il reste qu'une « *partie d'échecs est avant tout un affrontement entre deux personnalités* » (Lasker), un combat qui s'engage au premier coup. C'est dire tout l'intérêt qu'il y a à combiner la mobilisation des différentes pièces et des manœuvres susceptibles d'entraver la progression de l'adversaire. C'est le but que vise la menace : celle-ci peut soit permettre un gain de temps, soit affaiblir la position adverse ou, encore, occasionner un avantage matériel. Au joueur d'apprécier l'opportunité de la menace.

Les manœuvres de protection

L'art de la mobilisation consiste également à s'opposer à une avance libératrice de l'adversaire ou à la mise en jeu d'une pièce non alignée, voire mal placée. Le joueur procède alors par voie de menaces *indirectes* en vue de contrecarrer le plan de mobilisation adverse. Une analyse méthodique de l'une ou de l'autre ouverture s'appuiera nécessairement sur les notions développées précédemment.

La « théorie » des ouvertures

Comme l'observe le grand maître Fine, la théorie des ouvertures n'est en réalité qu'un inventaire des pratiques existantes, à tout le moins de celles qui ont cours dans les tournois internationaux où s'affrontent les grands champions. Les échecs sont essentiellement une science empirique ; plusieurs théories et quantité de règles découlent de la pratique. L'ouverture, matière inépuisable, s'il en est, et, de plus, en constante évolution, offre, à ce point de vue, un exemple particulièrement frappant. L'étude de la théorie permet de bénéficier de l'expérience des autres. Il faut, bien entendu, faire un choix entre les différentes ouvertures, car il existe une grande variété de constructions possibles, toutes ont plus ou moins la même valeur théorique ; mais, en pratique, les joueurs, selon leur tempérament et leur style, marquent toujours une préférence pour l'une ou l'autre d'entre elles. N'importe quel joueur, du plus fort au plus faible, a sa propre conception du jeu ; l'étude exhaustive de toutes les ouvertures dépasserait, en outre, les possibilités de tout un chacun.

On méditera, à cet égard, les propos du docteur Max Euwe : « Les connaissances théoriques sont importantes, voire indispensables pour quiconque désire progresser. Mais les diverses catégories d'ouvertures subissent l'usure du temps. Quel que soit votre livre de références, il en omettra toujours ! Vous aurez donc toujours de nouveaux problèmes à résoudre.

» La mémorisation des différentes variantes possibles présente un autre danger : vous risquez de perdre le goût ou l'habitude de la réflexion indispensable pour mener à bien l'ouverture.

» A l'opposé de la méthode des variantes, il y a l'autre extrême : assimiler les principes de base de l'ouverture et sélectionner ensuite chaque coup en fonction de considérations générales qui résultent de la position des pièces. Cette méthode n'est pas non plus concluante. L'expérience montre que, dans chaque position, il y a plusieurs coups logiques qui ne présentent pas nécessairement la même valeur.

» Bref, connaître par cœur, sans comprendre, est inefficace en pratique ; comprendre sans mémoriser certaines variantes est aussi un handicap. »

Euwe préconise un moyen terme ; il suffit d'avoir :

— une connaissance précise des lignes de jeu à suivre, propres à l'ouverture qu'on s'est choisie en vertu de ses préférences ;

— un aperçu général de ses variantes (principales et secondaires).

Ajoutons, pour notre part, que l'étude, même sommaire, des ouvertures contribue certainement à accroître la culture générale en ce domaine. Le joueur est appelé, lors de l'ouverture, à calculer, à juger, à combiner ou à décider une manœuvre stratégique tout comme dans les autres phases de la partie. La nécessité absolue de *sortir ses pièces* caractérise, cependant, l'ouverture. Cette lapalissade, dont hélas ! trop peu de joueurs ont conscience, est l'évidence même !

Il y a, d'abord, les ouvertures pratiquées par les pionniers des échecs ; viennent ensuite celles qui répondent le mieux aux orientations, aux goûts et à la technique d'aujourd'hui. Cette histoire est un exemple de l'évolution de la théorie et des progrès pratiques enregistrés depuis un siècle.

Nous nous contenterons d'un simple aperçu des techniques actuelles ; l'essentiel s'y trouve, y compris les jugements de valeur des grands joueurs. Nous éviterons au lecteur l'énumération fastidieuse des diverses variantes, mais il trouvera, pour chaque ouverture, un exposé succinct des grands principes qui s'y rapportent. Une bonne mobilisation se fonde aussi bien sur la connaissance exacte de son « leit-motiv » que sur la connaissance globale des variantes propres à l'ouverture choisie.

Pour clarifier cette abondante matière, nous avons repris la *classification* du docteur Max Euwe.

Classification des ouvertures en cinq groupes

— *Les jeux ouverts* = 1. é2-é4, é7-é5.

— *Les jeux semi-ouverts* = 1. é2-é4, mais non la réponse symétrique é7-é5.

— *Les jeux fermés* = 1. d2-d4, d7-d5.

— *Les jeux semi-fermés* = 1. d2-d4, mais non la réponse symétrique d7-d5.

— *Les jeux de flanc :* les blancs ne débutent ni par 1. é2-é4 ni par 1. d2-d4.

2

Les jeux ouverts

Les diverses ouvertures qui débutent par 1. é2-é4, é7-é5 portent l'appellation commune de « jeux ouverts », parce qu'elles conduisent, en règle générale, à des positions où les lignes centrales se trouvent ouvertes.

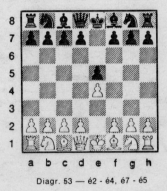

Diagr. 53 — é2 - é4, é7 - é5

Le départ 1. é2-é4, é7-é5 confère à la position une série de caractéristiques qui méritent d'être examinées en détail.

1. Une caractéristique fondamentale est la faiblesse des points f7 et f2 dont seul le roi assure la protection. Le point f7, en particulier, constitue un objectif d'attaque pour les blancs : d'abord, parce que les blancs ont le trait ; ensuite, parce que les noirs auront de la peine à interposer un pion pour fermer la diagonale c4-f7. Cela explique l'intérêt de la sortie Ff1-c4, afin d'exercer une pression sur f7, laquelle peut être renforcée par

des manœuvres telles que : Cg5, Cé5, Df3 ou Dh5.

2. Une deuxième caractéristique importante concerne la possibilité d'ouvrir des lignes supplémentaires par l'avance centrale d4 ou l'avance de flanc f4.

Quelles perspectives ces avances offrent-elles en pratique ? L'expérience enseigne que toutes les tentatives directes et brutales de s'emparer de f7 demeurent infructueuses. Il faut préparer cette attaque, et singulièrement par l'avance d4 ou f4. Toutefois, c'est une chose acquise que l'avance d4, effectuée à un stade précoce, procure rarement une initiative durable, à moins que certaines conditions heureuses ne soient réunies. Il s'agit, par conséquent, de deux atouts que les blancs ne doivent pas abattre trop tôt. Par ailleurs, la majorité des ouvertures dites *ouvertes* se caractérisent encore par d'autres particularités qui peuvent se résumer comme suit :

1. Une tendance marquée au jeu combinatoire, au cours duquel les antagonistes jouent, de part et d'autre, « cartes sur table ».

2. Priorité accordée aux manœuvres tactiques, au détriment de la stratégie.

3. L'absence de tensions durables. Ou bien la crise éclate trop tôt sous la forme d'une rupture brutale de l'équilibre matériel, et les joueurs s'installent dans une position dite « sauvage » où le hasard joue un rôle déterminant, tant les problèmes qui se posent échappent même à l'analyse *a posteriori* ! Ou bien la détente se produit trop tôt, entraînant une position équilibrée et vide de perspectives.

Il est néanmoins indispensable d'étudier ces différentes ouvertures afin de dégager les idées et les grandes étapes qui ont marqué l'évolution de l'art de la mobilisation jusqu'à nos jours.

Cette étude constitue, de surcroît, un excellent exercice pour se familiariser avec la technique combinatoire. Rappelons, enfin, que les problèmes d'ouverture sont légèrement différents pour les blancs et les noirs : le privilège du trait donne aux blancs une certaine supériorité. Aussi bien l'objectif des blancs est-il de rechercher, d'entrée de jeu, l'avantage : se contenter de l'égalité est insuffisant. En revanche, l'ambition des noirs se doit d'être plus modeste. Avant de songer à prendre l'initiative, il leur faut en premier lieu obtenir *l'égalité*.

La partie des trois cavaliers

1.	é2 - é4	é7 - é5
2.	Cg1 - f3	Cb8 - c6
3.	Cb1 - c3	

La mobilisation du cavalier D assure le contrôle de la case centrale d5 et la protection du pion é4. A cet égard, la réplique échappe à toute critique. Est-ce toutefois le meilleur coup à jouer ? Les blancs ne peuvent-ils améliorer leur position ? Keres observe que la sortie du cavalier D est peu constructive et n'empêche pas les noirs de consolider leur position. En revanche, la sortie 3. Fb5 (partie espagnole) accentue la pression sur é5 et donne aux blancs la possibilité d'obtenir un avantage de départ.

Diagr. 54 — 3. Cb1 - c3

3. ...   Ff8 - b4

Les noirs renoncent à 3. ... Cf6 (c'est la réponse la plus simple et qui conduit à la partie des quatre cavaliers). Il existe toutefois d'autres possibilités de moindre valeur telles que 3. ..., Fc5. Cette sortie permet aux blancs de consentir le pseudo-sacrifice

4. C×é5, moyennant quoi ils s'autorisent le contrôle du centre ; ainsi : 4. ..., C×é5 ; 5. d4, Fd6 ; 6. d×é5, F×é5 ; 7. f4!, F×c3 + ; 8.b×c3, d6 ; 9. Dd4, etc. Autre exemple de développement encore moins favorable aux noirs : 4...., F×f2+ ; 5. R×f2, C×é5 ; 6. d4, Df6+ ; 7. Rg1, Cg4 ; 8. Dd2 ... ; il s'ensuit une nette avance en faveur des blancs.

4.   Cc3 - d5

Cette riposte énergique est le seul moyen pour les blancs d'obtenir l'avantage (Keres).

4.   Cg8 - f6

Cette réplique, proposée par Schlechter, est considérée comme la meilleure. Les replis tels que 4. ..., Fa5 ; 5. c3! ou 4. ..., Fc5 ; 5. c3! négligent les principes élémentaires du développement *quantitatif*.

5. Ff1 - c4

C'est, selon Euwe, la meilleure réponse parce qu'elle autorise les blancs à jouer la variante Rubinstein de la partie des quatre cavaliers et qu'elle leur permet ainsi de gagner du temps. Par exemple : 5. ...,C×é4 ; 6. 0 - 0, Cf6 ; 7. d4! ; il s'ensuit une force de frappe accrue en échange du pion sacrifié. Ou encore 5. ..., 0 - 0 ; 6. c3, Fé7 ; 7. d3, d6 ; 8. 0 - 0, Fé6 ; blancs et noirs sont à égalité. Un autre développement recommandé par Keres est le suivant : 5. C×b4 ; C×b4 ; 6. C×é5, Dé7 ; 7. d4, d6 ; 8. a3! Conclusion : un léger avantage au profit des blancs.

Nous ne nous étendrons pas davantage sur cette variante définitivement abandonnée dans les grands tournois.

La partie des quatre cavaliers

1.	é2 - é4	é7 - é5
2.	Cg1 - f3	Cb8 - c6
3.	Cb1 - c3	Cg8 - f6

D'après Keres, il n'y a pas pour les noirs de meilleure réplique : elle leur permet d'obtenir l'équilibre.

    4.   Ff1 - b5

La variante la plus connue de la partie des quatre cavaliers, la mobilisation du fou par les blancs constitue la meilleure réponse, toujours selon Keres. Fréquemment adopté jusqu'à la première guerre mondiale, ce plan de développement a perdu progressivement la faveur des grands joueurs ; il n'est plus joué actuellement.

    4.   Cc6 - d4!

Diagr. 55. 4. ..., Cc6 - d4 !

L'auteur de cette nouvelle réplique, Rubinstein, n'a pas compris toutes les conséquences de sa découverte. Elle force les blancs soit à une liquidation prématurée et à un nivellement systématique de leur position, soit au sacrifice d'un pion, manœuvre logique mais trop risquée. Envisageons les éléments de l'alternative :

A

5.	Cf3 × d4	é5 × d4
6.	é4 - é5	d4 × c3
7.	é5 × f6	Dd8 × f6
8.	d2 × c3	Df6 - é5 +

Il n'y a déjà plus guère de possibilités valables.

B

5.	Cf3 × é5	

Cet échange, au lieu de clarifier les positions, est la source de nouvelles complications pour les blancs.

5.		Dd8 - é7!
6.	f2 - f4	Cd4 × b5
7.	Cc3 × b5	d7 - d6
8.	Cé5 - f3	Dé7 × é4 +
9.	Ré1 - f2	Cf6 - g4 +
10.	Rf2 - g3	

Selon Euwe, ce dernier coup est une faute. D'après Keres, Rf2 - g1 (Lasker) n'est pas meilleur, car il ne permet pas de rétablir l'équilibre.

10.		Dé4 - g6
11.	Dd1 - é2 +	Ré8 - d8

Cette dernière position ne justifie pas le cinquième coup des blancs.

La partie italienne

1.	é2 - é4	é7 - é5
2.	Cg1 - f3	Cb8 - c6
3.	Ff1 - c4	

La sortie du fou R assure la mobilisation rapide de l'aile R et attaque le point faible f7 ; elle a toutefois l'inconvénient, observe Keres, d'être insuffisamment agressive, car les noirs n'ont pas de difficulté à se développer. La sortie 2. Cf3, commente toujours Keres, implique moins le contrôle de d5 qu'une pression accrue sur é5 (*cf.* la partie espagnole).

3.   Ff8 - c5

Caractéristique de la partie italienne — dite aussi *giuco piano* (jeu lent) —, cette ouverture, déjà pratiquée au XVᵉ siècle, compte parmi les plus anciennes. La réponse symétrique des noirs obéit aux mêmes principes que le coup précédent joué par les blancs. Elle est, toutefois, passive, note Keres. Mieux vaut contrer la sortie, 3. Fc4 par 3. ..., Cf6 (défense des deux cavaliers), car la pression exercée sur é4 donne aux noirs la possibilité de prendre l'initiative.

Diagr. 56 — 3. ..., Ff8 - c5

Les blancs ont le choix entre diverses possibilités ; seul 4. c3! stimule le jeu. Les autres coups, tels que 4. Cc3, sont incolores et risquent d'engendrer un nivellement prématuré de positions respectives.

I

4.   Cb1 - c3   Cg8 - f6
5.   d2 - d3   d7 - d6

Caractéristique de la partie ita-

Diagr. 57 — 5. ..., d7 - d6

lienne des quatre cavaliers, cette dernière position en est la variante la plus « tranquille ». Les variantes symétriques offrent, en règle générale, aux blancs, d'excellentes perspectives d'obtenir une initiative durable. Mais, dans le cas qui nous occupe, ce pronostic se confirme à peine. Il n'en existe pas moins certaines finesses à connaître.

6.   Fc1 - g5

Le coup 6. Fé3 est également bon bien qu'il n'offre aux blancs aucun avantage, dans la mesure, toutefois, où les noirs ne font pas l'erreur de procéder à l'échange 6. ..., F×é3? : si les blancs rétorquent par 7. f2×é3, ils contrôlent alors le centre et bénéficient d'une colonne semi-ouverte. Jouer 6. 0 - 0, est, d'autre part, prématuré : le clouage 6. ..., Fg4! entraînerait la manœuvre de déclouage 7. h3, laquelle se heurterait, à son tour, à 7. ..., h5! ; à ce stade, les blancs, dans la mesure où ils acceptent le sacrifice, risquent de subir une dangereuse attaque. En revanche, il est moins embarrassant pour les noirs de consentir au clouage de leur cavalier *car ils n'ont pas en-*

core roqué. Ils peuvent, par conséquent, opérer sans danger une manœuvre de *déclouage*, voire y renoncer dans l'immédiat.

6.   h7 - h6

Une tentative de réfutation afin de montrer que le clouage *avant* le roque est prématuré. Ce n'est, en fait, qu'une manœuvre de déclouage fort peu convaincante : les blancs conservent l'initiative.

La meilleure riposte est, d'après Euwe, 6. ..., Ca5! : elle permet de neutraliser, par l'échange, le fou R des blancs.

7.   Fg5 × f6!

La retraite en 7. Fh4? serait une grave erreur stratégique : il s'ensuivrait 7. ..., g5 ; 8. Fg3 ; au terme de ce repli, le fou D se trouverait emprisonné.

7.   Dd8 × f6

A. La variante 4. ..., d6

4.   ...   d7 - d6

Il n'y a pas intérêt à consolider de la sorte le point é5 : les noirs sont forcés de céder le point é5 et de laisser les blancs prendre l'avantage au centre. Quant à la perspective d'attaquer le centre blanc, de nombreux exemples pratiques ont démenti cet espoir. Ce

Diagr. 58 — 4. ..., d7 - d6

8.   Cc3 - d5   Df6 - d8
9.   c2 - c3 !

Ce dernier coup prépare le suivant (d3 - d4), et confère aux blancs l'initiative, au centre, avantage qui compense largement l'abandon de la paire de fous.

II

1.   é2 - é4   é7 - é5
2.   Cg1 - f3   Cb8 - c6
3.   Ff1 - c4   Ff8 - c5
4.   c2 - c3!

C'est le développement le plus intéressant et la continuation la plus tranchante. Les blancs menacent de se rendre maîtres du centre par l'avance d4. Pour contrecarrer ce plan, les noirs ont le choix entre deux possibilités : attaquer le pion é4 ou consolider le point é5.

coup ne permet donc pas d'équilibrer les jeux.

5.   d2 - d4   é5 × d4

Echange forcé, car la retraite 5. ..., Fb6 oblige les blancs, après 6. d × é5, à une liquidation qui leur fait gagner un pion.

6.   c3 × d4   Fc5 - b6

Ce coup est préférable à 6. ..., Fb4 + : les blancs peuvent alors choisir 7. Fd2 ou, mieux, 7. Cc3.

7.   Cb1 - c3   Cg8 - f6
8.   Fc1 - é3!

Les blancs ne doivent pas roquer trop tôt, note Keres. Après 8. 0 - 0, Fg4! ; 9. Fé3, Dé7, les noirs auraient la possibilité d'effectuer le *grand roque*.

8.   Fc8 - g4

Le pseudo-sacrifice 8. ..., C × é4 ? ; 9. C × é4, d5 ; 10. Fb3, d × é4 ; 11. Cg5 ! conduirait à une position très avantageuse pour les blancs.

9.   Fc4 - b3

Ce coup exclut définitivement le pseudo-sacrifice C × é4, suivi de d6 - d5

9.		0 - 0
10.	Dd1 - d3	Tf8 - é8

11.　0 - 0

L'excellente position occupée par les blancs au centre leur donne un avantage certain.

B. La défense fermée : 4. ..., Dé7

1.	é2 - é4	é7 - é5
2.	Cg1 - f3	Cb8 - c6
3.	Ff1 - c4	Ff8 - c5
4.	c2 - c3!	*Dd8 - é7!*

Diagr. 59 — 4. ..., Dd8 - é7

Contrairement à 4. ..., d6 ?, cette consolidation de é5 a le grand mérite de *neutraliser* l'avance d2 - d4 ; les noirs ne seront plus obligés de procéder à l'échange é5 × d4. Il est intéressant de noter que le coup figure déjà dans les écrits de Göttinger (fin du XVᵉ siècle), chose d'autant plus curieuse que ce coup correspond fort bien aux conceptions stratégiques actuelles !

| 5. | d2 - d4 | Fc5 - b6! |

La finesse de cette retraite apparaît après la suite 6. d × é5 ; 7. C × é5, D × é5 ; 8. 0 - 0, d6, et les noirs ont une bonne position. En opposition avec l'esprit de la variante serait l'abandon de la tension au centre par 5. ..., é × d4? : les noirs ouvrent le jeu au profit des blancs. Ceux-ci poursuivent par 6. 0 - 0! sans craindre le sacrifice d'un pion (gambit) en faveur de nombreuses possibilités d'attaque.

| 6. | 0 - 0 |

L'avance 6. d5 ne serait pas conforme à l'esprit de la position, à moins de pousuivre en style de gambit par 7. d6!? afin de gêner, au prix d'un pion, la mobilisation des noirs. Euwe ne se prononce pas sur les mérites de cette idée, à défaut d'exemples suffisants. Keres estime qu'elle n'est pas recommandable.

6.		d7 - d6
7.	a2 - a4	

Le développement qui suit précise la menace : 8. d5, Cb8 ; 9. a5 ou 8. d5, Ca5 ; 9. Fd3 avec gain d'une pièce.

| 7. | | a7 - a6 |

L'avance 7. ..., a5 affaiblit la case b5.

| 8. | h2 - h3! |

C'est la meilleure réplique. Les blancs interdisent de la sorte le clouage 8. ..., Fg4, par lequel les noirs renforceraient leur pression sur d4.

8.		Cg8 - f6
9.	Tf1 - é1	0 - 0

La position est difficile à traiter de part et d'autre et suppose de bonnes notions stratégiques. On ne peut cependant pas prétendre que les blancs aient l'avantage.

C. La défense 4. ..., Cf6 (contre-attaque sur é4)

1. é2 - é4	é7 - é5
2. Cg1 - f3	Cb8 - c6
3. Ff1 - c4	Ff8 - c5
4. C2 - c3	*Cg8 - f6*

Plus énergique que la défense fermée, encore que de même valeur, la sortie du cavalier roi vise à neutraliser les effets de l'avance d4 par une contre-attaque sur é4.

5. d2 - d4!

La seule continuation logique, car 5. 0 - 0, C × é4 permet aux noirs d'égaliser !

5. é5·× d4

Il n'y a pas d'autre possibilité que de procéder à l'échange, car, si les noirs jouent 5. ..., Fb6?, la

Diagr. 60 — 4. ..., Cg8 - f6

réplique 6. d × é5 donne aux blancs un avantage évident.

C1. La variante 6. é5

6. é4 - é5
Cette avance trop risquée est neutralisée par la riposte :

6. d7 - d5!

Seule réponse satisfaisante. En effet, le développement 6. ..., Cé4? ; 7. Fd5! ou 6. ..., Cg4? ; 7. c × d4! donne l'avantage aux blancs.

7. Fc4 - b5	Cf6 - é4
8. c3 × d4	Fc5 - b6

Les noirs ont acquis une bonne position. Toutefois, ils auraient pu jouer également 8. ..., Fb4 + ; etc.

Diagr. 61 — 6. é4 - é5

C2. La variante 7. Fd2

1. é2 - é4	é7 - é5
2. Cg1 - f3	Cb8 - c6
3. Ff1 - c4	Ff8 - c5
4. c2 - c3	Cg8 - f6
5. d2 - d4	é5 × d4
6. c3 × d4	Fc5 - b4 +
7. Fc1 - d2	

Une continuation solide qui évite les complications. Elle donne aux

blancs peu d'espoir de prendre l'initiative.

7. Fb4 × d2 +

Il y a d'autres possibilités : 7. ..., d5 : 8. é × d5! C × d5, etc. ; ou 7. ..., C × é4 ; 8. F × b4, C × b4 ; 4. F × f7 + ; dans les deux cas, les blancs marquent des points.

8. Cb1 × d2 d7 - d5!

9.	é4 × d5	Cf6 × d5
10.	Dd1 - b3	Cc6 - é7
11.	0 - 0	0 - 0

Les jeux sont ainsi équilibrés.

Diagr. 62 — 7. Fc1 - d2

C3. La variante de gambit de Gréco

1.	é2 - é4	é7 - é5
2.	Cg1 - f3	Cb8 - c6
3.	Ff1 - c4	Ff8 - c5
4.	c2 - c3	Cg8 - f6
5.	d2 - d4	é5 × d4
6.	c3 × d4	Fc5 - b4 +
7.	Cb1 - c3	

C'est Gréco qui, au XVIIe siècle, a introduit cette variante. Elle peut, au gré des noirs, entraîner d'incroyables complications. De nos jours, toutefois, elle ne présente plus qu'un intérêt académique.

| 7. | | Cf6 × é4 |

Les noirs acceptent le gambit et les grandes complications tactiques qui en résultent. Celles-ci ont retenu l'attention des chercheurs sans qu'une solution convaincante ait été proposée jusqu'ici.

Le refus du gambit qui s'exprime par 7. ..., d5! ; 8. é × d5, C × d5 a, en revanche, le mérite d'éviter ce labyrinthe de combinaisons et d'équilibrer les jeux.

| 8. | 0 - 0 | Fb4 × c3 |

Il est préférable de prendre par le fou plutôt que par le cavalier. Néanmoins, nous examinerons cette variante ultérieurement.

Diagr. 63 — 7. Cb1 - c3

Diagr. 64 — 8. ..., Fb4 × c3

9. d4 - d5 !

Cette réplique, imaginée par l'analyste danois Möller, est la seule qui soit satisfaisante. En effet, la reprise 9. b × c3? appelle la repartie 9. ..., d5! qui donne l'avantage aux noirs.

9. Fc3 - f6 !

La pratique et de nombreuses analyses ont démontré la supériorité de ce repli sur toute autre réponse.

10.	Tf1 - é1	Cc6 - é7
11.	Té1 × é4	d7 - d6
12.	Fc1 - g5	Ff6 × g5
13.	Cf3 × g5	0 - 0
14.	Cg5 × h7	

C'est la seule façon, pour les blancs, de progresser. En effet, ces derniers doivent attaquer, s'ils veulent empêcher les noirs de compléter leur développement et de valoriser leur pion d'avance.

14.		Rg8 × h7
15.	Dd1 - h5+	Rh7 - g8
16.	Té4 - h4	f7 - f5!

C'est une position critique qui a fait l'objet d'analyses approfondies : celles-ci ont fourni la preuve que les blancs, s'ils peuvent forcer la nullité, sont sans doute incapables d'emporter la victoire.

Il existe une autre variante riche en possibilités combinatoires : la variante dite du gambit Gréco.

1.	é2 - é4	é7 - é5
2.	Cg1 - f3	Cb8 - c6
3.	Ff1 - c4	Ff8 - c5
4.	c2 - c3	Cg8 - f6
5.	d2 - d4	é5 × d4
6.	c3 × d4	Fc5 - b4 +
7.	Cb1 - c3	Cf6 × é4
8.	0 - 0	*Cé4 × c3*

Diagr. 65 — 8. ..., Cé4 × c3

9. b2 × c3 d7 - d5 !

Cette riposte rend vaine, de la part des blancs, toute tentative d'attaque. En revanche, la prise 9. ..., F × c3, sans être à proprement parler une erreur, expose les noirs à des difficultés qui, à défaut d'être surmontées, peuvent conduire à la débâcle.

Par exemple : 10. Db3! d5! (Bernstein) ; F × d5, 0 - 0 ; 12 F × f7+, Rh8 ; 13. D × c3, T × f7 ; 14. Db3!, développement au terme duquel les blancs ont les meilleures chances. Bref, la riposte 10. ..., d5! empêche les blancs d'attaquer en force. En revanche, les prises 10. ..., F × a1?? ou 10. ..., F × d4?? donneraient aux blancs une attaque gagnante. Nous ne nous attarderons pas davantage à cette variante : elle n'a plus d'intérêt aujourd'hui pour le praticien. Les noirs peuvent éviter les difficultés qu'elle suscite par le refus du gambit.

Le gambit Evans

| 1. | é2 - é4 | é7 - é5 | 3. | Ff1 - c4 | Ff8 - c5 |
| 2. | Cg1 - f3 | Cb8 - c6 | 4. | *b2 - b4* | |

Diagr. 66 — 4. b2 - b4

Cette ouverture, caractérisée par le sacrifice d'un pion, a été mise au point, en 1824, par l'Anglais Evans. Les blancs se proposent, si les noirs acceptent le gambit, de réaliser un *gain de temps* appréciable en adoptant la formation 5. c3 et 6. d4 ; ils obtiennent ainsi une avance de développement et une plus grande liberté de manœuvre. Ce gambit a connu, au XIXᵉ siècle, un succès sans précédent, comparable à celui du gambit actuel de la dame ; il avait d'autant plus de chances de surprendre l'adversaire que la technique défensive se situait à cette époque à un niveau des plus médiocres. C'est Lasker qui, le premier, a découvert l'antidote de ce dangereux gambit, assurant aux noirs une position des plus satisfaisantes. Depuis lors, le gambit Evans a pour ainsi dire disparu, à tout le moins dans les grands tournois, sans qu'on puisse prétendre qu'il ait été réfuté. Mais, les noirs peuvent aisément égaliser (pour autant qu'ils soient au courant de la théorie) : voilà, aux yeux des maîtres modernes, un motif suffisant pour y renoncer.

4.   Fc5 × b4

Les recherches et l'expérience ont finalement révélé que cette prise constitue la meilleure acceptation, car après 4. ..., C × b4 ; 5. c3!, Cc6 ; 6. d4!, les noirs s'engagent dans une variante favorable aux blancs. Les noirs peuvent aussi *refuser* le gambit par 4. ..., Fb6, variante que nous verrons ultérieurement.

5.   c2 - c3!   Fb4 - a5!

La retraite 5. ..., Fc5 est inférieure à celle du texte, car elle oblige les noirs, après 6. d4!, é × d4 ; 7. 0 - 0, d7 - d6! 8. c × d4, Fb6 ; 9. Cc3 (Morphy), à accorder aux blancs la supériorité au centre. Le mérite de la retraite 5. ..., Fa5 réside dans le fait qu'après 6. d4! les noirs ne sont pas obligés d'échanger sur d4!

6.   d2 - d4!

Le seul coup gênant pour les noirs ; sur tout autre coup, ils s'affermissent par 6. ..., d6! suivi de 7. ..., Fd7!

6.   d7 - d6!

Cette défense a été mise au point par Lasker : elle vise à *rendre* le pion du gambit, en vue d'une finale favorable.

Par exemple : 7. d × é5, d × é5 ; 8. D × d8 +, C × d8 ; 10. C × é5

Diagr. 67 — 6. ..., d7 - d6 !

et l'aile D des blancs (Lasker) s'affaiblit au profit des noirs. Si, au contraire, les blancs renoncent à récupérer, dans l'immédiat, le pion du gambit, les noirs gagnent une position solide grâce au maintien de é5.

7. Dd1 - b3 !

Double menace : 8. F×f7+ et 8. d5, Cb8 ; 9. Da4+ avec gain d'une pièce.

7. ......   Dd8 - d7 !

La seule réplique capable de parer les deux menaces.

8. d4×é5

La plus forte continuation de l'attaque (Keres).

8. ......   Fa5 - b6 !

Les noirs évitent les complications qu'engendre la reprise, 8. ..., d×é5 ! ; 9. 0-0 avec la menace Td1.

9. é5×d6

Ce coup récupère le pion du gambit. Plus ambitieux est sans doute 9. 0-0, d×é5! avec une position plus ou moins analogue

Diagr. 68 — 7. ..., Dd8 - d7 !

à celle que les noirs auraient pu obtenir au huitième coup.

Après la prise du texte, les blancs ont la satisfaction d'avoir récupéré leur pion sans échange des dames. Ils conservent certaines perspectives d'attaque, mais les noirs disposent des deux fous et d'une meilleure structure de pions.

Le gambit Evans refusé

1. é2 - é4   é7 - é5
2. Cg1 - f3   Cb8 - c6

Diagr. 69 — 4. b2 - b4, Fc5 - b6

3. Ff1 - c4   Ff8 - é5
4. *b2 - b4*   Fc5 - b6

Le refus du gambit évite les complications et pallie, par exemple, les éventuelles lacunes théoriques du joueur. Mais il ne réfute pas le gambit Evans ! Au contraire ; les blancs obtiennent sans risque l'excellente perspective de prendre l'initiative.

5. a2 - a4 !

L'avance 5. b5 donne l'avantage aux noirs après 5. ..., Ca5 ; 6. C×é5?, Ch6! ; 7. d4, d6 ; 8. F× h6, d×é5 ; 9. F×g7, Tg8 ; 10. F×f7+, R×f7 ; 11. F×é5, Dg5! 12. Cd2! (Pavlov), et les blancs ont de la peine à s'opposer aux quatre pions (contre une pièce) et à l'avance de développement des noirs (Euwe).

    5.   a7 - a6

    La prise 5. ..., C × b4? est faible à cause de 6. a5, Fc5 ; 7. c3, Cc6 ; 8. 0 - 0 et la menace 9. d4 gênerait fort les noirs.

La position qu'indique le diagramme est avantageuse pour les blancs : ils ont le choix entre 6. Fb2! (Euwe) et 6. Cc3! (Sokolsky) dans la poursuite de leur développement.

Diagr. 70 — 5. ..., a7 - a6

La partie hongroise

    1. é2 - é4   é7 - é5
    2. Cg1 - f3   Cb8 - c6
    3. Ff1 - c4   Ff8 - é7

Diagr. 71 — 3. ..., Ff8 - é7

Cette sortie modeste du fou roi, empruntée à une partie jouée par correspondance entre Paris et Budapest (1842-1845), ne peut se prévaloir d'une quelconque popularité, ni même de l'intérêt des théoriciens. Probablement à

tort, selon nous, car cette construction évite les impasses et répond aux conceptions modernes. Sa seule lacune est de ne pas réserver assez d'espace aux noirs ; et encore ! Comme la pratique le montre, les blancs ont bien de la peine à exploiter ce handicap.

    4. d2 - d4

L'avance la plus énergique.

    4.   d7 - d6!

L'échange au centre par 4. ..., é × d4 n'est pas conforme à l'esprit du coup précédent. A présent, les blancs peuvent forcer une liquidation et l'échange des dames, mais sans le moindre profit.

    5. h2 - h3!

Mesure prophylactique contre le clouage 5. ..., Fg4 ; elle concourt à soutenir la tension au centre.

    5.   Cg8 - f6
    6. Cb1 - c3   0 - 0
    7. 0 - 0

Les blancs marquent un léger avantage grâce à leur plus grande liberté de manœuvre.

La défense des deux cavaliers

1.	é2 - é4	é7 - é5
2.	Cg1 - f3	Cb8 - é6
3.	Ff1 - c4	*Cg8 - f6*

Diagr. 72 — 3. ..., Cg8 - f6

La réplique la meilleure et la plus fréquente à la sortie 3. Fc4 (Keres). Les blancs ont négligé de renforcer leur pression sur é5 ; les noirs en profitent pour lancer une attaque sur é4 afin de prendre l'initiative.

4. Cf3 - g5?!

Heurte le principe de la mobilisation *quantitative*, lequel condamne, dans les débuts « ouverts », le déplacement d'une pièce *mobilisée* au détriment de la sortie d'une nouvelle pièce. Mais l'idée se défend, parce que la manœuvre du cavalier s'accompagne d'une menace : l'exploitation de la faiblesse de f7, dont la parade réclame un sacrifice de pion de la part des noirs.

La pratique enseigne toutefois que les noirs n'ont rien à craindre de cette attaque. Au contraire, elle offre aux noirs d'excellentes perspectives d'emporter l'avantage.

4.   d7 - d5!

Intercepte la diagonale du fou R et constitue par là la réponse la plus logique et la plus satisfaisante. L'essai 4. ..., C×é4? a été jadis réfuté par Staunton de la façon suivante : *5. F×f7 +, Ré7 ; 6. d4! etc.*

5.   é4 × d5

I

5.   *Cf6 × d5?*

Il est acquis depuis des siècles que cette reprise est fautive (Euwe).

6. d2 - d4!

Réfutation indiquée par Lolli vers le milieu du XVIIIe siècle. Quant au sacrifice immédiat : 6. C×f7!?, R×f7 ; 7. Df3 +, Ré6 ; 8. Cc3, que préconisait Gréco, il offre d'indiscutables chances pratiques ; mais l'analyse révèle que les noirs ont les moyens d'arrêter l'attaque.

6.   é5 × d4

Cet échange ouvrant la colonne « é » est forcé.

Une faute serait 6. ..., Cd4? : 7c3! avec gain d'une pièce.

Chose curieuse, les noirs ne disposent pas davantage d'un coup de développement satisfaisant.

Si 6. ..., Fé7?, il suit 7. C× f7!, R×f7 ; 8. Df3 +, Ré6 ; 9. Cc3, Cc6 - b4 ; 10. Dé4, c6 ; 11. a3, Ca6 ; 12. Ff4! etc. Si 6. ..., Fé6?, il suit 7. C×é6, f×é6 ; 8. d×é5, C×é5 ; 9. Dh5 +, Cg6 ; 10. 0 - 0, etc.

7. 0 - 0!

Menace 8. C×f7!

7.		Fc8 - é6
8.	Tf1 - é1	Dd8 - d7

Si 8. ..., Fé7?, il suit 9. T.× é6!

9.	Cg5 × f7!	Ré8 × f7
10.	Dd1 - f3 +	Rf7 - g8
11.	Té1 × é6	

Les blancs ont un avantage décisif.

II

1.	é2 - é4	é7 - é5
2.	Cg1 - f3	Cb8 - c6
3.	Ff1 - c4	Cg8 - f6
4.	Cf3 - g5	d7 - d5
5.	é4 × d5	Cc6 - a5!

La réponse la plus courante et probablement la meilleure. Elle a même été considérée autrefois comme la réfutation de 4. Cg5 (Keres). De nos jours, on ne va plus si loin, car les blancs disposent de plusieurs formules qui leur garantissent un jeu à peu près équivalent.

A

6. *Fc4 - b5 +*

La continuation la plus courante ; elle procure un pion aux blancs, mais au détriment du développement.

6.		c7 - c6
7.	d5 × c6	b7 × c6
8.	Fb5 - é2	h7 - h6
9.	Cg5 - f3	é5 - é4
10.	Cf3 - é5	Ff8 - d6
11.	d2 - d4	é4 × d3 e.p
12.	Cé5 × d3	Dd8 - c7

Les noirs ont l'initiative.

B

6. *d2 - d3*

Ce coup a été préconisé jadis par Morphy puis par Tchigorin. La pratique n'a pu établir jusqu'ici si ce coup est supérieur à 6. Fb5 +.

6.		h7 - h6!
7.	Cg5 - f3	é5 - é4
8.	Dd1 - é2	Ca5 × c4
9.	d3 × c4	Ff8 - c5

Par cette sortie due à Morphy, le fou R contrôle d4 et empêche Cd4. Les noirs ont un jeu libre, lequel compense amplement le sacrifice du pion.

La variante 4. d2 - d4

1.	é2 - é4	é7 - é5
2.	Cg1 - f3	Cb8 - c6
3.	Ff1 - c4	*Cg8 - f6*
4.	*d2 - d4*	

La plus forte continuation, conforme (à l'inverse de 4. Cg5) au principe du développement quantitatif. En fait, elle ne procure aucun avantage réel aux blancs : en optant pour le coup relativement passif 3. Fc4 (Keres), ils ont manqué leur chance d'obtenir un avantage de début.

4. é5 × d4

Ce coup est quasi forcé, car 4. ..., C × d4? serait réfuté par 5. F × f7 +, R × f7 ; 6. C × é5 +, etc., tandis qu'après 4. ..., C × é4? ; 5d × é5, Cc5, la position des noirs est difficile.

Diagr. 73 — 4. d2 - d4

5. 0 - 0!

Inférieur est 5. C × d4?, C × é4! ; 6. F × f7 +, R × f7 ; 7. Dh5 +, g6 ; 8. Dd5+, Rg7 ; 9. C×c6, b×c6 ; 10. D×é4, Dé8! et les noirs ont l'avantage.

Prématuré aussi est 5. é5?! d5 ; 6. Fb5! Cé4 ; 7. C×d4, Fd7! avec un jeu favorable aux noirs.

5.   Cf6×é4

Malgré l'ouverture de la colonne « é », ce pion central se révèle prenable.

6. Tf1 - é1   d7 - d5!

Diagr. 74 — 6. ..., d7 - d5 !

I

7. Fc4×d5   Dd8×d5
8. Cb1 - c3

Mobilise le jeu des blancs et permet de récupérer la pièce sacrifiée au coup précédent.

8.   Dd5 - a5!

La meilleure réplique due à Möller.

9. Cc3×é4!   Fc8 - é6
10. Cé4 - g5!

Les sorties 10. Fd2 ou 10. Fg5, bien que conformes au développement *quantitatif*, se sont révélées inférieures au coup du texte, qui s'inspire du développement *qualitatif*.

10.   0 - 0 - 0
11. Cg5×é6   f7×é6
12. Té1×é6

Une position confuse et difficile, observent Euwe et Keres ; elle engendre des variantes complexes. Nous n'entrerons pas dans les détails. L'expérience montre que la position noire est à tout le moins égale.

II

7. *Cb1 - c3*

Ce développement intéressant, dû à Canal, est moins bon que 7. F×d5.

7.   d4×c3!
8. Fc4×d5   Fc8 - é6
9. Fd5×é4!   Ff8 - b4

Les noirs ont l'avantage (Euwe).

L'attaque Max-Lange

1. é2 - é4   é7 - é5
2. Cg1 - f3   Cb8 - c6
3. Ff1 - c4   *Cg8 - f6*
4. *d2 - d4*   é5×d4
5. 0 - 0   *Ff8 - c5*

Cette défense de d4, au lieu de la prise 5. ..., C×é4, amène la célèbre attaque Max-Lange. De nombreux maîtres ont étudié cette variante sans aboutir à une conclusion définitive. Les variantes sont trop complexes pour qu'on

Diagr. 75 — 6. é4 - é5

puisse les analyser dans la pratique. De nos jours, l'attaque Max-Lange ne présente plus qu'un intérêt historique, voire académique. Pour le joueur de tournoi,

elle a perdu toute valeur, car la réplique 5. ..., C × é4! assure l'équilibre aux noirs avec une plus grande aisance.

  6. é4 - é5

L'attaque Max-Lange refusée

  6.   *Cf6 - g4*
Cette retraite du cavalier R évite les graves complications qu'entraîne l'acceptation de l'attaque Max-Lange, mais elle ne satisfait pas entièrement à la théorie actuelle.

7.	Fc1 - f4!	d7 - d6!
8.	é5 × d6	Fc5 × d6
9.	Ff4 × d6!	Dd8 × d6
10.	Fc4 - b5!	

Les blancs récupèrent d4 dans de bonnes conditions, grâce au clouage du Cc6 (Euwe).

L'attaque Max-Lange acceptée

  6.   *d7 - d5*
Point de départ de la célèbre attaque qui nous occupe.

7.	é5 × f6	d5 × c4
8.	Tf1 - é1 + !	Fc8 - é6
9.	Cf3 - g5	Dd8 - d5
10.	Cb1 - c3	Dd5 - f5
11.	Cc3 - é4	

Tous ces coups sont considérés comme les meilleurs, de part et d'autre. Ils conduisent à la position la plus critique de l'attaque Max-Lange. Elle mérite un diagramme tant elle a suscité d'analyses au XIXe siècle.

Diagr. 76 — 11. Cc3 - é4

La partie écossaise

1.	é2 - é4	é7 - é5
2.	Cg1 - f3	Cb8 - c6
3.	d2 - d4	

Point de départ de la partie écossaise. A la différence de 3. Cc3 ou 3. Fc4, l'avance d4 a le mérite de lancer le pion D à l'attaque de é5, sans pour autant inquiéter les noirs ; l'échange au centre suffit à le briser. En soi, cet échange pourrait être considéré comme favorable aux blancs, puisqu'il centralise une pièce

blanche. Mais dans le cas présent, cet avantage disparaît : loin de devoir se contenter de la modeste avance d7 - d6, les noirs sont à même d'égaliser par la poussée libératrice d7 - d5. Comme le montre la pratique, les blancs sont incapables de s'opposer à cette avance à long terme. La partie écossaise est, par conséquent, un moyen comme un autre d'obtenir un jeu égal, mais rien de plus (Keres).

Diagr. 77 — 3. d2 - d4

Diagr. 78 — 10. Fc8 - é6 !

3.   é5 × d4
La prise 3. ..., C × d4? ; 4. C ×
d4!, é × d4 ; 5. D × d4 est favorable aux blancs. Quant à la réplique 3. ..., d5, elle entraîne la
suite : 4. Fb5! etc., ou mieux
4. C × é5!, C × é5 ; 5. d × é5, d ×
é4 ; 6. D × d8 + , R × d8 ; 7. Cc3,
avec un avantage évident (Keres).

4.   Cf3 × d4
Caractérise la partie écos-
saise.

4.   Cg8 - f6
Attaque é4 et prépare d7 - d5.

I. Cb1 - c3

5.   Cb1 - c3   Ff8 - b4
6.   Cd4 × c6
Cet échange est nécessaire pour
garantir la protection du pion roi.

6.   b7 × c6
7.   Ff1 - d3   d7 - d5!
Cette poussée assure l'égalité
aux noirs.

8.   é4 × d5   c6 × d5
9.   0 - 0   0 - 0
10.   Fc1 - g5
Double menace : 11. F × f6,
D × f6 : 12. C × d5 et 11. C × d5,
D × d5 ; 12. F × f6, Fb7 ; 13. Dg4
etc.

10.   Fc8 - é6!
La meilleure défense. Les noirs

ont accompli leur mobilisation
initiale dans les meilleures conditions.

II. La variante de Mieses

1.   é2 - é4   e7 - é5
2.   Cg1 - f3   Cb8 - c6
3.   d2 - d4   é5 × d4
4.   Cf3 × d4   Cg8 - f6
5.   Cd4 × c6
Cet échange est peut-être plus
logique que 5. Cc3 (observe Keres) : la sortie du C' autorise
le clouage 5. ..., Fb4 et oblige
les blancs à échanger quand même
sur c6. En outre, il réserve aux
blancs diverses possibilités de

Diagr. 79 — 5. ..., b7 × c6

protéger é4 (Euwe). Il n'empêche que la variante n'apporte aucun avantage aux blancs.

    5.   b7×c6

Les blancs disposent de quatre suites :

    6.   *Cc3*, d5! etc.
    6.   *Cd2*, Fc5! etc.
    6.   *Fd3*, d5! etc.
6. é5?, Dé7 ; 7. Dé2, Cd5 ; une excellente partie pour les noirs !

III. La variante classique

1.	é2 - é4	é7 - é5
2.	Cg1 - f3	Cb8 - c6
3.	d2 - d4	é5 × d4

Diagr. 80 — 4. ..., Ff8 - c5

    4.   Cf3 × d4   *Ff8 - c5*

Les noirs renoncent provisoirement à la poussée d7 - d5 et mettent l'accent sur la mobilisation de leurs pièces en vue de valoriser leur avance de développement (Keres). Cette sortie permet d'obtenir l'égalité, mais elle semble moins logique que 4. ..., Cf6 (Keres).

    5.   Fc1 - é3

Développe une pièce et protège 6. Cd4.

    5. C×c6?, Df6! ou *5. Cf5! d5!* sont des suites peu recommandables, et les noirs ont l'initiative.

    5.   Dd8 - f6

La retraite 5. ..., Fb6 (Lasker) est également bonne.

    6.   c2 - c3   Cg8 - é7

Les noirs se décident tout de même à la poussée d7 - d5. Pour contrer cette menace positionnelle, les blancs disposent de plusieurs voies. Celle qui suit a donné le plus de satisfaction :

    7.   Cd4 - c2!   Fc5 × é3
    8.   Cc2 × é3   Df6 - é5
    9.   Dd1 - f3

Les jeux sont égaux, bien que les noirs n'aient pas réussi à pousser d7 - d5.

Le gambit écossais

1.	é2 - é4	é7 - é5
2.	Cg1 - f3	Cb8 - c6
3.	d2 - d4	é5 × d4
4.	Ff1 - c4	

Comme l'observe le docteur Euwe, ce gambit doit être considéré comme correct en pratique : les noirs s'exposent à trop de risques s'ils s'obstinent à conserver leur avantage matériel.

    4.   Cg8 - f6!

La réponse la plus simple, d'après Keres : les noirs transposent en la défense des deux cavaliers.

Diagr. 81 — 4. Ff1 - c4

Une autre idée : 4. ..., Fc5. Après quoi, les blancs poursuivent le mieux par 5. c3!

Trop risqué, en revanche, serait 4. ..., Fb4 + ? à cause de 5. c3, d×c3 ; 6. 0 - 0! Les blancs obtiennent alors un jeu excellent en regard du matériel sacrifié.

Le gambit Göring

1.	é2 - é4	é7 - é5
2.	Cg1 - f3	Cb8 - c6
3.	d2 - d4	é5 × d4
4.	*c2 - c3*	

Cette proposition de gambit est inférieure à la précédente.

4.		d7 - d5!

Ce refus du gambit permet d'égaliser rapidement les jeux et d'éviter des complications.

Les noirs peuvent aussi accepter le gambit par 4. ..., d×c3 ; 5. C×c3, d6! Dans ce cas, les possibilités d'attaque des blancs ne compensent pas le pion sacrifié.

Diagr. 82 — 4. c2 - c3

La défense russe

1.	é2 - é4	é7 - é5
2.	Cg1 - f3	*Cg8 - f6*

Au lieu de protéger é5, les noirs contre-attaquent sur é4. Ils respectent, par conséquent, la symétrie, politique dangereuse en soi, car la pratique a montré que les positions symétriques (structure de pions et distribution des figures) mènent à la longue à un avantage des blancs, encore que celui-ci soit minime.

La défense russe a été très populaire il y a un siècle. Et même de nos jours, on la retrouve de temps à autre chez ceux qui, à la tête des noirs, n'ambitionnent que la partie nulle.

A nos yeux, la défense russe doit être rangée parmi les constructions « incolores » et statiques. Son seul mérite est de rendre la vie difficile aux blancs,

Diagr. 83 — 2. ..., Cg8 - f6

qu'elle prive d'un avantage tangible dans l'ouverture. La plupart des variantes conduisent, en effet, à un milieu de partie des plus ternes. A la contre-attaque sur é4, les blancs peuvent répliquer de trois manières différentes : prendre é5 ; pousser d2 - d4 ; protéger é4. Examinons ces différentes manières.

I
La prise 3. C×é5

3. Cf3×é5   d7 - d6!

La prise immédiate 3. ..., C× é4? est désavantageuse et prématurée, à cause de 4. Dé2!, Dé7 ; 5. D×é4, d6 ; 6. d4, f6 ; 7. Cc3! etc.

4. Cé5 - f3   Cf6×é4

Diagr. 84 — 4. ..., Cf6×é4

D'après le diagramme, les blancs disposent de deux suites importantes :

a) *5. d2 - d4*

5. d2 - d4   d6 - d5
6. Ff1 - d3

Par ce coup, les blancs se proposent de concentrer leurs pièces sur é4 afin de poser une question au Cé4. Celui-ci devra, tôt ou tard, accepter l'échange ou la retraite, car son maintien sur é4 oblige les noirs à sacrifier un pion.

Nous n'entrerons pas dans le détail de ces variantes.

b) *5. Dd1 - é2* (Lasker)

5. Dd1 - é2

Variante calme et sans relief, pour autant que les noirs acceptent l'échange des dames et la fin de partie qui en résulte. Dans le cas contraire, eh ! bien, il aurait mieux valu choisir une autre ouverture !

5.   Dd8 - é7
6. d2 - d3   Cé4 - f6
7. Fc1 - g5   Dé7×é2+ !
8. Ff1×é2

La position est égale et devrait normalement conduire à la nullité.

II
L'avance 3. d2 - d4 (Steinitz)

Diagr. 85 — 3. d2 - d4

3. d2 - d4

Equivalente à la prise 3. C× é5, cette avance offre aux noirs l'alternative : prendre é4 ou échanger sur d4.

a) 3. ...   Cf6×é4

Après cette prise, les blancs continuent en inquiétant le cavalier noir ; cette tactique ne leur promet qu'une faible initiative.

Par exemple :

3.   Cf6×é4
4. Ff1 - d3   d7 - d5
5. Cf3×é5   Ff8 - d6
6. 0 - 0   0 - 0
7. c2 - c4!   c7 - c6
8. Cb1 - c3, etc.

b) 3. ...   é5 × d4

Cet échange au centre supprime la symétrie et n'offre qu'un minuscule avantage aux blancs. Par exemple :

3.		é5 × d4
4.	é4 - é5!	Cf6 - é4
5.	Dd1 × d4!	d7 - d5
6.	é5 × d6 e.p.	Cé4 × d6
7.	Fc1 - g5	Cb8 - c6!

Les chances sont en équilibre.

III

La protection du pion R par 3. Cb1 - c3

Par cette mesure défensive, les blancs *éliminent* toutes les variantes de la défense russe et transposent dans la variante des quatre cavaliers, pour autant que les noirs continuent par 3. ..., Cb8-c6, etc.

La défense Philidor

1.	é2 - é4	é7 - é5
2.	Cg1 - f3	d7 - d6

Un très vieux coup, déjà préconisé par Ruy Lopez (XVIᵉ siècle), l'inventeur de la partie espagnole ; il considérait 2. ... Cc6 comme défavorable aux noirs à cause de 3. Fb 5. Au XVIIIᵉ siècle, Philidor a attentivement étudié cette défense et a considéré l'avance citée, en connexion avec f7 - f5, comme la meilleure suite pour les noirs. L'évolution de la théorie n'a pas confirmé les vues de Philidor. La poussée de flanc f7 - f5, préparant l'attaque du centre blanc, n'a pas résisté à la pratique. En revanche, l'idée lancée vers la fin du XIXᵉ siècle par l'Américain Hanham (1889) : maintenir é5 par la méthode de la surprotection, a conféré un grand intérêt à cette ouverture, tant elle répondait aux vœux des praticiens modernes.

L'opinion de nos contemporains peut se résumer comme suit : il s'agit d'une défense parfaitement jouable, encore que les noirs éprouvent plus de peine à libérer leur jeu qu'après 2. ..., Cc6. Et, de fait, les noirs se contentent d'une défense passive, sans y être obligés, et ne contre-attaquent qu'après leur mobilisation complète.

3.   d2 - d4!

Diagr. 86 — 3. d2 - d4 !

La continuation la plus solide et la plus prometteuse.

I

3.   Cb8 - d7

L'idée de base de la construction préconisée par Hanham : les noirs protègent é5 sans autoriser le clouage par Fb5.

L'idée de Philidor : 3. ..., f5? est réfutée par 4. Fc4!, f × é4 ; 5. C × é5! d × é5 ; 6. Dh5 + avec une attaque victorieuse.

Le clouage par 3. ..., Fg4? est prématurée à cause de 4. d × é5!, F × f3 ; 5. D × f3, d × é5 ; 6. Fc4, Dd7 ; 7. 0 - 0, et les blancs dominent.

L'abandon du centre par 3. ..., é × d4 accorde aux blancs une grande liberté de manœuvre et transpose dans la défense Steinitz de la partie espagnole (voir p. 101). Par exemple : 4. D × d4! Cc6 ; 5. Fb5, Fd7 ; 6. F × c6, etc.

4. Ff1 - c4   c7 - c6!

Une manœuvre défensive essentielle, bien qu'elle néglige le principe de la mobilisation quantitative. Sa raison d'être apparaît dans les variantes suivantes :

1) 4. ..., Fé7? ; 5. d × é5, C × é5 (si... d × é5? ; 6. Dd5!) ; 6. C × é5, d × é5 : 7. Dh5 avec gain d'un pion.

2) 4. ..., Cg8 - f6? ; 5. D × é5, C × é5 (si 5. ..., d × é5 ; 6. Cg5!) ; 6. C × é5, C × é5 ; 7. F × f7 +, R × f7 ; 8. D × d8, Fb4 + ; 9. Dd2, avec gain d'un pion.

3) 4. ..., h6? ; 5. d × é5, d × é5 ; 6. F × f7 +, R × f7 ; 7. C × é5 +, avec une attaque violente.

5. 0 - 0   Ff8 - é7
6. d4 × é5!   d6 × é5

La reprise 6. ..., C × é5? ; 7. C × é5, d × é5 ; 8. Dh5! coûte un pion aux noirs.

7. Cf3 - g5!   Fé7 × g5

La protection de f7 par 7. ..., Ch6 présente de sérieux inconvénients, à cause de 8. Cé6! ; f × é6 ; 9. F × h6, Cb6 ; 10. Dh5 +, Rf8 ; 11. f4! avec une très forte attaque.

8. Dd1 - h5!   g7 - g6
9. Dh5 × g5   Dd8 × g5
10. Fc1 × g5

Les blancs ont obtenu la paire de fous et d'excellentes perspectives de valoriser cet avantage en finale. Cette variante n'est donc

pas très engageante pour les noirs. Le traitement moderne 6. *d4 × é5!* est responsable du déclin de la construction Hanham, du moins sous cette forme-ci. Examinons à présent une tentative d'amélioration.

II

3.   *Cg8 - f6*

Par cette contre-attaque sur é4, au lieu de protéger é5 par 3. ..., Cd7, les noirs se proposent d'activer le jeu et d'obtenir, si possible, la construction Hanham, sans passer par 4. ..., c6.

4. d4 × é5!

Cet échange, préconisé par Keres, est supérieur à 4. Cc3, coup plausible, mais qui autorise la construction Hanham sous une forme améliorée. Par exemple : 4. Cc3, Cb8 - d7 ; 5. Fc4, Fé7 ; 6. d × é5!, C × é5! ; 7. Fé2 avec un petit avantage pour les blancs, grâce à leur légère prépondérance au centre : é4 vis-à-vis de d6.

4.   Cf6 × é4

Réponse forcée, car 4. ..., d × é5? ; 5. D × d8 +, R × d8 ; 6. C × é5 coûterait un pion aux noirs.

5. Cb1 - d2!

Introduit par le théoricien soviétique Sokolsky, ce coup réserve un léger avantage aux blancs.

Une autre bonne continuation est : 5. Dd5, Cc5 ; 6. Fg5! etc.

5.   Cé4 - c5!
6. Cd2 - c4   d6 - d5
7. Fc1 - g5!   Dd8 - d7!
8. Cc4 - é3   c7 - c6
9. Cf3 - d4   Ff8 - é7
10. Dd1 - h5

La position blanche est quelque peu supérieure, observe Keres, à qui nous empruntons cette variante.

La partie viennoise

1. é2 - é4   é7 - é5
2. Cb1 - c3

Point de départ de la partie viennoise. La sortie passive du cavalier dame a le mérite de protéger é4 et de contrôler d5 ; on l'a redécouverte vers la fin du siècle dernier pour la combiner avec l'avance de flanc f2 - f4 et créer ainsi des possibilités d'attaque. Pendant une cinquantaine d'années (1870-1920), observe le docteur Euwe, la partie viennoise a été assez courante dans les grands tournois, jusqu'au moment où l'on s'est rendu à l'évidence : les noirs peuvent égaliser sans peine. Et, de fait, l'idée de Falkbeer de contrer l'avance f2 - f4 par la poussée d7 - d5 se révèle un traitement parfait pour priver les blancs de tout avantage de début.

2.   Cg8 - f6!

La meilleure défense dont disposent les noirs ; elle est due à Falkbeer. Les vertus de la sortie du cavalier sont multiples : elle engage la lutte pour les cases d5 et é4 ; elle active la mobilisation de l'aile roi.

La réplique symétrique 3. ..., Cc6 est passive, bien que jouable.

3. f2 - f4

La base de la partie viennoise.

3.   d7 - d5!

La seule riposte satisfaisante ; après 3. ..., é×f4? ; 4. é5!, Dé7 ; 5. Dé2, les blancs obtiennent un jeu favorable.

Après 3. ..., d6? ; 4. Cf3, les blancs commandent trop de terrain.

4. f4×é5

Continuation conforme à l'esprit de cette ouverture. La protection de é4 par 4. d3 (Steinitz) est trop modeste. La prise

Diagr. 87 — 3. ..., d7 - d5

4. é×d5 entraîne la contre-prise 4. ..., é×f4! et les noirs entrent dans une variante satisfaisante du gambit du roi.

4.   Cf6×é4
5. Cg1 - f3

La suite la plus courante.

L'idée de vouloir poser, d'emblée, une question au cavalier par 5. Df3 est contrée par 5. ..., Cc6!, et la menace Cd4 empêche les blancs de poursuivre par 6. C×é4?, Cd4! ; 7. Dd3?, d×é4 ; 8. D×é4, Ff5, etc.

5.   Ff8 - é7

Sans doute la meilleure réponse ; elle active la mobilisation de l'aile roi, prépare le roque et vise l'élimination de é5 par la poussée f6.

6. d2 - d4

La meilleure suite, une fois de plus. 6. Dé2, f5! ; 7. d3, Cc5 ; 8. d4, Cé4, etc., est encore trop ambitieux.

6.   0 - 0
7. Ff1 - d3   f7 - f5
8. é5×f6 e.p.   Fé7×f6!
9. 0 - 0

Si 9. C×é4?, d×é4 ; 10. F×

é4, Té8! et gagne ; 9. ..., Cb8 - c6.
La contre-attaque sur d4 ef-
face l'attaque sur é4. Les positions sont en équilibre.

La variante 3. Fc4

1. é2 - é4   é7 - é5
2. Cb1 - c3   Cg8 - f6
3. *Ff1 - c4*

Cette sortie du fou roi, au lieu
de 3. f2 - f4, a l'inconvénient de
conduire soit à une égalité forcée,
soit à des complications favorables
aux noirs.

3.   Cf6 × é4!

La méthode la plus radicale
pour forcer l'égalité. Cette même
manœuvre, dite « pseudo-sacrifice », se rencontre dans la défense des deux cavaliers. Il importe de connaître son mécanisme. Dans le cas présent, elle
oblige les blancs à un coup précis pour maintenir l'égalité.

4. Dd1 - h5!

Exploite la faiblesse de f7 et
crée une double menace : D × f7
mat et D × é5 + .

En revanche, la prise 4. C × é4?
est inférieure pour des raisons
positionnelles. Il s'ensuit : 4. ...,
d5 ; 5. F × d5, D × d5 ; 6. Df3,
Fé6, et les noirs ont une bonne
partie.

La même remarque s'impose
pour la transaction : 4. F × f7 + ,
R × f7 ; 5. C × é4, d5 ; 6. Df3 +
(6. Dh5 + ?, g6 ; 7. D × é5, Fh6!
et gagne), Rg8 ; 7. Cg5, Dd7! et

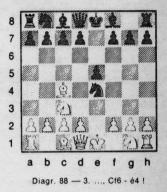

Diagr. 88 — 3. ..., Cf6 - é4 !

les noirs ont l'avantage, grâce à
leur centre et à la paire de fous.

4.   Cé4 - d6
5. Dh5 × é5 +

Egalise mais laisse subsister
une position médiocre : l'équilibre demeure statique.

Risquée et ambitieuse est la
retraite 5. Fb3, par laquelle les
blancs adoptent un style de gambit. Par exemple : 5. ..., Cc6! ;
6. Cb5!?, g6 ; 7. Df3, f5 ; 8. Dd5,
Dé7 ; 9. C × c7 + , Rd8 ; 10. C ×
a8, b6 ; les noirs ont d'excellentes perspectives d'attaque pour le
matériel sacrifié.

Le gambit du centre

1. é2 - é4   é7 - é5
2. *d2 - d4*

Cette attaque sur é5 est prématurée, car, après l'échange sur d4,
les blancs n'ont d'autre choix que
de reprendre de la dame (gambit
du centre) ou de passer à une
modeste variante de la partie écossaise en intercalant 3. Cf3. En

effet, la pratique a montré que
l'élimination rapide de la tension
au centre facilite grandement les
noirs dans la poussée libératrice
d7 - d5.

2.   é5 × d4!
3. *Dd1 × d4*

La dame se lance trop tôt dans
la bataille et s'expose, d'emblée,

Diagr. 89 — 3. Dd1 × d4

à une perte de temps.

Mieux vaut 3. Cf3 : après quoi, la conservation du pion par 3. ..., c5? n'est pas souhaitable. Il suit 4. Fc4, puis c3! et les blancs obtiennent des possibilités d'attaque qui compensent le pion sacrifié.

3.	Cb8 - c6!

Exploite la position vulnérable de la dame et gagne un temps de développement.

4. Dd4 - é3	

La seule retraite satisfaisante.

4.	Cg8 - f6
5. Cb1 - c3	Ff8 - b4
6. Fc1 - d2	0 - 0
7. 0 - 0 - 0	Tf8 - é8
8. Ff1 - c4	d7 - d6!

Une autre idée, suggérée par Keres, consiste à poser une question au fou par 8. ..., Ca5! ; 9. Fd3, d5! et les noirs réalisent leur poussée libératrice sans perte de temps. Cette variante n'a pas encore subi le test de la pratique.

Par ailleurs, il serait dangereux d'accepter le gambit qu'implique la sortie du fou R. Par exemple : 8. ..., F × c3 ; 9. Fd2 × c3, Cf6 × é4! 10. Df4, Cf6 ; 11. Cf3, d6 ; 12. Cg5, Fé6 ; 13. Fd3, h6 ; 14. h4, Cd5 ; 15. Fh7 +, Rh8 ; 16. T × d5, F × d5 ; 17. Fé4 ; les noirs sont en difficulté.

9. f2 - f3	Cc6 - a5!

Plus fort que 9. ..., Cé5 (Keres)

10. Fc4 - d3	d6 - d5

Les noirs sont mieux placés : ils menacent une fourchette (d4) et menacent de lancer une attaque sur l'aile D (Keres).

Le gambit du nord

1.	é2 - é4	é7 - é5
2.	d2 - d4	é5 × d4
3.	c2 - c3	

Ce gambit, très à la mode vers la fin du XIXe siècle, a complètement disparu de la scène internationale, parce que les noirs peuvent le *refuser* avantageusement.

3.		d4 × c3

Les noirs acceptent le gambit et s'exposent ainsi à une très forte attaque. C'est une politique dangereuse, pour une double raison : d'une part, le *refus* du gambit est des plus commodes et, d'autre part, la défense est plus difficile

Diagr. 90 — c2 - c3

à mener que l'attaque.

4. Ff1 - c4

Offre un deuxième pion en faveur de l'attaque ; ce que les blancs auraient pu éviter en continuant par 4. C×c3, gambit Göring qui réserve, d'après Alekhine, d'excellentes chances d'attaque. Mais cette opinion n'est pas partagée par Keres : celui-ci affirme que les noirs n'éprouvent aucune peine à se défendre ou à égaliser. Les exemples font défaut qui permettraient d'étayer les thèses en présence.

4.   c3 × b2
5. Fc1 × b2

Diagr. 91 — 5. Fc1×b2

Une position du plus haut intérêt : elle exprime les plus-values que les blancs ont acquises au prix de deux pions. Toutes les lignes centrales des blancs sont ouvertes, et deux pièces sont en jeu, alors que les noirs n'ont développé jusqu'ici aucune pièce. Bref, toutes les conditions se trouvent réunies pour permettre aux blancs une attaque fulgurante. Toutefois, les exemples manquent pour en illustrer le développement. La plupart du temps, les noirs ont refusé le gambit ou jeté du

lest en cours de route, décidés qu'ils étaient à rétablir l'égalité matérielle en vue d'un avantage de position — troc capital pour celui qui doit se défendre ! Un tel calcul reste encore valable à notre époque, malgré l'incroyable progrès de la théorie des ouvertures.

Le gambit nordique refusé

 1. é2 - é4   é7 - é5
 2. d2 - d4   é5 × d4
 3. c2 - c3   *d7 - d5!*

Diagr. 92 — 3. .... d7 - d5 !

Le principal recours pour neutraliser le gambit nordique. Loin de perdre leur temps à gagner un ou deux pions, les noirs réalisent la poussée libératrice d7 - d5, qui favorise la mobilisation des pièces et supprime les risques d'une soudaine attaque blanche.

4. é × d5   Cg8 - f6!

Encore plus commode que 4. ..., D × d5 ; 5. c × d4, Cc6 ; 6. Cf3, Fg4 ; 7. Fé2, Cf6 ; 8. Cc3, Da5! etc. avec égalíte.

5. Cg1 - f3

Les tentatives telles que 5. c4, c6! ou 5. Da4 +, c6 ; 6. d × c6, C × c6 ; 7. Fb5, Fd7 etc., sont favorables aux noirs.

5.		C × d5
6.	D × d4	Cb8 - c6!
7.	Ff1 - b5	Ff8 - é7!
8.	0 - 0	

Si 8. D × g7?, Ff6 ; 9. Dh6, Dé7+ suivi de Fé6 et 10. ...,

0 - 0 - 0, avec une position dominante (Alekhine).

8.		0 - 0
9.	F × c6	b × c6

Les noirs ont une bonne partie.

Le gambit du roi

1.	é2 - é4	é7 - é5
2.	f2 - f4	

Diagr. 93 — 2. f2 - f4

Cette avance de flanc caractérise le gambit du roi, l'une des plus anciennes ouvertures, déjà soumise à un examen approfondi par Lopez au XVIᵉ siècle.

Conformément aux meilleurs principes de la stratégie de mobilisation, observe Keres, les blancs lancent une attaque sur é5, à laquelle les noirs peuvent réagir de trois manières :

1) accepter la proposition en prenant sur f4 ;

2) refuser le sacrifice de pion en protégeant é5 ;

3) contre-attaquer au centre en offrant eux-mêmes un pion.

Jadis, les théoriciens ne considéraient que les deux premières. De nos jours, on choisit l'acceptation du gambit ou encore le contre-gambit, mais on a renoncé à la conservation du pion.

Chose curieuse, malgré l'évolution de la théorie et de la technique, aucune « réfutation » du gambit du roi n'a été découverte jusqu'à présent. Les plus grands joueurs du XXᵉ siècle ont pratiqué ou pratiquent encore le gambit du roi. D'autres ont douté de sa correction : Tarrasch, Bogoljubov, Reti et Leonhardt. Il n'empêche que, depuis trois quarts de siècle, les protagonistes du gambit du roi se recrutent parmi des joueurs célèbres, tels que : Tchigorine, Charousek, Marshall, Spielmann, Rubinstein, Stoltz ; de nos jours, Keres, Spassk et Bronstein. L'ex-enfant prodige Fischer se déclare ouvertement adversaire du gambit du roi. En fait, la majorité des grands joueurs contemporains le négligent, sans mettre en cause sa validité.

I. Le gambit du roi accepté

2.		é5 × f4

Examinons les conséquences immédiates de l'acceptation du gambit.

1. En quittant é5, les noirs laissent les blancs s'assurer l'hégémonie au centre (par d2 - d4).

2. La récupération de f4, à supposer qu'elle se réalise, livre la colonne « f » aux blancs : c'est l'occasion d'exercer une pression sur f7, le point névralgique de la construction noire. En contrepar-

tie, les noirs jouissent de quelques avantages tangibles :

a) la supériorité numérique d'un pion (que les blancs ont du mal à récupérer) ;

b) l'affaiblissement des diagonales f2 - b6 et f2 - h4. La me-nace Dh4 + pèse déjà. Bref, dès les premiers coups, la tactique est souveraine. En choisissant le gambit du roi, observe Keres, les blancs coupent tous les ponts derrière eux et optent pour un style tranchant. Entreprise risquée !

A. Le gambit du cavalier R

3.　　　*Cg1 - f3*

La meilleure méthode pour neutraliser la menace Dh4 + et préparer l'avance d2 - d4. Elle confirme la règle de Lasker : *développer le cavalier R avant le fou R*

Les noirs disposent de plusieurs réponses, dont voici les plus courantes : 3. ..., g5 - 3. ..., Cf6 - 3. ..., Fé7 - 3. ..., d5 - 3. ..., h6 ou 3. ..., d6 (Fischer). Examinons-les successivement.

A 1

3.　　　　　*g7 - g5*

La défense « classique » : protège f4, avec la menace éventuelle g5 - g4 (pour chasser le cavalier) suivie de Dh4 +. Selon la technique actuelle, la valeur de cette défense est douteuse, à cause de la contre-attaque positionnelle qui va suivre. Aussi a-t-elle complètement disparu des grands tournois modernes.

4.　　　*h2 - h4!*

Pose une question au pion g5. Pour s'attaquer à une chaîne de pions, voilà une bonne « recette » — d'application fréquente d'ailleurs, tant au début qu'en cours d'ouverture.

4.　　　　　*g5 - g4*

Les noirs sont obligés de céder la défense de f4. Si 4. ..., f6? ; 5. C × g5 permet une attaque victorieuse aux blancs.

Si 4. ..., Fé7? ; 5. h × g5, F × g5 ; 6. d4!, d6 ; 7. g3! et les blancs obtiennent un avantage considérable.

5.　　　*Cf3 - é5!*

Continuation dite « gambit Kieseritzky »,... et la meilleure (comme l'expérience l'a révélé) ! Après 5. Cg5 (gambit Allgaier), le cavalier va à sa perte (5. ..., h6), malgré certains inconvénients passagers causés aux noirs.

5.　　　　　*Cg8 - f6*

La défense berlinoise, considérée comme l'une des meilleures.

6.　　　*d2 - d4!*

Le seul coup dans la ligne stratégique des blancs : capturer f4. Les blancs menacent 7. F × f4, tandis que 6. ..., Ch5? serait réfuté par 7. D × g4.

6.　　　　　　d7 - d6

7.　　Cé5 - d3

Le sacrifice 7. C × f7? est incorrect.

Diagr. 94 — 3. ..., g7 - g5

7.		Cf6 × é4
8.	Fc1 × f4	Dd8 - é7
9.	Dd1 - é2	Ff8 - g7
10.	c2 - c3	Fc8 - f5
11.	Cb1 - d2	Cé4 × d2
12.	Dé2 × é7 + !	Ré8 × é7
13.	Ré1 × d2	

Les blancs ont l'avantage, malgré leur infériorité numérique (Keres).

A 2

3.   Cg8 - f6

Diagr. 95 — 3. ..., Cg8 - f6

Une défense peu courante, à propos de laquelle la théorie ne se prononce pas. Les noirs renoncent à la poussée g5 et aux complications qui en résultent.

    4.   é4 - é5

La seule tentative de réfutation possible.

Les blancs peuvent aussi continuer par 4. Cc3, d5 ; 5. é × d5 (voir défense 3. ..., d5, page 95).

    4.   Cf6 - h5

Protège f4, mais la position est peu confortable pour un cavalier (une case à la bande). La question est posée : les blancs peuvent-ils exploiter cette faiblesse ?

    5.   Ff1 - é2 !   d7 - d6
    6.   0 - 0   d6 × é5

7.	Cf3 × é5	Ff8 - c5 +
8.	Rg1 - h1	Ch5 - f6
9.	Cé5 - d3	Fc5 - b6
10.	Cd3 × f4	0 - 0

La position est à peu près en équilibre (Tchigorine-Marco, Vienne 19Q3).

A 3
La défense Cunningham

3.   Ff8 - é7

Diagr. 96 — 3. ..., Ff8 - é7

Cette modeste sortie du fou roi, lancée il y a un siècle par Cunningham, menace l'échec désagréable 4. ..., Fh4 +. Or, c'est précisément l'exécution à *tout prix* de cette menace qui a déprécié si longtemps cette défense. Elle a été réhabilitée de nos jours grâce à l'amélioration 4. ..., Cf6 !

    4.   Ff1 - c4   Cg8 - f6 !

L'ancien 4. ..., Fh4 + ? est inférieur, car il suit 5. Rf1 ! et le Fh4 se révèle mal placé. Keres considère le coup indiqué ci-dessus comme l'un des moyens les plus simples de s'opposer au gambit du roi.

    5.   é4 - é5

La seule continuation susceptible d'inquiéter les noirs. Après δ. d3 ou 5. Dé2, les noirs obtien-

nent un jeu satisfaisant par 5. ...,
d5!, tandis que 5. Cc3 est contré
par le pseudo-sacrifice 5. ..., C×
é4!

5.   Cf6 - g4!

La pointe du coup précédent
se fonde sur le fait que la chasse
au cavalier par 6. h3? n'est pas à
craindre. Il suit 6. ..., Fh4+ ;
7. Rf1, Cf2 ; 8. Dé1, C×h1 ; 9.
Đ×h4, D×h4 ; 10. C×h4,
Cg3+ avec gain de la qualité.

6.   0 - 0

La meilleure continuation.
L'avance 6. d4 suscite la réplique
6. ..., d5! avec un jeu noir excellent.

6.   Cb8 - c6
7.   d2 - d4   d7 - d5
8.   é5×d6 e.p.   Fé7×d6

Très bonne partie pour les
noirs... et la perspective de conserver le pion de gambit, sans
que les blancs aient de réelles
possibilités d'attaque.

A 4
La défense moderne

3.   d7 - d5

Diagr. 97 — 3. ..., d7 - d5

Par cette poussée, les noirs renoncent à protéger f4, mais ouvrent le centre en faveur d'un jeu
de figures commode. La théorie
hésite à prononcer un jugement
de valeur définitif sur cette défense, tant il est difficile d'établir
avec précision si, oui ou non, les
noirs parviennent à égaliser les
jeux.

4.   é4×d5

4. é5?, g5! etc., serait antipositionnel.

4.   Cg8 - f6!

Le seul coup qui justifie la
poussée 3. ..., d5.

La reprise 4. ..., D×d5?, Cc3!
coûterait un temps de développement aux noirs, tandis que 4. ...,
Fd6? ; 5. d4, g5 ; 6. c4 accorde
l'avantage aux blancs, du fait de
la mauvaise situation du Fd6.

5.   c2 - c4!   c7 - c6!
6.   d2 - d4

Le gain de pion, par 6. d×c6?,
C×c6 ; 7. d4, Fg4, expose à une
forte offensive noire.

6.   Ff8 - b4 +

Plus précis que 6. ..., c×d5 ;
7. c5! avec avantage aux blancs
(Keres).

7.   Cb1 - c3   c6×d5
8.   Fc1×f4   0 - 0
9.   Ff1 - d3   Tf8 - é8 +
10.   Ff4 - é5   Cb8 - c6
11.   0 - 0   Cc6×é5
12.   Cf3×é5   d5×c4
13.   Fd3×c4   Fc8 - é6

Les blancs ont un petit avantage de terrain (Keres).

A 5
La défense Becker

3.   h7 - h6

Par cette curieuse avance de pion,
les noirs cherchent à rejoindre
la défense classique (g7 - g5) en
prévenant la riposte désagréable
4. h4!, laquelle force, comme
nous l'avons vu, l'avance g4.
Mais, revers de la médaille, cette
défense est passive ; c'est pour-

Diagr. 98 — 3. ..., h7 - h6

quoi, observe Keres, elle ne peut prétendre à une défense efficace contre le gambit du roi.

 4. d2 - d4 !

4. h4? serait très faible pour interdire g5. Cette avance affaiblirait les cases g4 et g3 et permettrait la réplique 4. ..., Cf6 et la manœuvre future Ch5, avec une supériorité évidente des noirs.

Trop lent serait 4. Fc4, g5 ; 5. h4, Fg7 (gambit Philidor) ou 4. Fc4, g5 ; 5. 0 - 0, Fg7 (gambit Hanstein), deux constructions réputées favorables aux noirs.

 4. g7 - g5
 5. h2 - h4 !

Pour exploiter l'avance douteuse h6, les blancs sont obligés de prendre quelques mesures directes sur l'aile roi (Keres), quitte à sacrifier un pion supplémentaire.

 5. Ff8 - g7

La pointe de la défense Becker : les noirs parviennent à se maintenir sur g5, malgré l'avance h4.

 6. h4 × g5

L'avance 6. g3? est prématurée (Keres).

 6. h6 × g5
 7. Th1 × h8 Fg7 × h8
 8. g2 - g3 !

Cette idée de Keres — où les

blancs se lancent à la conquête de f4 ou de g5 — peut être considérée comme la *réfutation de la défense Becker*, bien qu'elle n'ait pas été expérimentée dans les grands tournois.

 8. d7 - d5 !

La prise 8. ..., f × g3? suscite soit 9. F × g5, soit 9. C × g5 avec un jeu très favorable aux blancs.

Quant à l'essai 8. ..., g4?, il procure aux blancs, après 9. Ch2, f × g3 ; 10. D × g4, une dangereuse position d'attaque.

 9. g3 × f4 !

Après 9. é × d5?, Dé7 + ! les noirs créent des complications à leur avantage.

 9. g5 - g4
 10. Cf3 - g5 f7 - f6
 11. Cg5 - h3 ! d5 × é4

La position est dynamique et difficile à traiter de part et d'autre.

A 6
La défense Fischer

 3. d7 - d6

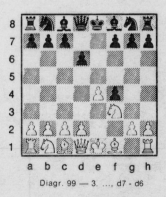

Diagr. 99 — 3. ..., d7 - d6

Ici aussi, les noirs ambitionnent d'utiliser la défense classique en se réservant la possibilité de protéger f4 par l'avance g5. Par rapport à 3. ..., h6, la poussée 3. ..., d6 a l'avantage de servir la mobilisation (ouverture de la diagonale du fou D), mais aussi de gagner le contrôle de la case é5. Elle limite ainsi le choix des blancs et les empêche, par exemple, après 4. d4?, g5! ; 5. h4, g4, de transposer (par 6. Cé5) dans le gambit Kieseritzky. Ils devront, au contraire, continuer par 6. Cg5, c'est-à-dire accepter une variation défavorable du gambit Allgaier.

4. Ffl - c4!

Le meilleur coup, car la réplique 4. ..., g5? se trouve neutralisée. Par exemple : 4. ..., g5? 5. h4!, g4 ; 6. Cg5 avec une position écrasante des blancs.

4.   h7 - h6!

Transpose en défense Becker dans de bonnes conditions.

5. d2 - d4   g7 - g5

Après cela, les blancs ont le choix entre : 6. h4 (transposant dans le gambit Philidor) ou, directement, 6. g3 (Spassky), ou, enfin, 6. 0 - 0 (transposant dans le gambit Hanstein).

B. Le gambit du fou

1. é2 - é4   é7 - é5
2. f2 - f4   é5 × f4
3. Ffl - c4

Cette sortie du fou R va à l'encontre de la règle : « développez les cavaliers avant les fous » et tolère l'échec h4. Or, la pratique a montré que les blancs n'ont rien à craindre de l'échec, car, après 3. ..., Dh4 + ?, la perte du roque pèse moins dans la balance que la décentralisation de la dame qui s'expose, tôt ou tard, à l'attaque Cf3 et se trouve mal placée pour soutenir la poussée d7 - d5. En revanche, si les

noirs renoncent à l'échec et préparent aussi vite que possible la poussée d7 - d5, ils prennent l'initiative.

3.   Cg8 - f6!

Engage la lutte pour les cases é4 et d5 et constitue, en connexion avec le coup qui va suivre, la meilleure défense contre le gambit du fou, voire sa réfutation.

4. Cb1 - c3

L'avance 4. é5? serait prématurée à cause de 4. ..., d5!

4.   c7 - c6!

Cette continuation, mise au

Diagr. 100 — 3. Ffl - c4

Diagr. 100bis — 4. ...., c7 - c6

point par Bogoljubov, entraîne
une triple menace : 1) 5. ..., d5! ;
2) 5. ..., C × é4 suivi de d5 ;
3) b5 - b4 suivi de C × é4.

    5.   Dd1 - f3

Le moindre mal, d'après Keres,
car, après la retraite positionnelle
5. Fb3, il suit 5. ..., d5! 6.
é × d5, c × d5 ; 7. d4, Fd6 ; 8.
Cg1 - é2, 0 - 0 ; 9. 0 - 0, g5! les
noirs obtiennent sur l'aile R une
majorité inquiétante.

    5.   d7 - d5

Ce sacrifice de pion est quasi
obligatoire ; il fournit aux noirs
une dangereuse attaque.

6.	é4 × d5	Ff8 - d6
7.	d2 - d3	Fc8 - g4
8.	Df3 - f2	0 - 0
9.	Fc1 × f4	Tf8 - é8 +
10.	Ré1 - f1!	Fd6 × f4

Cet échange, préconisé par
Euwe, offre aux noirs une excellente compensation pour le pion
sacrifié.

11.	Df2 × f4	c6 × d5
12.	Cc3 × d5	Cf6 × d5
13.	Fc4 × d5	Dd8 × d5
14.	Df4 × g4	Cb8 - c6

A cause de cette variante (et
d'autres), le gambit du fou a
complètement disparu dans le jeu
de tournoi.

II. Le gambit du roi refusé

1.	é2 - é4	é7 - é5
2.	f2 - f4	Ff8 - c5

Au lieu d'accepter le gambit, les
noirs projettent, par cette sortie
du fou roi, d'exploiter l'affaiblissement de la diagonale a7 - g1
qu'amène l'avance f2 - f4, et de
retarder ainsi le petit roque des
blancs. En pratique, le refus du
gambit présente l'avantage d'éviter les grandes complications inhérentes au gambit accepté : ainsi,
pas de surprises désagréables ! Cela
dit, on ne peut prétendre que le

Diagr. 101 — 2. ..., Ff8 - c5

refus du gambit soit supérieur à
son acceptation, observe Keres, et
le maître ajoute que, sur le plan
positionnel, le refus se justifie
moins que l'acceptation. L'expérience des tournois confirme
d'ailleurs que les noirs subissent
plus fréquemment des catastro-
phes en refusant le gambit qu'en
l'acceptant. « Personnellement,
conclut Keres, je suis d'avis que
la seule façon satisfaisante de
contrer le gambit du roi réside
dans son acceptation, alors que
son refus accorde généralement
une bonne partie aux blancs ou,
à tout le moins, une position
égale. »

    3.   Cg1 - f3

La seule continuation à considérer ; en effet, la prise 3. f × é5?
n'est pas encore une menace, à
cause de 3. ..., Dh4 + — et gagne.

    3.   d7 - d6

    4.   c2 - c3!

Prépare l'avance d4 et constitue, pour les blancs, le seul espoir
d'emporter éventuellement l'avantage. En revanche, la sortie médiocre du CD (4. Cc3), dite
continuation classique, n'offre
guère d'espérances aux blancs.

    4.   Cg8 - f6

Passe pour la meilleure réplique. Les noirs activent la mobilisation de l'aile roi et s'attaquent à é4.

Quant à l'idée de s'opposer à d4 par le clouage 4. ..., Fg4, elle n'est pas satisfaisante, à cause de 5. f × é5!, d × é5 ; 6. Da4 + ! Fd7! ; 7. Dc2, Cc6 ; 8. b4, Fd6 ; 9. Fc4, avec avantage aux blancs.

5.　　　　　f4 × é5

La force, ou la faiblesse, de l'avance immédiate 5. d4 demeure controversée.

5.　　　　　d6 × é5

La prise 5. ..., C × é4? coûterait une pièce après 6. Da4 + .

6. d2 - d4　　　é5 × d4
7. c3 × d4　　　Fc5 - b4 +

La prise 7. ..., C × é4!? conduit à des complications à propos desquelles la théorie ne se prononce pas. Il suit 8. d × e5, D × d1 + ; 9. R × d1, Cf2 + ; 10. Ré1, C × h1 ! ; 11. g3, et les blancs s'emparent du cavalier prisonnier.

8. Fc1 - d2　　　Dd8 - é7!

Accentue la pression sur le centre blanc et crée une position difficile à évaluer. A la question : « Le centre blanc est-il fort ou faible ? » il est difficile de répondre, faute de références fournies par le jeu de tournoi. Depuis bien longtemps, le gambit du roi refusé ne jouit plus d'aucune popularité.

III. Le contre-gambit Falkbeer

1. é2 - é4　　　é7 - é5
2. f2 - f4　　　d7 - d5

Loin d'accepter le gambit, les noirs font une contre-proposition : ils offrent eux-mêmes un pion en vue d'une mobilisation commode et rapide. L'idée a été lancée, il y a plus d'un siècle, par le maître autrichien Falkbeer. Après

Diagr. 102 — 2. ..., d7 - d5

l'échange 3. é × d5, les noirs ripostent par l'avance 3. ..., é4, avec un double objectif : freiner la mobilisation du cavalier R et empêcher l'ouverture de la colonne « f ». Séduit par ces perspectives, Tarrasch considérait ce contre-gambit comme la *réfutation du gambit du roi*.

La théorie moderne ne partage pas cette opinion. Ne perdons pas de vue, note le docteur Euwe, que le pion é4 s'expose à une rapide élimination par l'échange ; après quoi, les blancs ont un pion d'avance.

3. é4 × d5

L'acceptation du gambit se révèle, une fois de plus, comme la suite la plus prometteuse, bien qu'elle entraîne de grandes complications, note Keres, qui ajoute : toute tentative de refus ôte aux blancs la possibilité de prendre l'avantage.

3.　　　　　é5 - é4!

La « pointe » du contre-gambit est la seule continuation retenue par la théorie. La proposition de Nimzovitch, 3. ..., c6, a été contrée par 4. Cc3! c × d5 ; 5. f × é5, d4 ; 6. Cé4, Dd5 ; 7. Fd3!, Cc6 ; 8. Dé2, avec avantage aux blancs.

Diagr. 103

4. d2 - d3 !

L'élimination du pion gênant est, pour les blancs, une tâche prioritaire : elle leur réserve les meilleures chances d'une mobilisation commode.

4. ... Cg8 - f6

Peu recommandables sont les réponses : 4. ..., D×d5? ; 5. Dé2!, ou encore : 4. ..., é×d3? ; 5. Ff1×d3, etc.

5. Cb1 - d2

Continuation de Keres : le cavalier dame échappe au clouage par Fb4. Bref, la pression sur é4 se trouve renforcée.

5. é4×d3

La réponse la plus logique ; elle offre aux noirs un jeu satisfaisant (Keres). Il est moins convaincant d'essayer de se maintenir à é4 par Ff5.

6. Ff1×d3 Cf6×d5 !

Reprise indiquée (Keres) : après 6. ..., D×d5? ; 7. Cf3, Fc5 ; 8. Dé2+, Dé6 ; 9. Cé5, 0 - 0 ; 10. Cé4, C×é4 ; 11. D×é4, g6 ; 12. b4, Fé7 ; 13. Fb2, avec une attaque victorieuse.

7. Dd1 - é2 + Ff8 - é7
8. Dé2 - é4

Cette position ne s'est pas encore présentée dans la pratique. Elle offre, de part et d'autre, d'excellentes possibilités combinatoires. Il est certain, conclut Keres, que les noirs ont surmonté les difficultés du début et n'ont rien à craindre du milieu de partie.

La partie espagnole

1.	é2 - é4	é7 - é5
2.	Cg1 - f3	Cb8 - c6
3.	Ff1 - b5!	

Diagr. 104 — 3. Ff1 - b5 !

Cette curieuse sortie du fou roi caractérise la partie espagnole, l'une des plus anciennes ouvertures de l'histoire des échecs. Elle se propose d'exercer une pression sur é5, le point névralgique par excellence des noirs dans les débuts ouverts (Keres). Or, cette attaque *indirecte* sur é5 a le mérite de *limiter* le choix des noirs, qui devront constamment se prémunir contre la menace latente : F×c6 suivi de C×é5. De ce point de vue, la sortie indiquée ci-dessus se révèle plus gênante pour les noirs que l'attaque *directe* sur é5 (3. d4) et, *a fortiori*, que 3. Fc4 ou 3. Cc3, deux continuations relativement passives, parce qu'elles autorisent une large gamme de réponses. Et puis, note Keres, la sortie 3. Fb5 constitue une mesure prophylactique : elle *freine* la poussée libératrice d7 - d5 — si importante pour les noirs dans les débuts ouverts ; en effet, sa réalisation précoce engendre le clouage du Cc6 et, par voie de conséquence, affaiblit la protection de é5. Cela dit, notons que 3. Fb5 ne constitue pas encore une menace *immédiate*, car, après 4. F×c6, d×c6 ; 5. C×é5, Dd4!, les noirs récupèrent le pion et égalisent.

Les vertus de cette menace n'apparaissent qu'à *long terme*, c'est-à-dire dans la mesure où les noirs ne réussissent pas à fournir une réponse satisfaisante aux deux questions suivantes :

1) Comment *maintenir* é5 au cas où les blancs renforcent la pression par l'avance d2 - d4?

2) Comment obtenir une construction satisfaisante si le maintien de é5 se révèle irréalisable ?

Ces deux problèmes d'ordre stratégique font de la partie espagnole une ouverture vraiment moderne ; elle a résisté à l'usure du temps comme aucun autre début ouvert. De nos jours, la partie espagnole figure parmi les armes favorites des plus grands joueurs du monde : Botvinnik, Fischer, Tahl, Spassky, Smyslov, Keres, Bronstein, Gligoritch, Unzicker, etc. Cette attirance pour la partie espagnole, au sommet de la hiérarchie, nous oblige à dire combien ce début réclame d'expérience : ses vrais partisans se recrutent nécessairement parmi les joueurs de grande force. Examinons à présent les principales variantes et défenses de cette importante ouverture.

I. Les défenses sans le coup intermédiaire 3. ..., a7 - a6

A. La défense Steinitz

1.	é2 - é4	é7 - é5
2.	Cg1 - f3	Cb8 - c6
3.	Ff1 - b5	d7 - d6

C'est la défense la plus simple,

Diaar. 105 — 3. ..., d7 - d6

observe Euwe, contre l'ouverture espagnole. Introduite par Steinitz dans la pratique des tournois, elle a été également appliquée par les champions du monde Lasker et Capablanca. Ce n'est qu'après la première guerre mondiale que la mode en est passée, du fait que la défense Steinitz ne peut fournir un contre-jeu satisfaisant aux noirs. Ceux-ci obtiennent une position solide, mais pour ainsi dire dépourvue de perspectives. La défense Steinitz convient aux joueurs peu combatifs et qui recherchent avant tout la sécurité. Aucune réfutation de la défense Steinitz n'a été élaborée jusqu'à présent et ne le sera sans doute jamais.

4. d2 - d4!

Entame une pression sur é5 et

menace de gagner un pion.

    4.   **Fc8 - d7**

Décloue le cavalier et protège indirectement é5.

L'abandon du centre par 4. ..., é × d4? est prématuré et *centralise* les pièces blanches : 5. D × d4, Fd7 ; 6. F × c6, F × c6 ; 7. Cc3! etc.

Serait, de même, prématuré : 4. ..., Fg4? ; 5. d × é5, d6 × é5 ; 6. D × d8 +, T × d8 ; 7. F × c6, b × c6 ; 8. Cf3 - d2! ; la paire de fous ne compense pas les faiblesses du dispositif de pions noirs (Euwe).

    5.   **Cb1 - c3**

La transaction 5. F × c6, F × c6 ; 6. d × é5, F × é4 procure aux noirs un jeu égal et facile.

    5.   **Cg8 - f6**

Protège indirectement é5 grâce à une pression accrue sur é4.

    6.   **Fb5 × c6!**

Par cet échange, lié avec le coup qui va suivre, les blancs réussissent à faire sauter é5 et atteignent une position nettement supérieure.

    6.   **Fd7 × c6**

    7.   **Dd1 - d3!**

La pointe ! La protection de é4 crée une nouvelle menace sur é5 que seul l'abandon de la tension au centre permet de neutraliser.

    7.   **é5 × d4**

Centralise le cavalier roi et accorde aux blancs une légère prépondérance au centre.

L'essai 7. ..., Dé7?, préconisé par Tarrasch, est douteux, car, après 8. 0 - 0, les noirs ont de la peine à mobiliser leur aile roi. Quant à l'autre tentative pour se maintenir sur é5 : 7. ..., Cd7?, elle se solde, après 8. Fé3! (menaçant 9. d5 avec gain d'une pièce), par une position inférieure des noirs.

    8.   **Cf3 × d4**   **Fc6 - d7**

    9.   **Fc1 - g5**   **Ff8 - é7**

   10.   **0 - 0 - 0!**

Les blancs ont un avantage sensible.

B. La défense berlinoise

    1.   **é2 - é4**   **é7 - é5**

    2.   **Cg1 - f3**   **Cb8 - c6**

    3.   **Ff1 - b5**   *Cg8 - f6*

Diagr. 106 — 3. ..., Cg8 - f6

Plus souple que l'avance d6, cette sortie du cavalier roi est l'une des meilleures défenses de la partie espagnole, encore qu'elle ait perdu de la popularité qu'elle connaissait jadis. Par comparaison avec 3. ..., d6, ses avantages résident dans la diversité des constructions offertes aux noirs.

A l'attaque sur é4, les blancs peuvent opposer deux politiques : le *maintien* du pion roi (par 4. d3, 4. Dé2 ou 4. Cc3) ou son *abandon*.

    4.   **0 - 0!**

Le plus énergique et le plus prometteur.

Après 4. d4, les noirs ont le choix entre 4. ..., é × d4 ; 5. é5, Cé4! ou 4. ..., C × é4 ; 5. 0 - 0, etc. Dans les deux cas, les noirs obtiennent un jeu satisfaisant.

Après le coup noté ci-dessus,

les noirs ont le choix entre la méthode « fermée » : 4. ..., d6 ou 4. ..., Fé7 — deux suites qui leur permettent de transposer dans la défense Steinitz, sans accorder aux blancs la possibilité de roquer du côté *long*, variante qui leur est favorable, — et la méthode « ouverte » : 4. ..., Fc5 ou 4. ..., C × é4, qui détermine des constructions autonomes et essentiellement différentes.

La méthode fermée

A. 4.   d7 - d6
   5.   d2 - d4!   Fc8 - d7
   6.   Cb1 - c3   Ff8 - é7

Les noirs obtiennent de la sorte une construction satisfaisante de la défense Steinitz.

B. 4.   Ff8 - é7
   5.   Cb1 - c3   d7 - d6
   6.   d2 - d4   Fc8 - d7

Par interversion de coups, les noirs ont abouti à la même position qu'après 4. ..., d6.

La méthode ouverte

A.   Ff8 - c5

Cette réplique a fait l'objet d'une étude approfondie de la part du grand maître O'Kelly. A la lumière des analyses et des expériences récentes, elle ne semble pas entièrement satisfaisante.

   5.   Cf3 × é5!

Ce pseudo-sacrifice, si fréquent dans les débuts ouverts, constitue le seul essai de réfutation de la sortie ambitieuse du fou roi.

I.   5.   Cc6 × é5

Ouvre le jeu au profit des blancs.

   6.   d2 - d4   c7 - c6

Ce coup intermédiaire, préconisé par O'Kelly, s'est finalement révélé insuffisant pour maintenir l'égalité, bien qu'il constitue la meilleure chance des noirs.

   7.   d4 × é5   Cf6 × é4
   8.   Fb5 - d3   d7 - d5
   9.   é5 × d6 e.p.   Cé4 - f6!

La reprise 9. ..., C × d6 est réfutée par 10. Té1 +, Fé6 ; 11. T × é6 + ! f × é6 ; 12. Dh5 +, avec gain du Fc5.

   10.   Fc1 - g5!

Empêche le petit roque.

   10.   Dd8 × d6

Après 10. ..., 0 - 0? suit 11. F × f6 et 12. Dh5! Quant à la reprise 10. ..., F × d6, elle permet aux blancs de conserver l'initiative par 11. Cc3.

   11.   Cb1 - c3   Fc8 - é6
   12.   Fg5 × f6   g7 × f6
   13.   Cc3 - é4   Dd6 - é5
   14.   Cé4 × c5   Dé5 × c5
   15.   Dd1 - f3

et les blancs ont l'avantage (Schamkovitch-Aronin, Moscou 1962).

II.   5.   Cf6 × é4

Cette riposte surprenante provoque d'intéressantes escarmouches tactiques. Mais l'analyse d'O'Kelly qui suit illustre que cette prise n'est pas non plus satisfaisante.

   6.   Dd1 - é2   Cc6 × é5
   7.   d2 - d4!

Plus fort que 7. D × é4, Dé7 ; 8. d4, etc.

   7.   Fc5 - é7

La prise 7. ..., F × d4? coûterait une pièce après 8. D × é4.

   8.   d4 × é5   Cé4 - c5
   9.   Tf1 - d1!

Amélioration due à O'Kelly, par laquelle les blancs réussissent à retarder la sortie du Fc8. Elle a été mise en pratique au tournoi de Zürich, en 1960, au cours de la partie O'Kelly-Dückstein.

B. 4.   Cf6 × é4

Très à la mode vers la fin du siècle dernier, cette défense a retenu — et retient toujours —

Diagr. 107 — 9. Tf1 - d1 !

l'attention des grands joueurs de l'après-guerre, mais sans attirer beaucoup d'adeptes.

5.	d2 - d4!	Ff8 - é7!
6.	Dd1 - é2	Cé4 - d6!
7.	Fb5 × c6	b7 × c6!

La reprise 7. ..., d × c6? ouvre la colonne centrale aux blancs. Par exemple : 8. d × é5, Cf5 ; 9. Td1!, Fd7 ; 10. é6!, f × é6 ; avec un sensible avantage pour les blancs.

8.	d4 × é5	Cd6 - b7
9.	Cb1 - c3	0 - 0
10.	Tf1 - é1!	

Cette trouvaille de Pillsbury,

Diagr. 108 — 9. ..., 0 - 0

introduite en 1896, a entraîné la disgrâce de cette variante pendant de longues années. Elle s'oppose à la poussée libératrice 10. ..., d5, laquelle amènerait la suite 11. é × d6 e.p. ; F × d6 ; 12. Fg5, Dd7 ; 13. Cé4 avec avantage aux blancs.

Son efficacité semble avoir été surévaluée à l'époque. A preuve, l'amélioration suggérée par Fine entre les deux guerres : 10. Cf3 - d4! qui vise, à son tour, à freiner la poussée de d5. Pourrait venir ensuite : 10. ..., Fc5! ; 11. Td1, F × d4 ; 12. T × d4, Té8! ; 13. Dh5! ; g6 ; 14. Df3, T × é5 ; 15. Ff4 ; les blancs ont d'amples compensations pour le sacrifice du pion (Keres). Bref, voilà une position que la théorie est loin d'avoir épuisée, encore qu'elle la juge plutôt favorable aux blancs.

C. La défense Bird

1.	é2 - é4	é7 - é5
2.	Cg1 - f3	Cb8 - c6
3.	Ff1 - b5	Cc6 - d4

Diagr. 109 — 3. ..., Cc6 - d4

Cette réaction à la sortie du fou roi, due à Bird, est contraire au principe qui interdit, dans un début ouvert, de jouer la même pièce à deux reprises. La pratique a néanmoins montré qu'il s'agit, dans le cas présent, d'une manœuvre admissible. Après la deuxième guerre mondiale, elle a même fait l'objet de nouvelles recherches de la part de l'école soviétique.

    4.   Cf3 × d4

Riposte plausible et courante, adoptée invariablement par Smyslov et d'autres grands joueurs. Lasker et Tartakover ont préconisé, jadis, la retraite 4. Fc4. A défaut d'exemples modernes, il est difficile de se prononcer. Tout ce que l'on peut dire c'est que cette riposte coûte du temps, raison suffisante peut-être pour que les grands maîtres actuels la rejettent ou, à tout le moins, y renoncent.

    4.   é5 × d4

Ce pion gêne quelque peu la mobilisation des blancs, notamment parce qu'il prive le cavalier dame de sa case de sortie naturelle c3.

    5.   0 - 0

La continuation la plus courante.

Les blancs peuvent aussi poursuivre par 5. d3, qui conduit souvent aux mêmes variantes que le coup noté plus haut.

    5.   c7 - c6

Un coup important : les noirs ont à préparer la poussée d5 ou, à défaut, l'avance d6.

    6.   Fb5 - c4

Smyslov préfère la retraite 6. Fa4, qui retarde la poussée d5.

    6.   Cg8 - f6

Après 6. ..., d5 ; 7. é × d5, c × d5 ; 8. Fb5 +, Fd7 ; 9. F × d7 +, D × d7 ; 10. d3! le pion double se révélera tôt ou tard gênant, à cause de la faiblesse du pion d4.

    7.   Dd1 - é2

S'oppose à la poussée d5 et protège é4.

L'essai 7. é5, considéré jadis comme une réfutation de 6. ..., Cf6, est neutralisé par la contre-attaque 7. ..., d5! (Cholmov).

Au lieu de 7. Dé2, Keres préconise 7. Té1.

    7.   d7 - d6
    8.   c2 - c3!   d4 × c3
    9.   Cb1 × c3 avec un léger avantage aux blancs.

Cette variante résume fort bien les objectifs des deux camps au cours de la phase initiale.

Pour les blancs, il s'agit d'abord de *freiner* la poussée d5 et d'*éliminer*, ensuite, le pion gênant d4.

Pour les noirs, il importe de réaliser la poussée d5 ou d6 et de maintenir, si possible, le pion central sur d4.

D. La défense Cordel

    1.   é2 - é4   é7 - é5
    2.   Cg1 - f3   Cb8 - c6
    3.   Ff1 - b5   *Ff8 - c5*

Ce très vieux coup, connu depuis le XV᷎ siècle, a fait l'objet, au XIX᷎ siècle, d'une étude spéciale du théoricien allemand Cordel. Après la deuxième guerre mondiale, O'Kelly l'a modernisé, si bien que, depuis une vingtaine

Diagr. 110 — 3. ..., Ff8 - c5

d'années, la théorie relative à cette variante s'est considérablement enrichie.

4. c2 - c3!

Après 4. 0 - 0, Cd4!, les noirs égalisent facilement. Quant à la tentative de pseudo-sacrifice 4. C×é5?, elle est neutralisée, voire réfutée, par 4. ..., Dg5!

A. 4. .... *f7 - f5*

Cette avance de flanc, très populaire au siècle dernier, est risquée. Mais il a fallu attendre longtemps avant qu'Unzicker, le grand maître allemand, découvre sa réfutation *positionnelle*.

5. d2 - d4   f5 × é4
6. Fb5 × c6!   d7 × c6
7. Cf3 × é5   Fc5 - d6

Diagr. 111 — 7. ..., Fc5 - d6

B. 8. 0 - 0!

Introduite par Unzicker, cette continuation solide est supérieure à la manœuvre 8. Dh5 + , g6 ; 9. Dé2!, F×é5? ; 10. D×é4! avec gain d'un pion (Smyslov-Vidmar, Groningue 1946). Au lieu de 9. ..., F × é5?, les noirs peuvent maintenir l'équilibre par 9. ..., Dh4! (Keres).

8. .... Cg8 - f6

A présent, 8. ..., Dh4 aurait l'inconvénient de permettre 9.

Db3, Dh5 ; 10. Ff4, Cf6 ; 11. Té1, ce qui contrarie le développement des noirs.

Après ce coup, les blancs concentrent leurs efforts sur é4, le point faible de la construction noire.

9. Fc1 - g5   Dd8 - é7
10. Cb1 - d2   Fc8 - f5

Ou 10. ..., F × é5 ; 11. d × é5, D × é5 ; 12. F × f6, g × f6 ; 13. C × é4, 0 - 0, ce qui ne laisse aux noirs qu'un squelette de pions criblé de points faibles.

11. Tf1 - é1   0 - 0 - 0

Diagr. 112 — 11. ..., 0 - 0 - 0

12. Cd2 × é4 !

Réalise l'objectif des blancs, grâce à une jolie finesse tactique. En effet, l'échange intermédiaire 12. ..., F × é5 serait contré par 13. Cg3 !, et les blancs ont toujours un pion d'avance (Unzicker-Eisinger, championnat d'Allemagne 1953).

E. La défense Cordel moderne

4. .... Cg8 - f6

Suggérée par O'Kelly, cette sortie amorce une attaque sur é4, plus saine que l'avance de flanc f5 (analysée exclusivement par Cordel).

5. 0 - 0

L'avance immédiate 5. d4 est plus tranchante, bien qu'elle puisse n'entraîner, après 5. ..., Fb6 (O'Kelly) qu'une simple interversion de coups. Et, de fait, après 5. d4, Fb6, l'essai de réfutation 6. F × c6, b × c6 ; 7. C × é5, 0 - 0 ! offre d'excellentes contrechances aux noirs, grâce à leur paire de fous.

5. 0 - 0
6. d2 - d4 Fc5 - b6 !

Cette retraite s'appuie sur l'idée que la prise de é5 s'annule par celle de é4.

Les blancs disposent de deux suites importantes : 7. Fg5 et 7. d × é5.

I. 7. *Fc1 - g5*

Diagr. 113 — 7. Fc1 - g5

Ce clouage immédiat s'est révélé supérieur à 7. Té1, é × d4 ! ; 8. c × d4, d5 ! (Unzicker-Fischer, Olympiades de Leipzig, 1960). Il se fonde sur une finesse tactique : les noirs ne peuvent déclouer le cavalier roi, sous peine d'affaiblir leur position.

7. h7 - h6 !

Cette amorce de déclouage est des plus utiles pour se réserver

l'avance g7 - g5 qui libère le cavalier.

8. Fg5 - h4 !

L'échange 8. F × f6, D × f6 ; 9. F × c6, D × c6 ; 10. C × é5, D × é4 conduit au nivellement de la position.

8. d7 - d6 !

Consolide é5 et implique un sacrifice de pion que les blancs auraient tort d'accepter.

Au lieu du coup noté plus haut, la tentative de déclouage immédiat par 8. ..., g5 ? a été réfutée, dans la partie Ivkov-Aaron (Olympiades de Tel-Aviv, 1965) par le sacrifice 9. C × g5 !, C × é4[1] ; 10. Cf3, Cg5 ; 11. C × é5, C × é5 ; 12. F × g5, D × g5 ; 13. f4, Dg7 ; 14. f × é5, D × é5 ; 15. Dd3 et les blancs ont l'avantage.

9. a2 - a4 !

Manœuvre positionnelle, fondée sur une menace tactique : 10. F × c6, b × c6 ; 11. a5, avec gain d'une pièce. Son but est d'affaiblir la position du Fb6 afin de pouvoir introduire la manœuvre Ca3 - c4 suivi de C × b6.

La volonté de gagner un pion par 9. F × c6, b × c6 ; 10. d × é5, d × é5, avec les deux possibilités :

a) 11. D × d8, T × d8 ; 12. C × é5 ?, g5 ! ; 13. Fg3, C × é4 ; 14. C × c6, Fa6 ! ; 15. C × d8, T × d8 ; 16. Té1, f5 ! ; 17. Ca3, Td2 !

b) 11. C × é5 ?, D × d1 ; 12. T × d1, g5 ! ; 13. Fg3, C × é4 ; 15. C × c6, g5 ! conduisent à des positions favorables aux noirs, malgré la perte du pion.

9. a7 - a5

1. Après 9. ..., h × g5 ? ; 10. F × g5, le clouage du Cf6 deviendra tôt ou tard intolérable, faute de pouvoir affecter le fou R, délogé vers l'aile D, à la protection du cavalier R.

La meilleure parade, car, après 9. ..., a6 ; 10. F×c6, b×c6, le fou dame noir est privé de la case a6 !

10. Tf1 - é1

Protège é4 et force les noirs à d'importantes décisions.

Diagr. 114 — 10. Tf1 - é1

Plusieurs problèmes sont posés aux noirs et, notamment, celui de savoir s'il est possible de *maintenir* é5 ? La réponse est négative comme le démontrent les deux exemples pratiques qui suivent :

a) 10. ..., Fg4 ? ; 11. F×c6, b×c6, 12. d×é5, F×f3 ; 13. D×f3, d×é5 ; 14. Ca3 avec avantage positionnel aux blancs (Unzicker-O'Kelly, Olympiades de Leipzig, 1960) ;

b) 10. ..., Dé7 (trop passif) ; 11. Ca3, Fg4 ; 12. Cc4, g5 ; 13. Fg3, Cd7 ; 14. Cé3, Fh5 ; 15. Cd5, Dd8 ; 16. C×b6, c×b6 ; 17. Dd3, F×f3 ; 18. D×f3, Dé7 ; 19. Ta1 - d1 avec un avantage considérable pour les blancs (Spassky-Quinones, tournoi international, Amsterdam, 1964). Les noirs doivent dès lors *abandonner* la tension au centre ; toutefois, il est douteux que cette méthode leur permette d'égaliser les jeux,

ainsi que nous l'apprend la partie Spassky-Zindeman (Belgrade, 1964) : 10. ..., é×d4 ; 11. F× c6 ! b×c6 ; 12. C×d4, Té8 ; 13. Cd2, g5 ; 14. Fg3, F×d4 ; 15. c×d4, Tb8 ; 16. f3, Fé6 ; 17. b3, Tb4 ; 18. Ff2 avec avantage de position aux blancs.

II. 7. d4×é5

Diagr. 115 - - 7. d4×é5

Par cette prise au centre, qui vise à freiner la mobilisation des noirs sur l'aile D, les blancs changent de méthode pour combattre la sortie 3. ..., Fc5.

7. Cf6×é4

Diagr. 116 — 9. ..., Cc6 - é7

8.	Dd1 - d5	Cé4 - c5
9.	Fc1 - g5	Cc6 - é7
10.	Dd5 - d1	

Sans doute la meilleure retraite dans l'optique actuelle.

| 10. | | Cc5 - é4 |
| 11. | Fg5 - h4 | d7 - d5 ! |

Achève la mobilisation des noirs, car la tentative de réfutation 12. F×é7, D×é7 ; 13. D× d5 ? serait contrée par 13. ..., C×f2 ! et 14. ..., c6.

Les jeux sont égaux, encore que la position réclame un jeu précis de la part des noirs.

F. La défense de gambit

1.	é2 - é4	é7 - é5
2.	Cg1 - f3	Cb8 - c6
3.	Ff1 - b5	f7 - f5

Diagr. 117 — 3. ..., f7 - f5

Cette poussée de flanc ambitieuse, qui date de l'époque de Morphy et Anderssen, peut entraîner, au gré des blancs, de grandes complications tactiques. Mais les blancs disposent aussi, pour saisir l'initiative, d'une continuation « tranquille » qui leur réserve de bonnes perspectives ; c'est donc cette continuation-là que nous exposerons ici.

4. d2 - d3

La théorie considère 4. Cc3 comme la continuation la plus forte, mais elle suscite trop de variantes.

L'acceptation du gambit : 4. é×f5 est fade. Par exemple : 4. ..., é4 ! ; 5. Dé2, Dé7 ; 6. F×c6, d×c6 ! ; 7. Cd4, Dé5 ! ; 8. Cé6, F×é6 ! ; 9. f×é6, Fd6 ! 10. Cc3, Cf6 avec un jeu excellent pour les noirs.

4.		f5 × é4
5.	d3 × é4	Cg8 - f6
6.	0 - 0	d7 - d6

Après 6. ..., C×é4 ? ; 7. C× é5 !, C×é5 ; 8. Dd5. Le jeu s'ouvre en faveur des blancs.

| 7. | Cb1 - c3 | Ff8 - é7 |
| 8. | Dd1 - d3 | |

Diagr. 118 — 8. Dd1 - d3

Protège é4, prévient le clouage éventuel par Fg4 et menace de poursuivre par 9. Cd5. Entretemps, les noirs auront des difficultés à couvrir la faiblesse de la diagonale a2 - g8.

II. La défense avec 3. ..., a7 - a6

1.	é2 - é4	é7 - é5
2.	Cg1 - f3	Cb8 - c6
3.	Ff1 - b5	*a7 - a6*

Ce coup pose une question immédiate au fou et constitue la

Diagr. 119 — 3. ..., a7 - a6

suite la plus couramment adoptée depuis la première guerre mondiale. Son principal objectif est de créer les conditions requises, au cas où les blancs refusent l'échange 4. F × c6, pour déclouer anticipativement le Cc6. Aux yeux de Keres, il mérite un point d'exclamation (!), tant la pratique confirme son opportunité dans presque toutes les variantes. Mais, selon le professeur Euwe, sa nécessité n'est nullement démontrée.

La variante d'échange

4.   Fb5 × c6

Diagr. 120 — 4. ..., Fb5 × c6

La seule possibilité théorique de réfuter 3. ..., a6. En fait, cet échange n'est pas dangereux pour les noirs. Les blancs proposent un troc : l'abandon du fou pour doubler un pion du côté adverse, ce qui leur semble bénéfique à long terme. Mais la pratique n'a pas confirmé cet espoir.

4.   , d7 × c6

La reprise 4. ..., b × c6 passe pour inférieure et ne se rencontre presque jamais dans les grands tournois. La reprise indiquée ci-dessus a l'avantage d'ouvrir la diagonale du fou dame et la colonne « d », deux facteurs qui permettent un contre-jeu plus actif que 4. ..., b × c6.

Daigr. 121 — 4. ..., d7 × c6

Les blancs disposent de plusieurs suites :

I

5.   Cf3 × é5 ?   Dd8 - d4
6.   Cé5 - f3   Dd4 × é4 +
7.   Dd1 - é2   Dé4 × é2 +
8.   Ré1 × é2 ; les blancs ont perdu toute compensation à l'abandon du fou roi.

II

5.   d2 - d4

Ce coup entraîne une variante caractéristique de l'échange entamé au coup précédent. Les blancs se proposent d'obtenir une *majorité* de pions sur l'aile roi, laquelle, en fin de partie, pourrait se valoriser sous la forme d'un pion libre ! Les noirs sont incapables d'en faire autant. Leur majorité sur l'aile dame ne peut donner naissance à un pion libre à cause du pion doublé.

5.		é5 × d4 !
6.	Dd1 × d4	Dd8 × d4
7.	Cf3 × d4	Fc8 - d7 !

La pratique confirme que les noirs ont intérêt à mobiliser leur aile dame par priorité et de régler la mobilisation de l'aile roi sur les manœuvres des blancs.

| 8. | Fc1 - é3 | 0 - 0 - 0 ! |

Diagr. 122 — 8. .... 0 - 0 - 0

Les noirs ont encore les deux fous, compensation suffisante au pion doublé.

III

| 5. | Cb1 - c3 | f7 - f6 ! |

IV

| 5. | *d2 - d3* | |

Méthode « fermée » par laquelle les blancs se proposent de jouer un milieu de partie et d'éviter l'échange des dames. Leur dessein est d'exercer une pression sur é5, d'abord, puis de préparer l'avance f4.

V

| 5. | 0 - 0 | |

Diagr. 123 — 5. 0 - 0

Réhabilitée par le professeur Barendregt et reprise par l'ex-enfant prodige Bobby Fischer, cette suite, longtemps déconsidérée par la théorie (parce qu'elle autorise les noirs à créer de grandes complications tactiques), passe actuellement pour supérieure à 5. d4 ou 5. Cc3.

A partir du diagramme, les noirs disposent de deux continuations importantes : 5. ..., Fg4 et 5. ..., f6.

A

| 5. | | Fc8 - g4 ! ? |

Ce clouage, protégeant indirectement é5, ne se justifie qu'en corrélation avec la suite tactique qui va suivre ; il a été longtemps considéré comme la seule réplique susceptible de mettre en question la valeur de 5. 0 - 0.

      6.   h2 - h3

Cette mesure de déclouage, la seule à retenir, entraîne des complications tactiques que les blancs ne devraient pas redouter.

      6.   h7 - h5 !

L'échange 6. ..., F×f3 ? ; 7. D×f3 supprime le clouage, favorise la mobilisation des blancs et prive les noirs de la paire de fous, leur seul atout susceptible de compenser le pion doublé !

La retraite 6. ..., Fh5 ? implique un sacrifice de pion douteux. Il suit : 7. g4 ! Fg6 ; 8. C×é5, Dh4 ; 9. Df3, f6 ; 10. C×g6, h× g6 ; 11. Rg2 et les noirs n'ont pas de compensations suffisantes pour le pion de retard.

La manœuvre du texte, en revanche, se fonde sur des finesses tactiques qui permettent de *maintenir* le clouage jusqu'à nouvel ordre.

      7.   c2 - c3 !

Introduite par le grand maître soviétique Stein, cette avance prépare d4 et implique, comme nous allons le voir, un sacrifice de pion en vue d'une mobilisation rapide. Observons qu'après 7. h× g4 ?, h×g4 les blancs doivent rendre, d'emblée, aux noirs, la pièce et l'initiative, sous peine de mat. Par exemple : 8. Ch2 ??, Dh4 ! et gagne.

L'avance solide 7. d3, longtemps retenue par la théorie, et menaçant 8. h×g4 !, h×g4 ; 9. Cg5 ! avec gain d'une pièce, s'est révélée trop passive pour accorder un avantage aux blancs. Par exemple : *7. d3*, Df6 ! ; 8. Cb1 - d2, Cg8 - é7 ! ; 9. Cc4, F× f3 ; 10. D×f3, D×f3 ; 11. g×f3, Cg6 ! avec une position satisfaisante pour les noirs (Euwe).

L'avance plus énergique 7. d4 ! ? (Barendregt) a été neutralisée par

7. ..., F×f3 ! ; 8. D×f3, D×d4 ! 9. Td1, Dc4 ; 10. Cc3, Dé6 ! et l'initiative accordée aux blancs ne compense pas le sacrifice du pion.

      7.   Dd8 - f6[1]

Après 7. ..., c5, les blancs continuent également par 8. d4.

      8.   d2 - d4   Fg4×f3

A présent, cet échange s'incrit dans la logique des choses, car l'occupation de d4 empêche les noirs d'utiliser la diagonale g1 a7 ; cette particularité fait renaître la menace h×g4. Par exemple : 8. ..., Fd6 ? ; 9. h× g4 !, h×g4 ; 10. Cg5, Dh6 ; 11. f4 ! ! et les blancs conservent leur pièce supplémentaire, tout en échappant aux menaces de mat.

      9.   Dd1×f3   é5×d4
     10.   c3×d4 !   Df6×d4
     11.   Cb1 - c3   Ff8 - d6
     12.   Fc1 - f4   Fd6×f4
     13.   Df3×f4   Dd4 - d6
     14.   é4 - é5 avec une large compensation pour le pion sacrifié (Stein-Cholmov ; Tiflis, 1967).

B

      5.   ..., f7 - f6

Introduite par Gligoric, cette protection de é5 se révèle plus souple et moins engageante que le clouage 5. ..., Fg4. En différant le clouage, les noirs ménagent, en outre, une excellente retraite à leur fou dame sans devoir recourir à la manœuvre tactique, bien qu'antipositionnelle, h5.

      6.   d2 - d4 !   Fc8 - g4 !

L'échange 6. ..., é×d4 ; 7. C× d4 mobilise et centralise les pièces blanches ; il est, par consé-

---

[1] S'oppose à 8. h×g4, h×g4 ; 9. Cg5 à cause de 9. ..., Dh6 ! 10. Ch3, Dh5 ! et les noirs récupèrent la pièce avec un bon jeu.

Diagr. 124 — 5. ..., f7 - f6 !

Diagr. 125 — 4. Fb5 - a4

quent, favorable aux blancs, comme la pratique l'a montré.

    7.   c2 - c3 !

Continuation de Fischer : elle maintient la tension au centre.

L'échange 7. d × é5, D × d1 ; 8. T × d1, F × f3 ; 9. g × f3, f × é5, 10. f4 ; Cf6 ! ; 11. f × é5, C × é4 liquide trop de pièces et conduit à un jeu agréable aux noirs.

    7.   Ff8 - d6
    8.   Cb1 - d2

ou 8. h3, Fh5 ; 9. Ca3 (O'Kelly-Robatsch ; Palma, 1966).

    8.   Dd8 - é7
    9.   Cd2 - c4

avec des chances réciproques.

Notons qu'à la différence de 5. ..., Fg4, la protection par 5. ..., f6 évite les complications tactiques et obéit à l'idée stratégique de maintenir, coûte que coûte, le point central é5.

La retraite 4. Fa4

    1.   é2 - é4   é7 - é5
    2.   Cg1 - f3   Cb8 - c6
    3.   Ff1 - b5   a7 - a6
    4.   *Fb5 - a4*

La réplique la plus courante à la question posée au fou roi et, sans doute, la plus riche en possi-

bilités. Elle offre un large choix, aux noirs comme aux blancs, pour mobiliser leur camp respectif. Nous nous limiterons aux constructions principales adoptées le plus fréquemment dans les grands tournois actuels, c'est-à-dire depuis la deuxième guerre mondiale.

    4.   Cg8 - f6

La réponse usuelle. Les noirs accordent la priorité à la mobilisation de l'aile roi, attaquent é4 et préparent le petit roque.

    5.   0 - 0 !

Cette réaction à l'attaque sur é4 a supplanté toutes les mesures de protection *immédiates* de é4.

La sortie 5. Cc3 (Tarrasch) empêche l'avance importante c2 - c3, préparation à la poussée d4.

La modeste avance 5. d3 (Anderssen) a le mérite d'éviter de nombreuses variantes « théoriques » mais, en revanche, elle accorde aux noirs une grande liberté de manœuvre pour développer leur jeu.

La protection par 5. Dé2 (l'attaque anglaise), de loin la plus intéressante parce qu'elle sauvegarde la possibilité de l'avance c3, n'a pas davantage résisté à l'usure du temps.

Quant à la contre-attaque au centre par 5. d4 (gambit du centre de l'espagnole), elle présente l'inconvénient — après 5. ..., é × d4 ! ; 6. 0 - 0, Fé7 ; 7. é5, Cé4 ; 8. C × d4 — d'éliminer trop tôt la tension au centre.

La défense ouverte

5.   Cf6 × é4

Diagr. 126 — 5. .... Cf6 × é4

En comparaison de la variante « ouverte » de la défense berlinoise, les noirs bénéficient ici du coup intermédiaire : 3. .... a6 ; 4. Fa4, qui leur ménage la poussée b5 destinée à débarrasser la diagonale a4 - é8, du fou roi, manœuvre qui supprimerait d'un coup la possibilité F × C et le clouage du Cc6 : la structure des pions sur l'aile dame s'en trouve affaiblie. La prise 5. ..., C × é4 ne vise pas un gain de pion, mais bien la liberté de manœuvre et de nombreuses possibilités tactiques. Morphy et Tarrash, dans le passé, et le docteur Euwe, de nos jours, ont été ses plus grands promoteurs. Euwe estime que la liberté de manœuvre des pièces — et l'initiative noire qui en découle — compensent largement les faiblesses de la structure de pions.

La théorie moderne, note Keres, penche plutôt pour la thèse inverse. Le coup indiqué plus haut accorde les meilleures chances aux blancs : ceux-ci disposent de moyens suffisants pour résister à la pression créée par l'avance du développement des noirs. Dès que l'équilibre sera rétabli, la meilleure structure de pions des blancs se révélera un atout.

En fin de compte, les exemples pratiques des dernières années ne permettent pas encore de trancher la question.

6. d2 - d4 !

La suite la plus forte, confirmée par l'expérience.

Les essais, tels que 6. F × c6 ou 6. Dé2 ou, encore, 6. Tél, ne donnent rien de tangible.

6.   b7 - b5 !

Trop dangereux serait 6. ..., é × d4 ; 7. Tél, d5 ; 8. Fg5 ! Les blancs obtiennent une très forte initiative.

6. ..., d5 ? serait une erreur, à cause de 7. C × é5, Fd7 ; 8. C × f7 !, R × f7 ; 9. Dh5 + avec une attaque victorieuse. 6. ..., Fé7 serait trop passif, à cause de 7. Dé2 !

7. Fa4 - b3   d7 - d5

Rend le pion afin de consolider le Cé4 et de fermer la diagonale b3 - f7.

8. d4 × é5 !

La prise 8. C × é5, C × é5 ; 9. d × é5, c6 ! est commode pour les noirs.

8.   Fc8 - é6

Mobilise une pièce et protège d5.

9. c2 - c3

La continuation la plus courante : elle renforce le contrôle de la case d4 et ouvre de nouvelles perspectives au fou roi. Une variante intéressante a été introduite, peu après la dernière guerre mondiale, par l'école soviétique : 9. Dé2, suivi de 10. Tdƒ. Nous la traiterons en dernier lieu.

9. Ff8 - é7

La riposte la plus courante, encore que la sortie 9. ... Fc5 mérite qu'on s'y arrête également. Nous y reviendrons plus loin.

Diagr. 127 — 9. ..., Ff8 - é7

La position du diagramme a été abondamment analysée, grâce à une foule d'exemples pratiques. On peut la considérer comme la construction de base de la variante ouverte. Les blancs accusent un léger retard de développement. En revanche, la structure de pions des noirs sur l'aile dame se trouve affaiblie, ce qui offre aux blancs un objectif d'attaque. La position réclame, de part et d'autre, une stratégie appropriée qui se résume comme suit : les blancs ont intérêt à entamer une pression sur le Cé4 afin de

déloger ou d'échanger le cavalier noir dominant. Dans la suite, ils doivent s'efforcer de contrôler (ou d'occuper) les cases d4 et c5, ou de préparer l'avance du pion « f » en vue d'une attaque sur le roque.

La tâche des noirs consiste à valoriser leur majorité sur l'aile dame par l'avance c5. Du côté de l'aile roi, les noirs doivent, selon les circonstances, consolider le Cé4 par f5, ou pousser f6 afin d'éliminer le pion gênant é5.

10. Cb1 - d2

La continuation la plus rationnelle et la plus fréquente. Les blancs entament par priorité une pression sur le Cé4.

10. 0 - 0

Encore une fois, la riposte la plus usuelle et que l'on considère comme la meilleure. Elle contribue à maintenir l'avance de développement des noirs.

11. Dd1 - é2

Ce coup pose une nouvelle question au cavalier central ; on le tient pour la suite la plus prometteuse. Observons que l'échange : 11. C×é4, d×é4 ; 12. F×é6, f×é6 ; accorde une excellente partie aux noirs.

11. Cé4 - c5

L'échange 11. ..., C×d2 ; 12. D×d2 ! — afin d'empêcher 13. ..., d4 ! — f6 ! est également à considérer.

12. Cf3 - d4 !

La retraite 12. Fc2 ? serait faible à cause de la poussée d4 !, qui est bénéfique pour les noirs.

12. Cc5 × b3 !

Cet échange, rendu tactiquement possible par la présence de la dame à é2, permet aux noirs de surmonter toutes les difficultés du début.

13. Cd2 × b3

Après 13. C×c6, C×c1 ! les noirs égalisent également.

13.   Dd8 - d7
14.   Cd4 × c6   Dd7 × c6

Les chances sont égales (Botvinnik-Euwe, Leningrad 1934).

La variante d'Alekhine

(10. a2 - a4, au lieu de 10. Cb1 - d2.)

10.   *a2 - a4*

Diagr. 128 — 10. a2 - a4

Cette attaque sur l'aile dame, par laquelle les blancs menacent 11. a × b5, a × b5 ; 12. T × a8, D × a8 ; 13. F × d5 ! retient l'intérêt des théoriciens depuis l'introduction de la manœuvre qui va suivre, imaginée par Alekhine.

10.   b5 - b4 !
11.   Cf3 - d4 !

Ce coup sacrifie provisoirement un pion, que les noirs devront rendre sous peine d'un lourd handicap positionnel.

11.   Cc6 × é5
12.   f2 - f4   Fé6 - g4 !

La seule riposte correcte, car après 12. ..., Cc4 ? ; 13. Dé2 ! — menace 14. F × c4 avec gain d'une pièce — Cc4 - a5 ; 14. Fc2, 0 - 0 ; 15. Cd2, Cf6 ; 16. C × é6, f × é6 ; 17. D × é6 +, Rh8 ; 18. Cf3, les blancs sont supérieurs (Rjumin).

13.   Dd1 - c2   c7 - c5 !

14.   f4 × é5   c5 × d4
15.   c3 × d4   0 - 0
16.   Cb1 - d2 !   Fg4 - é2
17.   Tf1 - é1   Ta8 - c8
18.   Dc2 - b1   Fé2 - h5 !

Cette retraite, recommandée par Euwe, protège indirectement le Cé4, grâce à la menace de clouage par Fg6, et vise également l'échange C × d2 suivi de la manœuvre Fg6 et Fé4.

19.   Db1 - d3 !

Ni 19. Da2, C × d2 ; 20. F × d2, Dd7 ! ; 21. F × d5 ?, Tfd8 ! ; ni 19. C × é4, Fg6 ! ; 20. Cf6 +, F × f6 ! ne procurent un avantage aux blancs.

19.   Cé4 × d2
20.   Fc1 × d2   Tc8 - c6

Diagr. 129 — 20. ..., Tc8 - c6

La position est en équilibre, mais difficile à traiter.

La variante italienne

(9. ..., Fc 5 au lieu de 9. ..., Fé7.)

1.   é2 - é4   é7 - é5
2.   Cg1 - f3   Cb8 - c6
3.   Ff1 - b5   a7 - a6
4.   Fb5 - a4   Cg8 - f6
5.   0 - 0   Cf6 × é4
6.   d2 - d4   b7 - b5
7.   Fa4 - b3   d7 - d5

8.	d4 × é5	Fc8 - é6
9.	c2 - c3	*Ff8 - c5*

Diagr. 130 — 9. ..., Ff8 - c5

Ce coup, plus actif que Fé7, parce que, d'ici, le fou roi exerce une pression sur f2. En revanche, il prive le Cé4 de sa plus importante case de retraite. La pratique montre que les avantages et les inconvénients de ce coup s'annulent. De toute façon, la sortie Fc5 est peu fréquente.

10. Dd1 - d3

Cette suite, introduite par Motzko, a le grand mérite d'éviter les complications tactiques et de réduire ainsi les connaissances théoriques nécessaires à la neutralisation de Fc5. Son objectif stratégique est de poursuivre par Fé3 afin d'éliminer la pression sur f2.

10.		0 - 0
11.	Fc1 - é3	Fc5 × é3
12.	Dd3 × é3	Cc6 - é7
13.	Fb3 - c2	

ou 13. Cb - d2, Cf5, etc.

Les jeux sont à peu près égaux.

La variante russe

(9. Dd1 - é2, au lieu de : 9. c2 - c3.)

1.	é2 - é4	é7 - é5
2.	Cg1 - f3	Cb8 - c6
3.	Ff1 - b5	a7 - a6
4.	Fb5 - a4	Cg8 - f6
5.	0 - 0	Cf6 × é4
6.	d2 - d4	b7 - b5
7.	Fa4 - b3	d7 - d5
8.	d4 × é5	Fc8 - é6
9.	*Dd1 - é2*	

Diagr. 131 — 9. Dd1 - é2

Introduite par Keres et Smyslov au Championnat du monde de 1948, cette manœuvre vise à saper la position centrale de Cé4, avec le coup complémentaire Td1 et l'avance de flanc c4. Or, il a fallu vingt ans de pratique et de recherches pour la neutraliser ! La défense des noirs consiste à *ignorer* le plan des blancs et à *mobiliser* leur jeu au plus vite.

9.   Ff8 - é7 !

10. Tf1 - d1

L'essai 10. c4, d × c4 ? ; 11. Td1 ! ou 10. c4, b × c4 ? ! ; 11. Fa4 !, Fd7 ; 12. Cc3 procurerait aux blancs un avantage décisif ou une violente attaque. Il serait neutralisé, par la retraite 10. ..., Cc5 ! (Keres).

10.   0 - 0 !

11. c2 - c4

Les blancs ont réussi à exécuter leur plan, mais celui-ci se révèle inoffensif, à cause d'un simple coup de *développement*.

```
11.                      b5 × c4
12.    Fb3 × c4         Dd8 - d7 ! !
```

Diagr. 132 — 12. ..., Dd8 - d7 ! !

Cette réplique, introduite il y a quelques années par le Suédois Ekström, achève la mobilisation des noirs et continue à « ignorer » la pression sur d5. Auparavant, la riposte 12. ..., Fc5 (Euwe) n'avait pas donné entière satisfac-

tion, non plus, d'ailleurs, que le sacrifice douteux 12. ..., d × c4 ? ; 13. T × d8, Tf × d8 ; 14. Fd2 !, Cc5 ; 15. Fg5 ! ou les blancs ont les meilleures chances, conformément à une analyse de Smyslov.

A partir du diagramme, les blancs peuvent gagner un pion de deux manières, mais au détriment de leur position.

1) 13. F × a6 ?, Cc5 ; 14. Fc4, Ca5, avec une forte initiative noire.

2) 13. F × d5 ?, F × d5 ; 14. D × é4, F × é4; 15. T × d7, Tf - d8!; 16. T × d8 + , T × d8 ; 17. Cc3, F × f3 ; 18. g × f3, Cé5 avec un évident avantage pour les noirs (Ekström).

A retenir, les continuations suivantes :

3) 13. Fd3, Cc5, etc.

4) 13. Fb3, Cc5, etc.

5) 13. a3, Ca5 ! ; 14. Fa2, c5, etc.

6) 13. Cc3 ! (Ekström), C × c3 ; 14. b × c3, f6 ; 15. é × f6, F × f6 ; 16. Cg5, F × g5 ; 17. F × g5, Ta - é8 (Geller-Larsen ; Copenhague, 1966).

La défense fermée

```
1.    é2 - é4            é7 - é5
2.    Cg1 - f3          Cb8 - c6
3.    Ff1 - b5          a7 - a6
4.    Fb5 - a4          Cg8 - f6
5.    0 - 0             Ff8 - é7
```

Infiniment plus populaire, depuis la deuxième guerre mondiale, que la défense ouverte, le coup indiqué ci-dessus donne le départ de la défense « fermée » : il ambitionne une lutte positionnelle à long terme. Il apparaît de plus en plus souvent dans les grandes compétitions internationales : c'est que, en fait, les constructions qui en dérivent présentent les carac-

Diagr. 133 — 5. ..., Ff8 - é7

tères des *débuts fermés*.

6. Tf1 - é1

La continuation la plus courante et sans doute la plus prometteuse.

La mode est passée de la protection passive par 6. d3 ou 6. Cc3. Même 6. Dé2 a perdu une grande partie de son crédit.

6. b7 - b5

Ce coup pare la menace 7. F × c6, d × c6 ; 8. C × é5 avec gain d'un pion.

7. Fa4 - b3 d7 - d6

8. c2 - c3

Prépare d4 et offre une retraite au fou roi, menacé de l'échange après la manœuvre Ca5.

8. 0 - 0 !

Plus fort que l'immédiat 8. ..., *Ca5* ; 9. Fc2, c5 ; 10. d4, Dc7 ; 11. Cb - d2 ; les blancs n'ont plus intérêt à *prévenir* le clouage par Fg4.

9. h2 - h3 !

Cette mesure préventive n'est autorisée *qu'après* le *petit* roque des noirs. Faute de respecter cette ordonnance, l'avance h3 offrirait un objectif d'attaque aux noirs. Ceux-ci renonceraient au petit roque en faveur d'une *avance* de pions sur l'aile roi afin d'ouvrir des lignes et d'entamer une attaque sur le roque.

L'avance immédiate 9. d4, en revanche, autorise le clouage par 9. ..., Fg4 ! lequel crée une pression gênante sur d4. Pour s'en débarrasser, les blancs ont le choix entre 10. d5 (ferme le centre) ou 10. Fé3. De toute façon, les noirs égalisent plus facilement.

A partir du diagramme, les noirs disposent de cinq continuations importantes :

a) 9. ..., Ca5 ;
b) 9. ..., a6 - a5 ;
c) 9. ..., Cf6 - d7 ;
d) 9. ..., h7 - h6 ;
e) 9. ..., Cc6 - b8.

Diagr. 134 — 9. h2 - h3

A. La défense Tchigorine (9. ..., Ca5.)

9. Cc6 - a5
10. Fb3 - c2 c7 - c5
11. d2 - d4 Dd8 - c7

Diagr. 135 — 11. ..., Dd8 - c7

C'est la position caractéristique de cette défense. Les noirs ont dressé le « mur » de Tchigorine, dont la pratique a éprouvé la résistance. Pour en profiter pleinement, les noirs doivent maintenir é5, car l'échange é × d4 est presque toujours favorable aux blancs. Le contre-jeu des noirs se situe principalement sur l'aile dame : l'ouverture de la colonne « c », par exemple.

La stratégie des blancs offre plusieurs options :

1) Maintenir, si possible, la tension au centre, afin de limiter la liberté de manœuvre des noirs, voire provoquer l'échange é×d4, objectif suprême ;

2) Si cette tension ne peut être soutenue, stabiliser le centre par l'échange d×c5. La structure de pions qui en résulte permettra aux blancs d'amener un de leurs cavaliers en d5. ;

3) Fermer le centre par d5, — la politique la moins prometteuse — afin de concentrer leurs efforts sur l'aile R.

12.　Cb1 - d2

La continuation usuelle et la plus élastique.

12.　　　　　　　Ca5 - c6

Les noirs disposent de nombreuses autres continuations. Celle que nous indiquons a le mérite de poser, d'emblée, une question au pion central d4. Et, pour parer cette menace, les blancs ont le choix entre :

a) 13. Cf1 ! ? (Lasker), c × d4 ; 14. c×d4, é×d4 ! Les blancs ne trouvent pas une compensation suffisante pour le pion sacrifié ;

b) 13. d×c5 !, d×c5 ; 14. Cf1 etc., méthode fréquemment adoptée par Fischer ;

c) 13. d5, ferme le centre et conduit à de longues manœuvres de louvoiement.

B. 9. ..., a6 - a5

9.　　　　　　　　a6 - a5

10.　d2 - d4

Par l'avance passive 10. d3, les blancs sont à même de s'opposer au projet des noirs, mais au prix de l'initiative, momentanément du moins.

Le coup examiné fera apparaître le but de l'avance 9. ..., a5.

10.　　　　　　　　é5×d4

11.　Cf3×d4 !

Après 11. c×d4 ?, a4 ! ; 12. Fc2, Cb4 ! ; 13. Cc3, C×c2 ; 14. D×c2, c6, et la position des noirs s'améliore.

11.　　　　　　　　Cc6×d4

12.　c3×d4　　　　Fc8 - b7

Les jeux sont égaux.

C. 9. ..., Cf6 - d7

9.　　　　　　　　Cf6 - d7

Consolide é5 et prépare le regroupement Ff6, Cé7 et c5. Les noirs obtiennent alors une position analogue à la défense Tchigorine, à cette différence près que le cavalier est mieux placé en é7 qu'à la bande (Keres).

D. 9. ..., h7 - h6 ou la méthode Smyslov

9.　　　　　　　　h7 - h6

Cette mesure préventive contre Cg5 prépare le regroupement Té8 - Ff8 - Fb7, dans le but d'exercer une forte pression sur é4, ce qui freine la liberté de manœuvre des blancs.

10.　d2 - d4　　　　Tf8 - é8

11.　Cb1 - d2　　　Fé7 - f8

12.　Cd2 - f1　　　Fc8 - b7

13.　Cf1 - g3　　　Cc6 - a5

14.　Fb3 - c2　　　Ca5 - c4

Une lutte difficile mais équilibrée.

E. 9. ..., Cc6 - b8, ou la méthode Breyer.

9.　　　　　　　　Cc6 - b8

Par cette curieuse retraite, les noirs se proposent de *dégager* le pion c7, de *consolider* é5 par Cb8 - d7, de « *fianchetter* » le fou dame et, ensuite, d'opérer le regroupement : Té8 - Ff8 - g6 et Fg7.

10. d2 - d4   Cb8 - d7

Après quoi, les blancs ont le choix entre la méthode Geller (11. c4) et la méthode Simagin (11. Ch4).

E. a) La méthode Geller

11.   *c3 - c4*

Diagr. 136 — 11. c3 - c4

11.   c7 - c6

La réplique 11. ..., c5 est jouable également. L'avance plus modeste du pion « c » fait apparaître la « pointe » de l'avance c4 :

12. c4 - c5 !   Dd8 - c7
13. c5 × d6   Fé7 × d6
14. Fc1 - g5 !   é5 × d4
15. Fg5 × f6   g7 × f6
16. Cf3 × d4

La reprise 16. D × d4 (Trifunovitch) entraîne de grandes complications tactiques.

16.   Cd7 - c5

Les jeux sont égaux.

E. b) La méthode Simagin

11.   *Cf3 - h4*

Exploite la faiblesse de f5, au prix d'un pion, et dynamise la position pour autant que les noirs acceptent le troc.

Diagr. 137 — 11. Cf3 - h4

11.   Cd7 - b6

La réponse la plus prudente.

Après 11. ..., C × é4 ; 12. Cf5 !, Cé4 - f6 ? ; 13. Df3 !, Tb8 ; 14. Fg5, les blancs ont une forte initiative, tout comme après 11. ..., C × é4 : 12. Cf5, Cd7 - f6 ! ; 13. Df3 !, Fb7 ; 14. Fc2, Cc5 ; 15. Dg3, Cé6 ; 16. Cd2 ! (Euwe), etc.

Observons, enfin, que 11. ..., g6 ? serait faible à cause de 12. Ch4 - f3 ! (Tahl), suivi de la menace 13. Fh6 et 14. Cg5, etc.

12. Cb1 - d2 (Fischer)

Plus fort que 12. Cf5, F × f5 ! ; 13. é × f5, é × d4 ; 14. c × d4, c5 ! (Penrose-Unzicker ; Berlin, 1965).

La position demeure difficile à traiter pour les noirs.

Le gambit Marshall

7. ..., 0 - 0, au lieu de 7. ..., d6

1. é2 - é4	é7 - é5	4. Fb5 - a4	Cg8 - f6
2. Cg1 - f3	Cb8 - c6	5. 0 - 0	Ff8 - é7
3. Ff1 - b5	a7 - a6	6. Tf1 - é1	b7 - b5
		7. Fa4 - b3	*0 - 0*

Diagr. 138 — 7. ..., 0 - 0

L'idée de Marshall se résume comme suit : ayant *différé* l'avance d7 - d6 au profit du roque, les noirs se proposent d'effectuer l'avance de *deux* pas d7 - d5, quitte à sacrifier é5 en faveur de l'attaque.

 8. c2 - c3 d7 - d5 !

Dans l'optique actuelle, ce sacrifice de pion est correct et, en tout état de cause, suffisant pour annuler. D'où le danger d'autoriser ce gambit, tant il accorde de chances pratiques aux noirs.

 9. é4 × d5

9. d3 serait trop passif ; les noirs auraient gagné un temps par rapport à la variante : 7. ..., d6.

 9.   Cf6 × d5
 10. Cf3 × é5 Cc6 × é5
 11. Té1 × é5 c7 - c6
 12. d2 - d4 Fé7 - d6
 13. Té5 - é1 Dd8 - h4

Les noirs ont ainsi une forte initiative sur l'aile roi.

Les mesures anti-Marshall

Pour des raisons à la fois pratiques et théoriques, les blancs ont intérêt à éviter le gambit Marshall. Pour cela, ils disposent, à partir du diagramme, de la méthode préventive suivante :

 8. *a2 - a4* !

Celle-ci exploite la fermeture provisoire de la diagonale c8 - h3 et menace 9. a × b5 avec gain d'un pion.

 8.   Fc8 - b7 !

Les autres parades sont moins bonnes :

 a) 8. ..., b4 ; 9. d4 !, d6 ; 10. h3 !

 b) 8. ..., Tb8 ; 9. a × b5 !, a × b5 ; 10. d4 ! et 10. ..., d6 ? ne convient plus à cause de 11. d5 : les blancs gagnent un pion.

 9. d2 - d3 !

Consolide é4 et ouvre la diagonale du fou dame.

9. c3 serait faible à cause de 9. ..., d5 !

De même, la sortie 9. Cc3 serait inefficace, à cause de 9. ..., Cd4 ! (Botvinnik).

 9.   d7 - d6

L'essai 9. ..., d5 ? présenterait des inconvénients après 10. a × b5 !, a × b5 ; 11. T × a8, F × a8 ; 12. Cc3 ! etc. Les blancs tiennent à présent une position solide et prépareront, tôt ou tard, l'avance c3 suivie de d4, etc.

La variante de Steenwijk

 1. é2 - é4 é7 - é5
 2. Cg1 - f3 Cb8 - c6
 3. Ff1 - b5 a7 - a6
 4. Fb5 - a4 Cg8 - f6
 5. 0 - 0 Ff8 - é7
 6. *Fa4 × c6*

Il s'agit d'une autre forme différée (de *deux* coups) de la variante d'échange et qui oblige les blancs à choisir le traitement « fermé », sous peine de laisser l'initiative aux noirs.

 6.   d7 × c6 !
 7. d2 - d3 !

L'avance 7. d4 ? autorise 7. ..., C × é4, et le jeu s'ouvre en fa-

Diagr. 139 — 6. Fa4 × c6

Diagr. 140 — 5. Fa4 × c6

veur des noirs, qui possèdent les *deux* fous.

La protection 7. Cc3 invite au clouage 7. ..., Fg4 ! 8. h3, Fh5 ! et les noirs ont les meilleurs atouts (Keres).

7.   Cf6 - d7 !

Le clouage 7. ..., Fg4 est moins recommandable. Par exemple, 8. h3 !, Fh5 ? ; 9. g4 ! ou 8. h3 !, F × f3 ; 9. D × f3, au profit des blancs. Après le repli du cavalier, les noirs obtiennent un jeu tout à fait satisfaisant.

Notons que ces deux formes différées de la variante d'échange ne jouissent d'aucune popularité parmi les maîtres actuels.

La variante de Bayreuth

1.	é2 - é4	é7 - é5
2.	Cg1 - f3	Cb8 - c6
3.	Ff1 - b5	a7 - a6
4.	Fb5 - a4	Cg8 - f6
5.	*Fa4 × c6*	

Cette variante d'échange différée (d'un coup) se fonde sur l'idée que la sortie Cf6 empêche les noirs de soutenir é5 par f7 - f6, protection tellement recommandable dans la variante d'échange proprement dite. Mais cette considération nous semble académi-

que, car, pour cela, les blancs ont dû sacrifier un temps !

5.   d7 × c6
6. Cb1 - c3

ou 6. d3, Fd6 !, ou encore 6. Dé2, c5 !

Les noirs ont une position satisfaisante.

La défense Steinitz différée

1.	é2 - é4	é7 - é5
2.	Cg1 - f3	Cb8 - c6
3.	Ff1 - b5	a7 - a6
4.	Fb5 - a4	*d7 - d6*

Diagr. 141 — 4. ..., d7 - d6

A la différence de la défense Steinitz proprement dite, où les noirs ne peuvent se maintenir sur é5, le coup intermédiaire 3. ..., a6 permet à présent d'atteindre cet objectif, grâce à la possibilité b7 - b5, qui refoule le fou. C'est dire que cette défense offre aux noirs infiniment plus de chances d'obtenir un contre-jeu ou, à tout le moins, une position satisfaisante. La pratique le confirme d'ailleurs : les joueurs modernes demeurent fidèles à la défense Steinitz différée. A partir du diagramme, les blancs disposent de plusieurs continuations, dont les plus usuelles sont : 5. F × c6 + , 5. c3 et 5. 0 - 0. On se bornera à la première, qui réduit les complications et, du même coup, abrège la mémorisation de nombreuses variantes théoriques.

La variante Alapin

5.   *Fa4 × c6 +*

Par cet échange, les blancs abandonnent la paire de fous pour agir au centre.

| 5. | b7 × c6 |
| 6. d2 - d4 | f7 - f6 ! |

Cette avance permet aux noirs de se *maintenir* sur é5 (Alapin). Dans l'optique actuelle, elle est préférable à l'abandon du centre par 6. ..., é × d4, qui conduit aux variantes de la défense Steinitz.

7.   c2 - c4

Une trouvaille de l'école soviétique, introduite après la deuxième guerre mondiale. Par cette avance de flanc, les blancs se proposent d'attaquer le complexe du pion doublé et de fixer, si possible, le pion c6.

7.   Cg8 - é7 !

Le regroupement 7. ..., g6 ; 8. Cc3, Ch6, jadis très à la mode, n'est pas à conseiller, à cause de 9. d × é5 ! f × é5 ; 10. Fg5 ! Dd7 ; 11. Ff6 ! Fg7 ? ; 12. C × é5 avec gain d'un pion.

8. Cb1 - c3	Cé7 - g6
9. Fc1 - é3	Ff8 - é7
10. c4 - c5 !	

Réalise le plan initial des blancs et donne lieu à une intéressante lutte stratégique au centre. Les possibilités sont riches, de part et d'autre.

3

Les jeux semi-ouverts

Nous avons étudié, dans le chapitre précédent, les parties « ouvertes », caractérisées par la réponse symétrique 1. ..., é5.

Mais d'autres options s'offrent aux noirs :

1. ..., é7 - é6 (partie française) ;

1. ..., c7 - c6 (Caro-Kann) ;

1. ..., Cg8 - f6 (défense Alekhine) ;

1. ..., d7 - d5 (défense scandinave) ;

1. ..., c7 - c5 (défense sicilienne) ;

1. ..., d7 - d6 (défense Pirc).

Résumons-en les principales caractéristiques :

a) D'emblée, les noirs impriment un caractère asymétrique à la position : en général, ils évitent ainsi les constructions statiques et ternes et, partant, un nivellement précoce.

b) Aucune de ces défenses, dites semi-ouvertes, ne néglige la bataille pour le centre (occupation, contrôle ou les deux réunis).

En effet, à l'ambition des blancs d'occuper le centre par é4 et d4, les noirs sont à même de réagir d'une manière efficace. Ou bien é4 sera soumis à une pression, l'obligeant à une déclaration au centre ; ou bien d4 subira l'attaque de flanc par c5.

c) La disparition de la faiblesse du point f7 est une autre conséquence du choix de ce genre d'ouverture. Elle provient du fait que le pion roi des noirs n'a pas perdu la faculté de s'interposer sur la diagonale a2 - f7 ! On pourrait comparer leur construction de départ à un ressort tendu dont la détente ne peut se produire qu'à long terme.

d) En dernière analyse, les débuts semi-ouverts obéissent à un souci d'économie intellectuelle : ce sont les noirs qui imposent leur défense, et on les suppose à la hauteur ! De la sorte, ils devront redouter moins d'attaques surprises ou de variantes inédites.

La partie française

1. é2 - é4   é7 - é6
Caractérise la partie française,

de plus en plus à la mode parmi l'élite des échecs depuis la fin du

XIXe siècle. Les noirs s'apprêtent
à poser une question au pion é4
par la poussée d5.

2.   d2 - d4

Réaction plausible en vue d'occuper le centre. 2. Fc4 serait un
coup très faible : le fou roi n'a
aucun « avenir » sur la diagonale
c4 - f7, bouchée par le pion é6,
sans compter que les noirs réali-
seraient leur plan avec gain de
temps : 2. ..., d5 !

2.   d7 - d5

Le point de départ de la partie
française : les noirs questionnent
le pion roi. Les blancs peuvent
répondre de trois manières :

1) par l'échange, lequel stabilise le centre et crée une position neutre et stérile ; elle conduit fréquemment à la nullité ;

2) par l'avance du pion roi,
dont Nimzovitch a été l'un des grands
promoteurs. Elle pose des problèmes stratégiques et tactiques
d'une réelle valeur formative.
Mais, de nos jours, elle est rarement adoptée dans les grands tour-

Diagr. 142 — 2. ..., d7 - d5

nois, parce que les noirs égalisent
trop aisément.

3) par la protection du pion
roi au moyen d'une pièce mineure.

La méthode la plus courante
et sans doute celle qui engage le
moins les blancs, tout en leur
conservant de bonnes chances de
saisir l'initiative.

Nous allons examiner ces trois
variantes.

La variante d'échange

1.	é2 - é4	é7 - é6
2.	d2 - d4	d7 - d5
3.	é4 × d5	é6 × d5

Diagr. 143 — 3. ..., é6 × d5

La position est symétrique et le
centre est stabilisé. L'expérience
confirme que les noirs peuvent
maintenir la symétrie sans dommage, au cas où ils n'ont d'autres ambitions que de conserver
l'équilibre. Pourtant, on connaît
de nombreux exemples où les noirs
ont pris l'avantage par une mobilisation destinée à rompre la symétrie. C'est dire que la ligne de
conduite réclame, de part et d'autre, le respect de certaines finesses.

4.   Ff1 - d3   Cb8 - c6
5.   Cg1 - é2 !

Plus efficace que 5. Cf3, sortie qui autorise, tôt ou tard, le
clouage par Fg4 et, partant, impose la protection de d4 par

l'avance passive c3 ; et voilà le cavalier dame privé de sa meilleure case de sortie.

5.	Ff8 - d6

6.	Cb1 - c3 !	Cg8 - é7 !

Chaque camp peut envoyer son fou dame en f4 (f5). Les jeux sont égaux.

La variante d'avance

1.	é2 - é4	é7 - é6
2.	d2 - d4	d7 - d5
3.	é4 - é5	

Diagr. 144 — 3. é4 - é5

Introduite en pratique par L. Paulsen, cette avance a été perfectionnée par Nimzovitch. Elle ferme le centre (le jeu se déplace sur les ailes) et prive le cavalier roi de sa sortie naturelle f6. En revanche, par ce mouvement de pion, les blancs retardent la mobilisation d'une pièce. L'expérience montre que les avantages et les inconvénients s'équilibrent : la sévère critique de Tarrasch et d'autres théoriciens n'a pas prévalu.

3.	c7 - c5 !

Cette riposte naturelle se conforme à la théorie de Nimzovitch sur les chaînes de pions : les pions d4 - é5 constituent une chaîne dont la base est d4 et la pointe, é5. Pour la briser, Nimzovitch recommande de saper d'abord la base et de remettre l'attaque de la pointe à plus tard. La raison de ce choix se fonde sur les considérations suivantes :

1) L'attaque de la base par l'avance latérale n'exige aucun engagement de la part des noirs. En questionnant le pion d4, les noirs augmentent leur liberté de manœuvre sans rien concéder, tandis que les blancs doivent songer à protéger leur base.

2) L'attaque de la pointe (3. ..., f6), au contraire, implique généralement une double concession : l'affaiblissement de é6 (privé de son protecteur naturel f7) et la perte du contrôle de é5 après un échange sur cette importante case centrale, à moins que les blancs ne soient obligés de *reprendre du pion*.

Cette reprise du pion sur é5 peut être conforme aux exigences de la position, quand ce n'est pas pour d'autres motifs : il est possible, par exemple, qu'aucune pièce ne soit disponible pour reprendre sur é5.

En outre, l'attaque de la pointe 3. ..., f6 ? amène des difficultés d'ordre tactique. Les blancs continuent par 4. Fd3 ! menaçant Dh5 + !

4.	c2 - c3

Protection classique de la base.

L'idée de Steinitz de se débarrasser de la pression exercée sur d4 par l'échange 4. d × c5, n'est plus retenue de nos jours. Après 4. ..., Cc6 ! les noirs se développent aisément et peuvent concentrer leurs efforts sur le pion faible é5.

En revanche, l'idée de Nimzovitch de continuer par 4. Cf3 ou 4. Dg4, quitte à sacrifier provisoirement d4, offre d'intéressantes possibilités pratiques.

    4.   Cb8 - c6

Mobilise une pièce et intensifie la pression sur d4.

    5.   Cg1 - f3 !

Insistons sur l'infériorité de l'avance 5. f4 ? qui bloque le fou dame.

    5.   Dd8 - b6 !

Renforce encore la pression sur d4 et observe b2, paralysant ainsi le fou dame.

5. ..., c × d4 ? serait prématuré parce que, après 6. c × d4, le cavalier dame retrouve sa case naturelle de développement c3. Trop ambitieuse aussi serait l'attaque de la pointe de la chaîne par 5. ..., f6 ? Il suit 6. Fb5 !, Fd7 ; 7. 0 - 0. C × é5 ; 8. C × é5 !, avec les deux possibilités suivantes :

A) 8. ..., F × b5 ? ; 9. Dh5 + et gagne.

B) 8. ..., f × é5 ; 9. Dh5 +, et les blancs progressent.

    6.   Ff1 - é2

Le coup 6. Fd3 est inférieur, car il s'interpose à un défenseur de d4 ; il coûtera ainsi un temps aux blancs.

Un plan intéressant serait l'avance 6. a3, qui prépare une question au pion c5 par l'avance b4. Pour s'y opposer, les noirs disposent d'une excellente parade introduite par Petrossian : 6. ..., c4 !

    6.   c5 × d4 !

Echange des plus opportuns parce qu'il répond à une ordonnance précise. Tout retard dans cette manœuvre exposerait les noirs à l'échange 7. d × c5 !, et les blancs auraient l'initiative sur l'aile dame, grâce à la possibilité b4, tandis qu'au coup précédent

elle eût libéré prématurément la case c3 en faveur du C dame.

    7.   c3 × d4   Cg8 - h6 !

Vise la case f5 (pression accrue sur d4), tout en conservant le contrôle de la diagonale a3 - f8 : les blancs ne peuvent continuer par la manœuvre 8. Ca3 ; 9. Cc2 avec consolidation de d4.

Pour des raisons tactiques, les noirs n'ont rien à craindre de 8. F × h6 ?, D × b2 ! ; 9. Cbd2, g × h6 ; 10. 0 - 0, C × d4 : les blancs n'ont pas de compensation suffisante au double sacrifice de pion.

    8.   Cb1 - c3

La sortie 8. Ca3 ? est inférieure, à cause de F × a3 ! Prématuré serait 8. 0 - 0 ? à cause de Cf5.

8.	Ch6 - f5
9. Cc3 - a4 !	Db6 - a5 !
10. Fc1 - d2	Ff8 - b4
11. Fd2 - c3	Fb4 × c3 +
12. Ca4 × c3	Da5 - b6

Les jeux sont égaux.

La variante de protection 3. Cb1 - c3

1. é2 - é4	é7 - é6
2. d2 - d4	d7 - d5
3. Cb1 - c3	

La méthode la plus courante : les blancs protègent le pion central par le cavalier ; ils mobilisent ainsi une pièce sans relâcher la tension au centre. Les noirs peuvent réagir de diverses façons :

a) éliminer la tension par un échange au centre (Rubinstein) ;

b) accentuer la pression sur é4 en posant une nouvelle question au pion R : 3. ..., Cf6 (Burn) ;

c) lever la protection de é4 par le clouage 3. ..., Fb4, ce qui pose, par voie indirecte, une nouvelle question au pion roi (Nimzovitch).

La variante Rubinstein

3. **d5 × é4**

L'abandon de la tension au centre accorde l'initiative aux blancs, mais les noirs conservent une position des plus solides. En outre, cette méthode évite aux noirs de nombreuses variantes compliquées et les dispense, par conséquent, de connaissances théoriques trop vastes.

4. **Cc3 × é4**

Diagr. 145 — 4. Cc3 × é4

4. **Cb8 - d7 !**

La sortie immédiate du cavalier roi est prématurée. Après 4. ..., Cf6 ?, les blancs continuent le mieux par 5. C × f6 + ! Les noirs ont alors le choix entre deux maux :

a) 5. ..., D × f6 ; 6. Cf3, avec la menace 7. Fg5 suivi de Fd3 ;

b) 5. ..., g × f6 ; et le complexe du pion doublé est plutôt un handicap.

5. **Cg1 - f3** **Cg8 - f6**

6. **Cé4 × f6 + !**

La continuation la plus courante, invariablement adoptée par Tahl. L'échange évite toute perte de temps et prévient d'autres échanges (que favorise le clouage 6. Fg5).

6. **Cd7 × f6**

7. **Ff1 - d3**

Le clouage 7. Fg5 est également jouable. Le coup du texte permet d'éviter l'échange des dames (après 7. ..., c5).

7. **b7 - b6**

Après 7. ..., c5 ; 8. d × c5 ! F × c5 ; 9. Fg5, Fé7 ; 10. Dé2, 0 - 0 ; 11. 0 - 0 - 0 ! les blancs obtiennent une construction très avantageuse.

8. **Dd1 - é2**

Prépare le grand roque. Prématuré serait 8. Cé5, bien que sa neutralisation réclame des noirs un jeu très précis. Voici quelques exemples :

a) 8. Cé5, 0 - 0 ? ; 9. Cc6, Dd6 ; 10. Df3 ! avec avantage aux blancs (Tarrasch-Mieses, 1916).

b) 8. Cé5, Fb7 ! ; 9. Fb5 +, c6 ! 10. C × c6 !, Dd5 ; 11. c4, D × g2 ; 12. Cé5 +, Rd8 ; 13. Tf1, Fb4 + ; 14. Fd2, F × d2 + ; 15. R × d2, Ré7 ! avec une position satisfaisante pour les noirs.

8. **Fc8 - b7**

9. **Fc1 - g5** **Ff8 - é7**

10. **0 - 0 - 0**

La construction la plus entreprenante. Autre ligne de mobilisation : 10. Td1, suivi du *petit* roque.

10. **0 - 0**

Les blancs ont l'initiative, mais la construction noire ne souffre d'aucune faiblesse.

La variante Burn

1.	é2 - é4	é7 - é6
2.	d2 - d4	d7 - d5
3.	Cb1 - c3	Cg8 - f6

Se propose de maintenir la tension et invite les blancs à une initiative au centre. L'idée est excellente en soi, bien qu'elle puisse entraîner les plus grandes complications.

4. Fc1 - g5

A leur tour, les blancs maintiennent la tension en neutralisant un agresseur du pion roi. Un coup incolore serait l'échange 4. é×d5, avec des variantes analogues à la variante d'échange.

De même, sans prétention serait 4. Fd3, c5 ! ; 5. Cf3, c×d4 ; 6. C×d4, Cc6 ; 7. Fb5, Fd7 ; et les noirs égalisent aisément.

En revanche, l'idée de Steinitz : 4. é5, jouit d'un regain d'intérêt et semble même réhabilitée. Nous l'examinerons plus loin.

4.   d5 × é4

Supprime la tension au centre et élimine toutes les complications que peut engendrer le déclouage par 4. ..., Fé7 ou le contre-clouage 4. ..., Fb4. Ainsi que l'observe le docteur Euwe, l'échange du texte constitue, en quelque sorte, une variante Rubinstein *différée*.

5. Cc3 × é4

La plus forte réponse. Après l'échange intermédiaire 5. F ×f6, g ×f6 ! ; 6. C ×é4, f5 ; 7. Cc3 ! Fg7 ! ; 8. Cf3, c5 ; les noirs obtiennent un excellent contre-jeu grâce aux *deux* fous.

5.   Ff8 - é7

Découle le cavalier et pose une question au Cé4.

6. Fg5 × f6

Passe pour la meilleure riposte. Ni 6. C ×f6+, ni 6. Cc3 (Tar-

Diagr. 145bis — 4. ..., d5 × é4

rasch) n'ont finalement donné satisfaction, et ne parlons pas de la retraite 6. Cg3 ?

6.   g7 × f6

La reprise la plus dynamique, mais aussi la plus risquée. Toutefois, 6. ..., F ×f6 ; 7. Cf3, Cbd7 ; 8. Dd2 ! (Tartakover) accorde un avantage durable aux blancs.

7. Cg1 - f3

Une continuation plausible et saine.

7.   f6 - f5

Pour gagner du terrain et ouvrir la grande diagonale au fou roi.

8. Cé4 - c3

La retraite indiquée. Après 8. Cg3 ?, c5 ! la pression sur d4 gène les blancs.

8.   Fé7 - f6

A présent, l'avance de flanc 8. ..., c5 serait contrée par 7. Fb5.

9. Dd1 - d2   c7 - c5 !

Cette avance latérale, introduite par Botvinnik, affermit la défense des noirs.

10. 0 - 0 - 0

Les blancs n'ont qu'un avantage minime.

La variante Steinitz

1. é2 - é4	é7 - é6
2. d2 - d4	d7 - d5
3. Cb1 - c3	Cg8 - f6
4. é4 - é5	

Diagr. 146 — 4. é4 - é5

En comparaison de 3. é5, l'avance du pion roi se double à présent d'un gain de temps. Mais cet avantage se trouve quelque peu altéré par la sortie du cavalier dame, lequel empêche le pion « c » de défendre la base de la chaîne (d4). Introduit par Steinitz, le coup du texte a été à l'honneur avant la première guerre mondiale ; il a connu ensuite une période de déclin. Depuis 1960, cette avance connaît un regain d'intérêt grâce à quelques améliorations, apportées par les Soviétiques, au jeu des blancs.

4.	Cf6 - d7
5. f2 - f4	

Protège é5 pour être en mesure de stopper l'attaque de flanc c5 soit par l'échange d × c5, soit en protégeant la base au moyen de figures.

5.	c7 - c5 !

Ici encore, les noirs attaquent par priorité la base de la chaîne.

6. Cg1 - f3 !	

Le traitement moderne, dû à Boleslavsky. Les blancs concentrent leurs pièces sur d4, au lieu de procéder à l'échange 6. d × c5, — jadis à la mode, — qui favorise la mobilisation des pièces adverses.

6.	Cb8 - c6
7. Fc1 - é3	c5 × d4

La sortie ambitieuse 7. ..., Db6, visant à accroître encore la pression sur d4, s'est révélée trop risquée, il suit 8. Ca4 !, Da5 + ; 9. c3, c × d4 ; 10. b4 ! avec avantage aux blancs.

8. Cf3 × d4	Ff8 - c5

La méthode la plus efficace pour contrecarrer les projets des blancs.

9. Dd1 - d2 !	

Ce coup, introduit par Tahl, est supérieur à 9. Fb5 ; il a été préconisé par Boleslavsky.

10.		Cc6 × d4
10	Fé3 × d4	Fc5 × d4
11.	Dd2 × d4	Dd8 - b6
12.	Cc3 - b5 !	Db6 × d4
13.	Cb5 × d4	

La finale est plutôt favorable aux blancs (Tahl-Stahlberg, 1961).

La variante Nimzovitch

1. é2 - é4	é7 - é6
2. d2 - d4	d7 - d5
3. Cb1 - c3	Ff8 - b4

Ce clouage du cavalier dame, par lequel les noirs relancent l'attaque sur le pion roi, a été vivement critiqué par Tarrasch, mais réhabilité par Nimzovitch. De nos jours, il constitue la variante la plus populaire, mais aussi la

Diagr. 147 — 3. ..., Ff8 - b4

plus compliquée, de la partie française. A la lumière des connaissances actuelles, la variante Nimzovitch semble s'adapter à merveille aux échecs de combat. Bien entendu, seul un joueur de classe, qui en connaît fort bien les multiples ramifications, s'y risquera avec des chances de succès. Nous ne pouvons entrer dans les détails de cette variante : la matière est trop vaste.

    4.   é4 - é5

La seule riposte susceptible d'arracher l'initiative : tel est le verdict d'une longue expérience de tournoi. Par ailleurs, les blancs ne doivent pas craindre les complications pour atteindre ce but — non plus que les noirs lorsqu'ils adoptent le clouage 3. ..., Fb4.

    4.   c7 - c5 !

La réaction courante et sans doute la meilleure. Il n'empêche que les noirs peuvent reporter cette avance latérale au profit de 4. ..., Cé7.

En revanche, l'attaque de la pointe par 4. ..., f6, et l'avance 4. ..., f5, sont à déconseiller. Après 4. ..., f6 ; 5. Cf3, c5, les noirs doivent sans cesse prendre garde à l'échange é × f6, qui fera

du pion é6 la cible des blancs.

Après 4. ..., f5 ; 5. Fd2 ! les noirs renoncent définitivement à inquiéter le centre blanc.

A. 5. d4 × c5

    5.   d4 × c5

Mieux vaut accepter cet échange décentralisateur et quelque peu « antipositionnel » : il dynamise la position et crée des possibilités d'attaque, à condition que les blancs ne rechignent pas à sacrifier un pion.

    5.   Cg8 - é7

Prématuré serait 5. ..., d4 ? ; 6. a3 !, Fa5 ; 7. b4, d × c3 ; 8. Dg4 ! ou 7. ..., Fc7 ; 8. Cb5, F × é5 ; 9. Cf3 !

6. Cg1 - f3	Cb8 - c6
7. Ff1 - d3	d5 - d4
8. a2 - a3	Fb4 - a5
9. b2 - b4	Cc6 × b4
10. a3 × b4	Fa5 × b4
11. 0 - 0 !	

Suggéré par Keres. Il est acquis que 11. Fb5 +, Fd7 ! est favorable aux noirs.

11.	Fb4 × c3
12. Ta1 - b1	avec de bonnes

compensations au sacrifice de pion.

B. 5. Fc1 - d2

    5.   Fc1 - d2

Une continuation solide et qui évite les complications. Dans l'optique actuelle, les blancs ont peu d'espoir de saisir l'initiative.

    5.   Cg8 - é7

L'échange 5. ..., c × d4 ? est prématuré à cause de 6. Cb5 !, et les blancs ont l'avantage.

    6.   Cc3 - b5

Force l'échange des fous *sur cases noires* pour en prendre le contrôle.

6.	Fb4 × d2
7. Dd1 × d2	0 - 0
8. c2 - c3	Cé7 - f5 !

La position est en équilibre.

C. 5. a2 - a3

5. a2 - a3

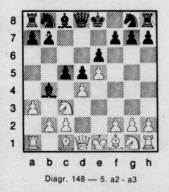

Diagr. 148 — 5. a2 - a3

Introduite par l'école soviétique, cette question immédiate au fou roi est considérée, à l'heure actuelle, comme la continuation la plus prometteuse. Elle dynamise à ce point la position que la théorie lui consacre d'interminables analyses, pour serrer de près les complications qu'elle engendre.

5.   Fb4 × c3 +

La réplique courante et, sans doute, la meilleure.

6. b2 × c3   Cg8 - é7

La meilleure défense contre la menace Dg4, depuis que l'expérience a montré l'insuffisance de 6. ..., Dc7 ; 7. Dg4, *f5* ; 8. Dg3 ou, encore, de 6. ..., Dc7 ; 7. Dg4, *f6* ; 8. Cf3, Cc6 ; 9. Dg3 ! etc.

7. Cg1 - f3

Moins dynamique, certes, que 7. Dg4 ou 7. a4, le coup du texte a l'avantage de freiner les complications et de favoriser le développement.

7.   Dd8 - a5

8. Fc1 - d2

Protège c3 et menace 9. c4 : les noirs n'ont pas le temps de bloquer le pion « a » par Da4.

Une autre idée excellente consiste à protéger c3 par 8. Dd2, suivi de 9. a4 et 10. Fa3. Une seule arme contre ce plan : 8. ..., Da4.

8.   c5 - c4

A présent, 8. ..., Da4 permettrait 9. d × c5. Le blocus du centre déplace le jeu sur les ailes.

9. a3 - a4

Ouvre la diagonale a3 - f8 au fou dame, encore que 9. Cg5 ou 9. g3 soient également à retenir. La position offre des chances aux deux camps, difficiles à évaluer.

La variante Marshall

1. é2 - é4   é7 - é6
2. d2 - d4   d7 - d5
3. Cb1 - c3 *c7 - c5*

De nos jours, cette variante n'a plus qu'une valeur académique. Elle aide cependant à comprendre la variante Tarrasch qui va suivre.

4. é4 × d5   é6 × d5
5. d4 × c5 !

La plus forte continuation, pour ne pas dire là réfutation de l'avance latérale 3. ..., c5 ?

L'échange exploite l'excellente position du cavalier dame pour attaquer d5. Les noirs ne disposeraient d'aucune parade satisfaisante, même s'ils consentaient un sacrifice de pion. Mais combien d'années d'expérience a-t-il fallu pour découvrir cette réfutation ?

5.   d5 - d4

Riposte plausible et doublée d'une contre-attaque.

L'autre possibilité 5. ..., Cf6 autorise les blancs à protéger c5

Diagr. 149 — 3. ..., c7 - c5

par 6. Fé3 !, Fé7 ; 7. Cf3, 0 - 0 ;
8. Fé2 ! à leur avantage.

    6.   Ff1 - b5 + !

La réfutation moderne du coup
précédent. Elle est encore plus
forte que 6. Ca4 ou 6. Cé4.

    6.   Cb8 - c6

Toute autre parade à l'échec
est perdante. Après 6. ..., Cd7 ?
ou 6. ..., Fd7 ?, les blancs poursuivent par 7. D×d4 ! tandis que
6. ..., Ré7 ? serait contré par 7.
Fg5 +, f6 ; 8. Dé2 + !, etc.

    7.   Fb5×c6 + !

Encore un problème de timing :
choisir le moment propice pour
cet échange, lequel prépare une
attaque concentrée sur d4 au
détriment de la défense de c5. Ce
plan moderne va à l'encontre de
la méthode ancienne qui, elle,
s'accrochait sans succès à la protection de c5.

    7.   b7×c6

    8.   Cc3 - é2 !

Attaque d4 et néglige la défense de c5.

    8.   Ff8×c5

    9.   Cg1 - f3   Dd8 - a5 +

La seule diversion utile pour
échapper à la perte de d4. Insuffisant serait 9. ..., Fg4 ? ; 10.
Cf3×d4 ! ou 9. ..., Dd5 ? ; 10.
0 - 0, Fg4 ; 11. Cf3×d4 !, F×d4 ;
12. D×d4, F×é2 ; 13. D×d5,
c×d5 ; 14. Té1 !, etc.

    10.   Fc1 - d2   Da5 - b6

    11.   0 - 0 !

Active la mobilisation et menace b4 ! Pour s'y opposer, les
noirs doivent perdre un autre
temps.

    11.   a7 - a5 ou
11. ..., D×b2 ; 12. Té1, Cé7 ;
13. Cé2×d4 !, F×d4 ; 14. C×d4,
D×d4 ? ; 15. T×é7 + ! et gagne.
ou 11. ..., Fa6 ; 12. b4 !, F×é2 ;
13. D×é2 +, Fé7 ; 14. Dc4, etc.

    12.   Tf1 - é1   Fc8 - é6

    13.   Cé2 - f4 et les blancs ont
un avantage évident.

La variante Tarrasch

    1.   é2 - é4   é7 - é6
    2.   d2 - d4   d7 - d5
    3.   Cb1 - d2

Introduite par Tarrasch et reprise, entre les deux guerres, par
Keres, cette sortie du cavalier
dame jouit d'une grande popularité depuis la deuxième guerre
mondiale.

Notons à son crédit que le
coup du texte empêche le clouage
3. ..., Fb4 et, partant, *élimine
toutes les complications* inhérentes à la variante Nimzovitch. En
revanche, cette sortie du cavalier
bouche la diagonale du fou dame,
du moins provisoirement, et renonce à toute pression sur d5.
C'est cette dernière caractéristique
que les noirs peuvent mettre à
profit pour combattre le mieux
la variante Tarrasch.

    3.   c7 - c5 !

Cette réaction de flanc constitue probablement la meilleure méthode pour exploiter les lacunes

Diagr. 150 — Cb1 - d2

du coup précédent. Bien sûr, les noirs pourraient fort bien accepter l'échange 3. ..., d × é4 ; 4. C × é4 et transposer dans la variante Rubinstein. Mais la théorie ne recommande pas cette idée, parce qu'elle lève trop facilement le blocus du fou dame.

Plus risqué est 3. ..., Cf6 ; 4. é5 ! comme la pratique le confirme amplement.

    4.   é4 × d5 !

A. 4. ..., Dd8 × d5

    4.   *Dd8 × d5*

Par cette reprise, les noirs échap-

Diagr. 151 — 4. ..., Dd8×d5

pent à l'isolement du pion « d ».

    5.   Cg1 - f3 !

Sacrifie provisoirement d4 au profit d'une mobilisation accélérée.

    5.   c5 × d4
    6.   Ff1 - c4   Dd5 - d6

Cette retraite, due à Eliskases, a le mérite de conserver le contrôle de la case é5 et la protection du pion dame. En revanche, la dame occupe une position plus vulnérable qu'après la retraite 6. ..., Dd8, qui abandonne le contrôle de é5.

    7.   0 - 0   Cg8 - f6
    8.   Cd2 - b3   Cb8 - c6
    9.   Tf1 - é1 !

Avant de liquider sur d4, les blancs améliorent encore leur développement.

Un autre plan de récupération du pion dame, très efficace après la retraite 6. ..., Dd8, serait moins indiqué ici, vu la possibilité qu'ont les noirs de se servir de l'avance é5. Par exemple, 9. Dé2 ?, Fé7 ; 10. Td1, é5 ! ; 11. Fb5, Fg4 ; 12. Ca5, 0 - 0 ; 13. C × b7, Dc7 avec avantage aux noirs (Médina-Eliskases, 1953).

    9.   a7 - a6
  10.   a2 - a4   Ff8 - é7
  11.   Cf3 × d4   Cc6 × d4
  12.   Dd1 × d4   Fc8 - d7
  13.   Fc1 - f4   Dd6 × d4
  14.   Cb3 × d4 et les blancs, ont l'initiative grâce à leur avantage de terrain.

B. 4. ..., é6 × d5

    4.   *é6 × d5*

Accepte l'isolement du pion dame au bénéfice d'une mobilisation sans entrave, si bien que les qualités et les faiblesses de cette reprise s'équilibrent.

    5.   Cg1 - f3   Cb8 - c6
    6.   Ff1 - b5   Ff8 - d6
    7.   0 - 0   Cg8 - é7

Diagr. 152 — 4. ..., é6×d5

8. d4 × c5   Fd6 × c5
9. Cd2 - b3   Fc5 - d6 !

Egalise les jeux. L'autre retraite : 9. ..., Fb6, au contraire, expose les noirs à 10. Fé3 (Botvinnik), et les blancs prennent l'initiative. Par exemple : 10. ..., F × é3 ; 11. F × c6, b × c6 — ou 11. ..., C × c6 ; 12. Tél ! — 12. f × é3, 0 - 0 ; 13. Dd2 !, Db6 ; 14. Dc3 et les blancs entreprennent l'exploitation des cases faibles c5 et d4.

La défense Caro-Kann

1. é2 - é4   c7 - c6

Diagr. 153 — 1. ..., c7 - c6

Une modeste poussée de pion qui néglige apparemment le centre : voilà le point de départ de la défense Caro-Kann, très à la mode de nos jours, mais qui n'a été reçue par la théorie que dans les dernières années du XIXe siècle.

L'avance 1. ..., c6 prépare la poussée d5 en vue de questionner le pion roi. Par la même occasion, les noirs ouvrent la diagonale du fou dame. Dans l'ensemble, il s'agit d'une défense ultra-solide, encore que dynamique — si elle est bien menée — et dont la théorie est infiniment moins vaste et moins compliquée que celle de la partie française. Les plus grands joueurs : Botvinnik, Smyslov, Bronstein, Petrossian, Flohr, Keres etc., ont contribué à son rayonnement depuis la deuxième guerre mondiale, tandis qu'on doit à Nimzovitch et à Tartakover d'avoir, les premiers, attiré l'attention sur cette importante ouverture.

2. d2 - d4   d7 - d5

La variante d'échange

3. é4 × d5   c6 × d5

Contrairement à la partie française, la variante d'échange de la défense Caro-Kann est moins terne et conduit moins facilement à la nullité. C'est que le squelette de pion n'est plus symétrique : les blancs disposent de la colonne semi-ouverte « é », et les noirs, de la colonne semi-ouverte « c ». Aussi les chances des blancs se situent-elles sur l'aile roi, celles des noirs sur l'aile dame.

Diagr. 154 — 3. ..., c6 × d5

Signalons, enfin, une autre propriété de l'échange au centre : il peut, au gré des blancs, déboucher sur la variante Panov, dont le moins qu'on puisse dire est qu'elle vise un avantage de début.

4. Ff1 - d3

s'oppose à Ff5.

4.   Cb8 - c6

5. c2 - c3

Protège d4. L'autre protection : 5. Cf3, autorise le clouage Fg4 et facilite le jeu des noirs.

5.   Cg8 - f6

Menace de mettre le fou dame en jeu par 6. ..., Fg4.

6. Fc1 - f4

L'encerclement à longue distance par 6. h3 a le mérite de prévenir 6. ..., Fg4, mais il a l'inconvénient d'abandonner le contrôle de é5 et d'autoriser la poussée libératrice é5 (le coup du texte s'y oppose).

6.   g7 - g6

La continuation la plus dynamique. Les noirs préparent Ff5 afin de forcer l'échange des fous sur cases blanches, manœuvre très importante pour les noirs dans cette variante. Une suite plus statique serait 6. ..., Fg4 ; 7. Cé2, etc.

7. h2 - h3   Fc8 - f5

La position est en équilibre, avec des chances égales. Après 8. F × f5, g × f5, les lignes ouvertes du côté noir compensent le pion doublé.

La variante Panov

1. é2 - é4	c7 - c6
2. d2 - d4	d7 - d5
3. é4 × d5	c6 × d5
4. c2 - c4	

Cette avance latérale caractérise l'attaque Panov et présente une grande analogie avec le gambit de la dame. Ici, comme là, les blancs amorcent une pression sur d5 — les noirs se refusent à la prise sur c4 aussi longtemps que le fou roi se trouve à sa case de départ, sous peine de perdre « un temps ». Au cas où les noirs renoncent systématiquement à

Diagr. 155 — 4. c2 - c4

l'échange d × c4, l'idée principale de l'attaque Panov apparaît : *l'avance c5*, suivie d'une attaque sur l'aile dame. Les variantes résultant de d × c4 relèvent du gambit de la dame accepté et ne seront pas examinées à cette place. Nous nous bornerons aux variantes que suscite l'avance c5.

I

4.   Cg8 - f6

Active la mobilisation de l'aile roi et protège d5. La sortie 4. ..., Cc6 a l'inconvénient, après 5. c × d5 !, D × d5 ; 6. Cf3, d'exposer la dame à la menace Cc3.

5. Cb1 - c3   é7 - é6

Moins indiqué est 5. ..., Cc6, parce que, en négligeant la mobilisation de l'aile roi, les noirs favorisent les effets de l'avance c5.

6. Cg1 - f3   Ff8 - é7

La mobilisation rapide de l'aile roi des noirs est la meilleure politique à suivre si ceux-ci tolèrent l'avance qui suit :

7. c4 - c5 !

Le moment propice pour cette avance due à Panov.

7.   0 - 0

Avant de se livrer à un travail

Diagr. 156 — 7. c4 - c5 !

de sape de la chaîne d4 - c5, les noirs achèvent la mobilisation de leur aile roi.

8. Ff1 - d3

Nécessaire pour interdire Cé4. Trop lente serait l'avance 8. b4 visant à consolider anticipativement la chaîne d4 - c5. Après 8. b4 ?, Cé4 ! ; 9. Dc2, Cc6 ; 10. a3, é5 !, le jeu s'ouvre au profit des noirs, qui sont mieux développés.

Après le coup du texte, les noirs sont à même de faire sauter l'avant-poste c5.

8.   b7 - b6

A l'inverse de la variante d'avance de la partie française, les noirs se trouvent obligés d'attaquer, d'abord, la pointe de la chaîne, faute de contrôler la case é5.

9. b2 - b4

Vise le maintien de l'avant-poste, tout en établissant une nouvelle chaîne : b4 - c5, que les noirs chercheront à briser par une attaque immédiate de la base.

9.   a7 - a5 !

10. Cc3 - a4

Faute de pouvoir renforcer b4 par l'avance a3, les blancs lancent une contre-attaque sur b6.

10.   Cb8 - d7

Protège b6, gagne un certain contrôle de é5.

11. a2 - a3

A présent, les blancs semblent avoir repoussé la contre-attaque noire sur l'aile dame. Ce n'est qu'une illusion. Par un jeu énergique, dont la pointe est l'attaque de la base de la chaîne d4 - c5, les noirs parviennent à faire sauter le pion gênant en c5.

11.   a5 × b4
12. a3 × b4   b6 × c5
13. b4 × c5

Après 13. d × c5 ?, é5 !, les pions centraux valent infiniment plus que la majorité des blancs sur l'aile dame.

13.   é6 - é5 !

Force le gain de c5 au prix du pion « é ».

14. Cf3 × é5

Le coup intermédiaire 14. c6 autorise la fourchette 14. ..., é4, tandis que la prise 14. d × é5 se heurte à une combinaison : 14. ..., C × c5 ! ; 15. é × f6, C × d3 + ; 16. D × d3, Ff6, et la *double* menace : 17. ..., F × a1 et 17. ..., Dé8 +, permet aux noirs de récupérer la pièce sacrifiée.

14.   Fé7 × c5 !

Exploite le clouage du Ca4, la possibilité de l'échec intermédiaire 15. ..., Fb4 + et l'immobilité du pion central chargé d'assurer la protection du Cé5.

15. 0 - 0   Cd7 × é5
16. d4 × é5   Cf6 - é4

Le jeu est égalisé.

II

1. é2 - é4   c7 - c6
2. d2 - d4   d7 - d5
3. c4 × d5   c6 × d5
4. c2 - c4   Cg8 - f6
5. Cb1 - c3   *g7 - g6*

Cette méthode, préconisée par

Diagr. 157 — 5. ..., g7 - g6

l'ex-champion du monde Euwe, constitue, à notre avis, un excellent traitement contre l'attaque Panov. Les blancs doivent renoncer à l'avance c5 sous peine de subir une trop forte pression sur d4, à la suite du fianchetto du fou roi. En revanche, ils peuvent augmenter leur pression sur d5, que les noirs devront sacrifier, du moins provisoirement.

6. Dd1 - b3   Ff8 - g7 !
7. c4 × d5   0 - 0

Diagr. 158 — 7. ..., 0 - 0

Voilà la position critique de cette variante. Chose curieuse, elle peut également résulter de la défense scandinave et de la défense Grünfeld.

L'objectif immédiat des blancs consiste à s'accrocher à la défense de d5, soit pour conserver le pion supplémentaire, soit pour le rendre dans de bonnes conditions au profit d'un avantage positionnel. Ce plan doit aller de pair avec la mobilisation de l'aile roi, sous peine de subir une violente attaque.

Quant à l'objectif des noirs, il est axé sur la récupération de d5, pion faible parce que doublé.

Pour cela, les noirs disposent du regroupement 8. ..., Cb8 - d7, suivi de 9. ..., Cb6, et, plus tard, d'un renforcement de la pression verticale : Dd7 et Td8.

Il s'agit d'une variante dynamique dont les possibilités sont loin d'être épuisées. Petrossian et Bronstein n'ont pas hésité à s'en servir.

La variante d'avance

1.	é2 - é4	c7 - c6
2.	d2 - d4	d7 - d5
3.	é4 - é5	

Diagr. 159 — 3. é4 - é5

Par rapport à la variante d'avance de la partie française, la poussée du texte est moins efficace : les noirs sont à même de sortir leur fou dame sans encombre. On l'a longtemps considérée comme pâle et trop commode pour les noirs, mais l'école soviétique lui a rendu de l'intérêt en découvrant de nouvelles possibilités pour les blancs.

3.   Fc8 - f5

Nécessaire et logique !

La tentative d'enfermer le fou dame par 3. ..., é6 ? ou la tentative de se lancer à l'attaque de la base de la chaîne par 3. ..., c5 ? se soldent par une perte de temps ; en effet, les noirs transposent en défense française avec un temps de moins !

Après la sortie du fou dame,

les blancs disposent de plusieurs continuations, qui sont de trois sortes, selon l'objectif poursuivi :

1) Forcer l'échange des fous sur cases blanches — la méthode ancienne, qui n'offre aucune difficulté aux noirs.

2) Inquiéter le Ff5 afin de gagner du terrain sur l'aile roi.

3) Exercer une pression sur d5 par l'avance latérale c4. Examinons brièvement les trois lignes de jeu :

I

4.	Ff1 - d3	Ff5 × d3
5.	Dd1 × d3	é7 - é6
6.	Cb1 - c3	

L'avance 6. f4 enferme le fou dame et se trouve contrée par la manœuvre de Nimzovitch : 6. ..., Da5 + ! ; 7. c3, Da6 !

6.   Dd8 - b6

Reprend l'idée de Nimzovitch.

L'attaque de la base de la chaîne par c6 - c5 ne presse pas en l'occurrence.

7.   Cg1 - é2   Db6 - a6 !

Gagne le contrôle des cases blanches, sans craindre l'échange 8. D × a6, C × a6 !, avec un développement accéléré des forces noires.

8.	Cé2 - f4 !	Da6 × d3
9.	Cf4 × d3	Cb8 - d7

Les jeux sont égalisés.

II

4.	h2 - h4	

Une idée mise en pratique par Tahl. Grâce à cette curieuse avance, les blancs empêchent le coup plausible 4. ..., é6, après quoi, 5. g4 ! mène à la capture du fou.

    4.   h7 - h5 !

Empêche l'avance g4.

    5.   c2 - c4

S'oppose à l'avance c6 - c5 qui entame la base de la chaîne en créant une pression sur d5.

    5.   é7 - é6
    6.   Cb1 - c3   Cb8 - d7
    7.   c4 × d5   c6 × d5

Les jeux s'égalisent.

III

    4.   c2 - c4

Encore une idée de Tahl. Les blancs se lancent à la conquête de é4, quitte à céder la case d5.

    4.   d5 × c4

Satisfaisante aussi est la continuation solide de 4. ..., é6.

    5.   Ff1 × c4   é7 - é6
    6.   Cb1 - c3   Cb8 - d7
    7.   Cg1 - é2

Vise Cg3 d'où le cavalier contrôle é4 et appuie l'avance f4 - f5. Les chances s'équilibrent.

L'échange sur é4 et ses principales variantes

    1.   é2 - é4   c7 - c6
    2.   d2 - d4   d7 - d5
    3.   Cb1 - c3   *d5 × é4*
    4.   Cc3 × é4

A partir du diagramme, les noirs disposent de trois réponses :

a) 4. ..., Ff5 (la variante classique) ;
b) 4. ..., Cf6 ;
c) 4. ..., Cb8 - d7.

A. 4. ..., Fc8 - f5

    4.   *Fc8 - f5*

Ce coup mobilise le fou dame avec gain de temps. Mais ce n'est qu'une illusion : les blancs contre-attaquent.

Diagr. 160 — 4. Cc3 × é4

    5.   Cé4 - g3   Ff5 - g6
    6.   h2 - h4 !

Avant de forcer l'échange des fous sur cases blanches, les blancs cherchent à inquiéter le Fg6 afin de gagner du terrain sur l'aile R.

    6.   h7 - h6

La parade 6. ..., h5 ? est faible à cause de 7. Ch3 ! suivi de 8. Cf4.

    7.   Cg1 - f3

Menace 8. Cé5 !, ce qui explique la réponse :

    7.   Cb8 - d7
    8.   h4 - h5 !   Fg6 - h7
    9.   Ff1 - d3   Fh7 × d3
   10.   Dd1 × d3   Dd8 - c7 !

Interdit Ff4 et prépare le grand roque.

   11.   Fc1 - d2

Les blancs doivent se contenter de cette modeste sortie ; ils préparent à leur tour le grand roque.

   11.   é7 - é6
   12.   Dd3 - é2 !

C'est un nouveau plan introduit par Spassky au Championnat du monde 1966, face à Petrossian. Il s'agit d'un coup de développement qualitatif — les blancs jouent à deux reprises la même pièce, bien que leur mobilisation ne soit pas encore achevée — que justifie la fin suivante : gagner le contrôle de é5 afin d'y installer le cavalier roi ; son rayonnement y sera tel que les noirs devront l'échanger. Après cette liquidation, les pions é5 et h5 réservent aux blancs un avantage de terrain appréciable.

12. Cg8 - f6

L'idée de disputer aux blancs le contrôle de é5 par la sortie 12. ..., Fd6 n'atteint pas son objectif. Il suit 13. Cé4 !, Ff4 ; 14. Cé5 !, avec des complications favorables aux blancs.

13. 0 - 0 - 0   0 - 0 - 0

La sortie 13. ..., Fd6, destinée à empêcher Cé5, présentait encore des inconvénients à cause de 14. Cf5 !

14. Cf3 - é5 !   Cd7 × é5

Après 14. ..., Cb6 ; 15. Fa5 !, c5 ; 16. c4 !, c × d4 ; 17. Rb1,

les blancs obtiennent une très forte position d'attaque le long de la colonne « c ».

15. d4 × é5   Cf6 - d7
16. f2 - f4

Les blancs ont l'avantage.

B. 4. ..., Cg8 - f6

4. Cg8 - f6

Plus dynamique et plus risqué que 4. ..., Ff5, ce coup a été popularisé par Nimzovitch et Tartakover.

5. Cé4 × f6 + !

La seule tentative valable de réfutation. Les noirs doivent accepter le complexe du pion doublé au bénéfice d'un excellent jeu de figures.

La retraite 5. Cg3 est trop passive et permet aux noirs d'obtenir, par 5. ..., c5 ! ; 6. Cf3, Cc6, une position satisfaisante.

La variante Tartakover

5. é7 × f6

Cette reprise décentralisatrice consolide les pions du roque et ouvre les lignes centrales : avantages dynamiques qui compensent, dans une certaine mesure, l'affaiblissement de l'armature de pions (peu apte à supporter une finale de pions, vu la supériorité numérique des blancs sur l'aile dame).

6. Ff1 - c4

La continuation usuelle, préconisée par Tarrasch.

6. Ff8 - é7

La sortie ambitieuse 6. ..., Fd6 autorise 7. Dé2 +.

7. Cg1 - é2   0 - 0
8. 0 - 0   Cb8 - d7
9. Fc4 - b3   Tf8 - é8

Diagr. 161 — 5. ..., é7 × f6

10. Cé2 - f4   Cd7 - f8

avec une partie difficile à conduire de part et d'autre.

La variante Nimzovitch

5.   g7×f6

Une position asymétrique, dynamique et compliquée ! Elle cadre, par conséquent, à merveille avec la politique des échecs de combat. Plusieurs grands maîtres, tels que Smyslov, Bronstein et Donner, se servent volontiers de cette variante, tant l'âpreté du combat la rend passionnante.

A partir du diagramme, les blancs disposent de deux suites importantes, selon qu'ils développent le cavalier roi à f3 ou à é2.

Diagr. 162 — 5. ..., g7×f6

A. 6. Cg1 - f3

6.   Cg1 - f3

Cette sortie simple et raisonnée autorise le clouage Fg4, mais prépare aussi c4 et, si possible, la percée d5.

6.   Fc8 - g4
7. Ff1 - é2   é7 - é6
8. c2 - c4   Cb8 - d7
9. 0 - 0   Dd8 - c7
10. d4 - d5 ! avec avantage aux blancs.

B. 6. Cg1 - é2

6.   Cg1 - é2

Par cette sortie, un rien excentrique, les blancs se proposent d'entraver la mobilisation du fou dame.

6.   Fc8 - g4

Le coup le plus simple : il se fonde sur la conviction, d'ailleurs confirmée par l'expérience, que le déclouage par 7. f3 est malsain.

L'intérêt de 6. Cé2 apparaît surtout après 6. ..., Ff5 ; 7. Cg3, Fg6 ; 8. h4 !, h7 - h5 ! ? et le pion « h » reste vulnérable ; la modeste poussée 8. ..., h6 a l'inconvénient d'autoriser 9. h5 ! après quoi les blancs obtiennent un gain de terrain appréciable.

7.   Dd1 - d3 !

La meilleure réplique. Le déclouage du cavalier s'opère sans le moindre affaiblissement. Entretemps, les blancs menacent Cg3 et h3, ainsi que Db3 (afin d'exploiter la faiblesse b7).

7.   Fg4×é2 !

Le plus simple, car la poussée 7. ..., é5 n'est pas sans inconvénients, à cause de 8. *Dg3 !* (Euwe), F×é2 ; 9. F×é2, D×d4 ; 10. 0 - 0, avec d'excellentes possibilités d'attaque en échange du pion sacrifié.

8. Ff1×é2   é7 - é6
9. 0 - 0   Ff8 - d6

Les blancs ont un peu progressé (Pachman).

C. La variante du cavalier dame

1. é2 - é4   c7 - c6
2. d2 - d4   d7 - d5
3. Cb1 - c3   d5×é4
4. Cc3×é4   Cb8 - d7

Une continuation solide, mais moins dynamique que la variante Nimzovitch. Les noirs préparent la mobilisation du cavalier afin

Diagr. 163 — 4. ..., Cb8 - d7

d'échapper au complexe du pion doublé.

A

5. Cg1 - f3   Cg8 - f6
6. Cé4 × f6 +

Préconisé par Tahl, qui se résigne mal à une perte de temps telle que la retraite 6. Cg3.

6.   Cd7 × f6
7. Ff1 - c4

Au lieu de cette mobilisation quantitative, due à Tahl, Rossolimo préfère le développement qualitatif 7. Cé5.

7.   Fc8 - f5

Le clouage 7. ..., Fg4 ? est incorrect, à cause de 8. Cé5 !

8. Dd1 - é2 !

Prépare le grand roque.

8.   é7 - é6
9. Fc1 - g5   Ff8 - é7
10. 0 - 0 - 0

Les blancs ont une plus grande liberté de manœuvre.

B

5. Ff1 - c4

Introduite par Smyslov, grand connaisseur de la Caro-Kann, cette sortie prioritaire du fou roi tend à éviter des échanges précoces, ce qui gêne les noirs.

5.   Cg8 - f6
6. Cé4 - g5 !

La pointe du coup précédent. Les blancs jouent deux fois la même pièce pour se soustraire à l'échange. Par la même occasion, ils attaquent f7, ce qui oblige les noirs à fermer la diagonale de leur fou dame, à moins qu'ils ne préfèrent perdre un temps par 6. ..., Cd5.

6.   é7 - é6
7. Dd1 - é2 !

Mobilise la dame avec gain de temps, à cause de la menace C × f7 ! et freine la mobilisation du fou c8 en forçant la mœnuvre qui suit.

7.   Cd7 - b6
8. Fc4 - b3

La retraite 8. Fd3 est tout aussi jouable.

8.   h7 - h6

Une faute serait 8. ..., D × d4 ? ; 9. Cg1 - f3 suivi de 10. Cé5, et le pion f7 tombe.

9. Cg5 - f3   c6 - c5
10. Fc1 - f4 !

Enlève la case c7 à la dame noire. Les blancs jouissent d'une plus grande liberté de manœuvre.

La défense Alekhine

1. é2 - é4   Cg8 - f6

Par cette question immédiate au pion roi — tout à fait dans l'esprit du XXᵉ siècle, — les noirs se proposent d'inciter les blancs à construire un large centre qui leur fournira une cible. La même idée se retrouve dans certaines ouvertures du pion dame et, notamment, dans la défense Grün-

Diagr. 164 — 1. ..., Cg8 - f6

feld, qui jouit d'une plus grande popularité que la défense Alekhine.

2. é4 - é5

Le seul essai de réfutation.

Après toute autre réponse, les noirs égalisent aisément.

2.   Cf6 - d5

La seule réplique satisfaisante.

3. d2 - d4   d7 - d6 !

Les noirs doivent s'attaquer par priorité à la pointe de la chaîne d4 - é5, car l'attaque immédiate de la base par 3. ..., c5 ? se heurte à 4. c4 !, Cc7 ; 5. d5 !, et les blancs dominent le centre.

4. Cg1 - f3 !

Diagr. 165 — 4. Cg1 - f3 !

La continuation moderne, par laquelle les blancs s'engagent le moins tout en gagnant le plus d'espace.

La chasse au cavalier : 4. c4, Cb6 ; 5. f4, très à la mode jadis, offre trop de contre-jeu aux noirs, qui disposent de divers moyens pour saper le centre élargi des blancs.

4.   Fc8 - g4

La réplique usuelle et parfaitement adéquate pour suivre l'attaque contre la pointe de la chaîne (é5).

5. Ff1 - é2

Décloue le cavalier et mobilise une pièce.

5.   é7 - é6 !

Passe pour la meilleure réponse dans la mesure où elle contribue simultanément à la mobilisation de l'aile roi et au contrôle de la case d5.

6. 0 - 0   Ff8 - é7

7. c2 - c4

Gagne le contrôle de d5 et chasse le cavalier central, en renonçant à maintenir é5.

7.   Cd5 - b6

8. Cb1 - c3   0 - 0

9. Fc1 - é3   Cb8 - c6

Accentue la pression sur é5 et oblige les blancs à l'échange qui va suivre.

10. é5 × d6   c7 × d6

11. b2 - b3   Fé7 - f6

12. a2 - a3

Anticipe la réaction au centre par 12. ..., d5 et se propose de contrer celle-ci par 13. é5, Cd7 ; 14. b4 avec consolidation de l'avant-poste c5. La construction blanche est préférable.

Une autre variante « moderne » de la défense Alekhine

1. é2 - é4   Cg8 - f6

2. é4 - é5   Cf6 - d5

3. *Cb1 - c3*

Diagr. 166 — 3. Cb1 - c3

Cette sortie précoce du cavalier dame n'aide en rien à fortifier le centre blanc ; elle a la réputation de ne guère gêner les noirs. Il n'empêche qu'elle jouit d'un regain d'intérêt dans les grands tournois des dernières années.

| 3. | Cd5 × c3 |

Réaction logique, encore que 3. ..., é6 soit également jouable.

4. b2 × c3 !

La reprise décentralisatrice 4. d × c3 est plus ambitieuse.

4.	d7 - d6
5. f2 - f4 !	d6 × é5
6. f4 × é5	Fc8 - f5
7. d2 - d4	

Excellent aussi 7. Cf3.

| 7. | é7 - é6 |
| 8. Cg1 - f3 | Ff8 - é7 |

La position est en équilibre.

La défense scandinave

1. é2 - é4   d7 - d5

Cette réponse ambitieuse, très à la mode à l'époque romantique, se fondait sur le projet de reprendre la dame après l'échange sur d5 et de mobiliser, par priorité, l'aile dame afin de hâter le grand roque. Mais, à la lumière des conceptions modernes, ce plan n'est réalisable que moyennant la permission des blancs ! La sortie précoce de la dame noire concède aux blancs un avantage de développement et de terrain, deux plus-values qui leur assurent l'initiative. C'est dire que, sous la forme originelle, la réponse du texte n'est guère recommandable.

2. é4 × d5   Dd8 × d5

Expose prématurément la dame.

3. Cb1 - c3

Gagne un précieux temps de développement qui s'ajoute à l'avantage du trait.

3.   Dd5 - a5 !

Le moindre mal, en fait. La retraite 3. ..., Dd8 est trop passive.

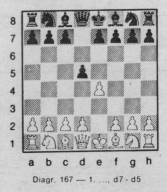

Diagr. 167 — 1. ..., d7 - d5

Le diagramme illustre le point de départ de la défense scandinave primitive.

4. d2 - d4 !

La plus forte continuation, parce qu'elle interdit 4. ..., Cc6 ? à cause de 5. d5 ! La mobilisation ultra-rapide de l'aile dame est ruinée.

4.   Cg8 - f6

Le moindre mal. Quant à la

Diagr. 168 — 3. ..., Dd5 - a5 !

poussée 4. ..., é5 ?, préconisée jadis par Anderssen, elle est à déconseiller, à tout le moins dans l'optique d'une mobilisation quantitative. Par exemple : 5. Cf3 !, Fg4 ; 6. Fd2 !, é×d4 ; 7. Dé2, Cé7 ; 8. Cb5 !, Db6 ; 9. Dé5 !, Ca6 ; 10. a4, avec un avantage considérable pour les blancs. Cette variante illustre les vertus d'une mobilisation quantitative, suivie d'une mobilisation *qualitative*, qui vise à inquiéter l'adversaire (quitte à déplacer à *deux* reprises la même pièce).

5.　Cg1 - f3

Continue d'empêcher 5. ..., Cc6 ? à cause de 6. Fb5 !, Fd7 ;

7. d5 !, Cé5 ; 8. C×é5, F×b5 ; 9. Fd2 ! et les noirs ont une position très difficile.

5.　　　　　　Fc8 - g4

S'oppose à la manœuvre 6. Cé5, menaçant Cc4 !

6.　h2 - h3 !

Plus énergique que le déclouage par 6. Fé2.

6.　　　　　　Fg4 × f3

La retraite 6. ..., Fh5 n'est pas non plus satisfaisante, à cause de 7. g4 !, Fg6 ; 8. Cé5 !, c6 ; 9. h4 !, Cbd7 ; 10. Cc4, Dc7, 11. h5 !, etc.

7.　Dd1 × f3　　c7 - c6
8.　Fc1 - d2 !

Prépare avant tout le grand roque, afin de pouvoir agir plus tard sur l'aile roi.

8.　　　　　　Cb8 - d7
9.　0 - 0 - 0　　é7 - é6
10.　g2 - g4 !

Empêche le grand roque des noirs à cause de la menace 11. g5, et le pion f7 tombe. Par ailleurs, les blancs menacent Dg3, suivi de Rb1 et de Cb5. Bref, les noirs auront de la peine à réaliser le grand roque, tandis que le petit roque est trop dangereux, vu les possibilités d'attaque dont disposent les blancs sur l'aile roi.

La supériorité des blancs est évidente.

La défense scandinave moderne

1.　é2 - é4　　　d7 - d5
2.　é4 × d5　　　*Cg8 - f6 !*

Annonce le traitement moderne de cette vieille défense : récupérer d5 par le cavalier ! Afin d'éviter la perte de temps qui résulte de la reprise par la dame. Pour contrecarrer ce dessein, les blancs se trouvent devant l'alternative suivante : ou bien s'efforcer de conserver d5 par l'avance 3. c4 ; ou bien renoncer à cet objectif matérialiste par l'échec intermédiaire

3. Fb5 +, afin d'obtenir la supériorité au centre.

A

3.　*c2 - c4*

Une idée excellente, pour autant que les blancs rendent le pion au bon moment et transposent ainsi dans la variante Panov de la Caro-Kann.

3.　　　　　　c7 - c6
4.　d2 - d4 !

Diagr. 169 — 2. ..., Cg8 - f6 !

La prise 4. d × c6 ?, C × c6 ; 5. d3, é5 constitue un gambit qui compense largement le pion noir sacrifié.

4.   c6 × d5
5. Cb1 - c3

Par interversion de coups, nous voilà dans la variante Panov de la Caro-Kann.

B

3.   Ff1 - b5 +

Cet échec engage les noirs à intercepter la colonne « d » et, partant, à abandonner la pression exercée sur le pion d5 ; les blancs n'ont pas à craindre la poussée 3. ..., c6 ?. Il suit 4. d × c6, b × c6, et les noirs n'ont pas de compensation suffisante au pion sacrifié.

3.   Fc8 - d7 !

Après 3. ..., Cb8 - d7 ? ; 4. c4 !, a6 ; 5. Fa4, les blancs conservent un pion de plus sans la moindre concession positionnelle.

4. Fb5 - c4

La pointe du coup précédent.

4.   b7 - b5 !

Une idée dynamique. Les noirs posent une question au fou, lequel devra se décider soit à abandon-ner d5, soit à maintenir sa protection, tout en permettant au fou dame adverse de s'installer sur la grande diagonale et de peser davantage sur d5.

5. Fc4 - b3

La retraite la plus logique, en regard du coup précédent. Jouable aussi est la retraite 5. Fé2, laquelle implique l'abandon sans lutte de d5 pour exploiter le côté affaiblissant de la poussée b5. Par exemple : 5. ..., C × d5 ; 6. Ff3, Fc6 ; 7. Cé2, Cf6 ! ; 8. F × c6 +, C × c6, avec une position satisfaisante pour les noirs.

5.   Fd7 - g4 !

Dégage la colonne « d » et renforce, avec gain de temps, la pression sur d5.

6. f2 - f3

L'interception 6. Cf3 est plus saine, mais elle abandonne la lutte pour d5 ; l'interception du texte entrave la mobilisation des blancs au profit du maintien de d5.

6.   Fg4 - c8 !

Prépare Fb7, avec une pression accrue sur d5.

7. Dd1 - é2   a7 - a6
8. c2 - c4

Encore une concession positionnelle, à seule fin de conserver d5.

8.   c7 - c6 !

Renonce à la récupération de d5 en vue d'un jeu de gambit, lequel se justifie par l'affaiblissement de la case d4.

Après 8. ..., b × c4 ? ; 9. Dé × c4, les pièces blanches développent une trop grande activité.

9. Cb1 - c3 !

Faible serait 9. d × c6 ?, C × c6 ; 10. c × b5, Cd4 !, avec une violente initiative noire.

9.   c6 × d5
10. Cc3 × d5

Se soustrait à l'avance b4.

Après 10. c × b5 ?, é6 !, la position noire vaut le sacrifice du pion.

| 10. | Cf6 × d5 |
| 11. | c × d5 | Cb8 - d7 ! |

Afin de contrer 12. a4 par Cc5 ! et 12. d4 par Cb6 !

12.	d5 - d6	Fc8 - b7 !
13.	d2 - d4	Cd7 - b6
14.	Fc1 - f4	Cb6 - d5 !

Les noirs ont une excellente partie, malgré le sacrifice de pion qu'implique le coup du texte.

C

3. d2 - d4

Diagr. 170 — 3. d2 - d4

Plutôt que de protéger d5, les blancs désirent valoriser leurs atouts au centre. Sans le moindre doute, cette idée répond le mieux aux principes sains de la stratégie : obtenir un léger avantage, mais sans concession d'aucune sorte.

| 3. | Cf6 × d5 |
| 4. | c2 - c4 |

Plus énergique que 4. Cf3.

| 4. | ...., Cd5 - b6 ! |

Faible est 4. ...., Cb4 ? ; 5. a3 !, etc.

| 5. | Cg1 - f3. |

S'oppose au sacrifice de pion 5. ...., é5 !

| 5. | g7 - g6 ! |

Le clouage 5. ...., Fg4 n'est pas satisfaisant à cause de 6. c5 ! !, Cd5 ; 7. Db3 !, avec avantage aux blancs.

| 6. | Cb1 - c3 | Ff8 - g7 |
| 7. | h2 - h3 ! |

Entrave la sortie du fou dame. La position des noirs est serrée.

La défense sicilienne

| 1. | é2 - é4 | c7 - c5 |

Au lieu de s'attaquer en priorité au pion R, les noirs réalisent, par cette avance latérale, un autre objectif : neutraliser la poussée d4 par l'échange c × d4. Or, il se fait qu'à la lumière de l'expérience acquise — les échecs, en général, et les ouvertures, en particulier, sont une science empirique — les blancs n'ont guère de suites plus prometteuses que 2. Cf3 et 3. d4 ; par conséquent, il leur faut bien passer par l'échange, ce qui, après la suite courante :

| 2. | Cg1 - f3 | Cb8 - c6 |

Diagr. 171 — 1. ...., c7 - c5

3.   d2 - d4   c5 × d4
4.   Cf3 × d4

conduit à un point de départ important de la défense sicilienne :

Diagr. 172 — 4. Cf3 × d4

Dans cette position, dont l'asymétrie est frappante, chaque camp peut se prévaloir de certains atouts.

L'expérience montre, par exemple, que les noirs sont mieux lotis avec la colonne semi-ouverte « c » que les blancs avec la colonne semi-ouverte « d ».

En revanche, le pion é4 confère aux blancs une supériorité dynamique au centre, et celle-ci peut encore être renforcée par l'avance f4. Les noirs, quant à eux, doivent se contenter, dans l'immédiat, d'un centre « retenu » d6 ou é6, ou encore de la formation d6 - é6. Celle-ci est néanmoins très élastique : une action au centre, par d6 - d5 ou é6 - é5,

afin d'y annuler la prépondérance des blancs, reste possible.

En vertu de ces caractéristiques, propres à la position du diagramme, c'est l'aile roi qui offre aux blancs les meilleures chances d'attaque, tandis que les noirs se porteront plutôt sur l'aile dame. Au centre, le combat se poursuit.

De nos jours, la défense sicilienne a pris une ampleur sans précédent et sans égale. Son dynamisme, son caractère asymétrique, les tensions et l'instabilité du centre auxquelles ses diverses variantes donnent lieu, les innombrables plans stratégiques qu'elle autorise et les complexités tactiques qu'elle engendre, font de cette défense, déjà ancienne, une ouverture ultra-moderne et des plus attrayantes pour les adeptes des échecs de combat. De là vient son immense popularité parmi la génération montante et les grands joueurs de l'après-guerre. Pour eux comme pour les théoriciens, la défense sicilienne constitue une source intarissable de possibilités, sans cesse mouvantes et perfectibles. Vouloir l'explorer à fond nécessiterait un important volume, dont l'actualité ne dépasserait pas, d'ailleurs, sa date de parution !

Dès lors, notre propos visera moins à énumérer des variantes qu'à esquisser quelques lignes de jeu capitales de cette ouverture complexe.

Le dragon accéléré

1.   é2 - é4   c7 - c5
2.   Cg1 - f3   g7 - g6

Le dragon accéléré caractérise les conceptions ultra-modernes et montre une parenté avec cette

autre construction moderne : la défense Pirc, que nous étudierons plus loin.

3.   d2 - d4

Les blancs disposent d'autres

Diagr. 173 — 2. ..., g7 - g6

suites. Celle du texte est la plus plausible.

3.	Ff8 - g7

Le dragon semi-accéléré

1.	é2 - é4	c7 - c5
2.	Cg1 - f3	*Cb8 - c6*
3.	d2 - d4	c5 × d4
4.	Cf3 × d4	g7 - g6

En connexion avec la sortie rapide du cavalier dame, le fianchetto a l'inconvénient d'autoriser l'avance c4 (Maroczy), au lieu de 5. Cc3, avec, pour les blancs, gain de terrain et contrôle de l'importante case centrale d5.

5.	c2 - c4	Ff8 - g7
6.	Fc1 - é3	Cg8 - f6
7.	Cb1 - c3	Cf6 - g4 !
8.	Dd1 × g4	Cc6 × d4
9.	Dg4 - d1	é7 - é5
10.	Cc3 - b5 !	

Préconisé par Pachman pour

Fait partie intégrante du fianchetto accéléré : les noirs désirent différer, voire renoncer à l'échange c × d4.

4.	d4 × c5

La sortie 4. Cc3 ou, encore, l'avance 4. d5 sont parfaitement valables.

4.		Dd8 - a5 +
5.	Cb1 - c3 !	

La suite la plus entreprenante et la plus prometteuse. Après 5. ..., F × c3 + ; 6. b × c3, D × c3 + ; 7. Fd2, D × c5, les blancs obtiennent d'excellentes perspectives d'attaque, pour le pion sacrifié, d'autant que l'affaiblissement des cases noires, dû à la disparition du fou roi, se fera sentir.

Diagr. 174 — 4. ..., g7 - g6

saper la position du Cd4. Les blancs ont l'initiative.

Le système Rauser

1.	é2 - é4	c7 - c5
2.	Cg1 - f3	*d7 - d6*

Différant la mobilisation du cavalier dame, les noirs activent la mobilisation prochaine de l'aile roi. En outre, cette avance d6 prépare la sortie du cavalier roi, me-

naçant le pion R. Les blancs n'ont qu'une défense : Cc3 ; et ils perdent ainsi la possibilité c4 que leur laissait le dragon semi-accéléré.

3.	d2 - d4	c5 × d4
4.	Cf3 × d4	Cg8 - f6
5.	Cb1 - c3	g7 - g6

Diagr. 175 — 5. ..., g7 - g6

Le point de départ de la variante moderne du dragon, l'une des plus célèbres constructions de la sicilienne, très populaire parmi les praticiens ; les travaux théoriqui lui sont consacrés empliraient tout un volume.

6. Fc1 - é3

Le traitement moderne. Les blancs préparent le grand roque en vue d'attaquer sur l'aile R. Les blancs disposent toutefois d'autres continuations : 6. Fé2 (démodé), 6. f4 (spéculatif), ou 6. g3 (positionnel et solide).

Diagr. 176 — 8. Dd1 - d2

6.   Ff8 - g7
7. f2 - f3

Consolide é4 et prévient la menace latente Cg4.

7.   0 - 0
8. Dd1 - d2
8.   Cb8 - c6

La réponse qui a reçu la plus large approbation.

9. Ff1 - c4

Grâce à l'avance f3, le fou roi peut occuper une diagonale plus importante qui lui permet de contrôler d5.

9.   Fc8 - d7
10. Fc4 - b3

Retraite préventive, devant les menaces potentielles Tc8 ou Cé5.

10.   Dd8 - a5
11. 0 - 0 - 0   Tf8 - c8
12. Rc1 - b1

Une mesure de sécurité courante, après le grand roque. Une autre continuation, plus énergique et plus risquée, mérite une sérieuse attention : 12. h4 ! ?, Cé5 ; 13. h5 !, C × h5 ; 14. Fh6, avec une forte initiative sur l'aile roi, pour le pion sacrifié.

12.   Cc6 - é5

Diagr. 177 — 12. ..., Cc6 - é5

La position obtenue caractérise le système Rauser : 7. f3 ; 9. Fc4 ; et 11. 0 - 0 - 0. Les roques opposés promettent un combat difficile et tranchant. Quant à la théorie, elle hésite encore à se prononcer définitivement sur cette variante compliquée, si conforme au style des échecs de combat.

Le système Paulsen

| 1. | é2 - é4 | c7 - c5 |
| 2. | Cg1 - f3 | é7 - é6 |

Cette modeste avance du pion roi au deuxième coup (2. ..., é7 - é6) dévoile l'intention des noirs de renoncer à la variante du dragon et constitue le point de départ de nombreuses variantes où le développement du fou roi le long de la diagonale f8 - a3 joue un rôle important.

3.	d2 - d4	c5 × d4
4.	Cf3 × d4	Cg8 - f6
5.	Cb1 - c3	d7 - d6
6.	Ff1 - é2	a7 - a6

Diagr. 178 — 6. ..., a7 - a6

Cette avance ainsi que la sortie différée du cavalier dame caractérisent le système Paulsen. Les noirs ambitionnent une action rapide sur l'aile dame et une mobilisation harmonieuse par b7 - b5, Fc8 - b7 et Cb8 - d7. L'idée est séduisante, encore que la mobilisation de l'aile roi et, partant, la sécurité du roi lui-même en pâtissent. C'est ce que la pratique a finalement confirmé, à condition que les blancs réagissent avec énergie, sans quoi la construction demeure ultra-solide.

7. 0 - 0 !

Les blancs ne prennent aucune mesure directe contre le plan des noirs, mais ils vont activer, au contraire, leur mobilisation en vue d'une rapide action centrale, réponse classique à une action sur l'aile.

7.		Cb8 - d7
8.	f2 - f4	b7 - b5
9.	Fé2 - f3	Fc8 - b7
10.	é4 - é5 !	

Indiqué par O'Kelly, cette poussée au centre accorde l'initiative aux blancs et leur procure d'excellentes perspectives d'attaque.

10.		Fb7 × f3
11.	Cd4 × f3	d6 × é5
12.	f4 × é5	Cf6 - g4
13.	Dd1 - é1 !	

La suggestion de Tahl, plus prometteuse que la manœuvre 13. Dé2. A présent, la dame blanche vise la case h4 pour attaquer le roi.

13. b5 - b4

La prise sur é5 : 13. ..., Cd7 × é5 ; 14. C × é5, Dd4 + ; 15. Rh1, D × é5 ; 16. Dh4 ! est trop risquée.

14. Cc3 - é4

ou 14. Dg3 !? (Tahl) avec une très forte attaque.

Les blancs tiennent fermement l'initiative.

Le système Taïmanov

(Le système Paulsen moderne)

Ici encore, les noirs visent une mobilisation prioritaire de l'aile dame, mais quelque peu différente :

1. é2 - é4	c7 - c5
2. Cg1 - f3	Cb8 - c6
3. d2 - d4	c5 × d4
4. Cf3 × d4	é6
5. Cb1 - c3	a7 - a6
6. Fc1 - é3	Dd8 - c7
7. Ff1 - é2	

La position est riche en possibilités, de part et d'autre, et intéresse au plus haut point la théorie actuelle. Elle cadre à merveille

Diagr. 179 — 7. Ff1 - é2

avec les idées des échecs de combat.

Le système de Scheveningue

1. é2 - é4	c7 - c5
2. Cg1 - f3	é7 - é6

Une continuation d'une grande souplesse : les noirs se réservent de multiples constructions. Sa principale caractéristique réside dans le fait que les noirs renoncent à la variante du dragon (g7 - g6).

3. d2 - d4	c5 × d4
4. Cf3 × d4	Cg8 - f6
5. Cb1 - c3	d7 - d6
6. Ff1 - é2	

D'autres suites à retenir :

6. Fc4 (Fischer), 6. g4 (Keres) et 6. g3.

6.	Ff8 - é7
7. 0 - 0	Cb8 - c6

Le point de départ du système de Scheveningue, caractérisé par la présence du cavalier dame à c6. La perspective des blancs se situe sur l'aile roi (avance f4, éventuellement suivie de g4, et transfert de la dame vers l'aile

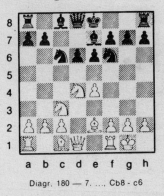

Diagr. 180 — 7. ..., Cb8 - c6

roi) ; pour les noirs, leurs futures actions se développeront sur l'aile dame (colonne « c » semi-ouverte) et au centre (préparation de la poussée libératrice d6 - d5). La position est difficile à traiter de part et d'autre. Le système de Scheveningue engage moins les noirs que celui de Paulsen, parce que la mobilisation de l'aile roi reçoit la priorité sur celle de l'aile dame, d'où une sécurité accrue du roi noir.

Le système de Scheveningue modernisé

1. é2 - é4	c7 - c5
2. Cg1 - f3	é7 - é6
3. d2 - d4	c5 × d4
4. Cf3 × d4	Cg8 - f6
5. Cb1 - c3	d7 - d6
6. *Fc1 - é3*	

Les blancs mobilisent l'aile dame, par priorité, et se préparent au grand roque.

6.	Cb8 - c6
7. f2 - f4	Ff8 - é7
8. Dd1 - f3	0 - 0
9. 0 - 0 - 0	

Cette position retient de plus en plus l'attention des praticiens et des théoriciens, tant elle offre de possibilités d'attaque aux deux joueurs. Elle n'est pas à conseiller

Diagr. 181 — 9. 0 - 0 - 0

aux amateurs de variantes tranquilles.

Le système Boleslavsky

1. é2 - é4	c7 - c5
2. Cg1 - f3	Cb8 - c6
3. d2 - d4	c5 × d4
4. Cf3 × d4	Cg8 - f6
5. Cb1 - c3	d7 - d6
6. Ff1 - é2	*é7 - é5*

Ouvre la chasse au cavalier central, quitte à accepter le pion « arriéré » d6 et l'affaiblissement de la case d5. Mais, chose curieuse, la pratique n'a pas réussi à montrer comment les blancs peuvent exploiter ces faiblesses. La raison en est, observe le docteur Euwe, que l'avance du texte s'opère avec gain de temps, favorise la mobilisation du fou roi et la liberté de manœuvre des noirs.

Les blancs disposent de trois réponses : 7. C × c6, 7. Cf3 et la

Diagr. 182 — 6. .... é7 - é5

retraite 7. Cb3. C'est cette dernière qui a eu finalement la préférence.

Le système Najdorf

1.	é2 - é4	c7 - c5
2.	Cg1 - f3	d7 - d6
3.	d2 - d4	c5 × d4
4.	Cf3 × d4	Cg8 - f6
5.	Cb1 - c3	a7 - a6

Préliminaire à la chasse au cavalier, dû à Najdorf. Le fait d'avoir différé la sortie du cavalier dame autorise à présent la manœuvre Cb8 - d7 (suivie de Cb6), destinée à appuyer la poussée d6 - d5 !

| 6. | Ff1 - é2 | é7 - é5 |

Ici, la chasse au cavalier se présente sous une forme encore plus favorable que dans le système Boleslavsky : les noirs ont la faculté de mieux couvrir la faiblesse de d5.

| 7. | Cd4 - b3 |

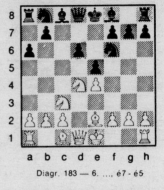

Diagr. 183 — 6. ..., é7 - é5

La retraite la plus satisfaisante. Le cavalier se révèle utile sur l'aile D.

Le système anti-Najdorf

Revenons — elle en vaut la peine — à la position qui se présente après :

1.	é2 - é4	c7 - c5
2.	Cg1 - f3	d7 - d6
3.	d2 - d4	c5 × d4
4.	Cf3 × d4	Cg8 - f6
5.	Cb1 - c3	a7 - a6

Elle figure parmi les constructions les plus élastiques et les plus riches en possibilités. Les variantes qu'elle engendre empliraient tout un volume et dépassent notre propos. Notre objectif se limite à en esquisser les grandes lignes. A cet égard, le prochain coup des blancs revêt une grande importance. Après 6. Fé2, 6. f4 ou 6. g3, l'idée de Najdorf (6. ..., é7 - é5) a fait ses preuves, en pratique. En revanche, elle n'est plus à conseiller après 6. Fc4 (Fischer) que nous examinerons à part, ou 6. Fg5,

Diagr. 184 — 5. ..., a7 - a6

deux amorces du système anti-Najdorf. Voyons d'abord la seconde réplique :

| 6. | Fc1 - g5 |

Ce clouage du cavalier roi rend périlleuse la poussée é7 - é5 : elle accentuerait la faiblesse de d5 et de la diagonale c4 - f7. Les noirs doivent abandonner le système Najdorf pour une autre construction.

6.	é7 - é6 !
7. f2 - f4	Dd8 - b6

Un combat difficile s'engage.

Le système Fischer

6.	Ff1 - c4

A

1.	é2 - é4	c7 - c5
2.	Cg1 - f3	Cb8 - c6
3.	d2 - d4	c5 × d4
4.	Cf3 × d4	Cg8 - f6
5.	Cb1 - c3	d7 - d6
6.	Ff1 - c4	

Diagr. 185 — 6. Ff1 - c4

Cette riposte est déjà ancienne, mais Fischer l'a popularisée et en a fait une arme personnelle. Elle doit concourir à une attaque future sur l'aile roi, mais aussi gêner certaines constructions noires et, notamment, celles du type « dragon » (fianchetto du fou roi) ou « Boleslavsky ».

Retenons que, dans la position qui nous occupe, les noirs ont mobilisé par priorité leur cavalier dame.

6.	é7 - é6 !

La suite la plus courante. Les noirs raccourcissent la belle diagonale du fou roi. Très peu re-

commandable est 6. ..., g6 ? ; 7. C × c6 !, b × c6 ; 8. é5 !, Cg4 ; 9. Ff4 ! ou, encore, 6. ..., é5 ? (conformément au système Boleslavsky) ; 7. Cé2 !, et les noirs ressentent la faiblesse de d5 et de la diagonale commandée par le fou roi blanc.

7.	Fc4 - b3

Retraite préventive qui a le mérite d'éviter certaines complications tactiques, telles que l'avance a6 et b5, sans parler du pseudo-sacrifice C × é4, suivi de la fourchette d5.

7.		Ff8 - é7
8.	Fc1 - é3	a7 - a6
9.	f2 - f4	Dd8 - c7
10.	0 - 0	Cc6 - a5
11.	Dd1 - f3	0 - 0
12.	f4 - f5	é6 - é5

Une position caractéristique de l'attaque Fischer (Fischer-Hamann, Israël 1968). Les blancs ont l'initiative.

B

1.	é2 - é4	c7 - c5
2.	Cg1 - f3	d7 - d6
3.	d2 - d4	c5 × d4
4.	Cf3 × d4	Cg8 - f6
5.	Cb1 - c3	a7 - a6
6.	Ff1 - c4	

A la différence de la position précédente, celle-ci est caractérisée par l'avance a6 au détriment de la sortie du cavalier dame. Le fou roi se trouve dès lors exposé à l'avance b5, suivie de b4.

6.	é7 - é6 !
7.	Fc4 - b3 !

Retraite préventive encore plus indiquée que dans la variante A.

Diagr. 186 — 6. Ff1 - c4

7.		b7 - b5
8.	f2 - f4 !	b5 - b4
9.	Cc3 - a4	Cf6 × é4
10.	0 - 0	Cé4 - f6 !

Les blancs n'ont d'autre espoir que de récupérer le pion sacrifié (Boleslavsky).

Le système 2. ..., Cc6 et 3. Fb5

1.	é2 - é4	c7 - c5
2.	Cg1 - f3	Cb8 - c6
3.	Ff1 - b5	

Cette sortie « espagnole » du fou roi répond à deux objectifs : occuper le centre par c3, suivi de

Diagr. 187 — 3. Ff1 - b5

d4, et gêner simultanément la mobilisation noire.

3.		g7 - g6 !

La meilleure riposte, bien que 3. ..., é6 soit également jouable.

4.	c2 - c3	Cg8 - f6 !

Attaque é4 et, partant, s'oppose à l'avance d4.

Moins fort est 4. ..., Fg7 ; 5. d4 ! et les blancs occupent le centre.

5.	Dd1 - é2	Ff8 - g7
6.	0 - 0	0 - 0
7.	d2 - d4	c5 × d4
8.	c3 × d4	d7 - d5 !
9.	é4 - é5	Cf6 - é4

La position noire est solide, mais les blancs ont une plus grande liberté de manœuvre.

Le système avec 2. ..., d6 et 3. Fb5 +

1.	é2 - é4	c7 - c5
2.	Cg1 - f3	d7 - d6
3.	Ff1 - b5 +	

Diagr. 188 — 3. Ff1 - b5 +

Ici, la sortie « espagnole » du fou roi s'accompagne d'une mise en échec. Elle n'inquiète pas les noirs, mais, en revanche, elle évite aux blancs de nombreuses suites théoriques et d'autres complications.

3.   Fc8 - d7

La riposte la plus simple, bien que 3. ..., Cd7 ou 3. ..., Cc6 soient de même valeur.

4. Fb5 × d7 +

Mobilise le jeu noir. Plus dynamique est 4. a4 (Larsen).

4.   Dd8 × d7
5. 0 - 0   Cg8 - f6
6. Tf1 - é1   Cb8 - c6
7. c2 - c3   é7 - é6 !

La poussée 7. ..., é5 ? serait une faute, car, après l'échange des fous sur cases blanches, il faut que les noirs installent leurs pions sur des cases blanches.

8. d2 - d4   c5 × d4
9. c3 × d4   d6 - d5 !
10. é4 - é5   Cf6 - e4
11. Cb1 - d2 ! ...

Après 11. Cc3 ?, C × c3 ; 12. b × c3, les blancs demeurent avec un pion faible sur une colonne ouverte.

Les jeux sont égaux.

Le système fermé

1. é2 - é4   c7 - c5
2. *Cb1 - c3*

Diagr. 189 — 2. Cb1 - c3

A l'avance d4, les blancs préfèrent le contrôle de d5 par le cavalier et le fianchetto du fou roi. Dans les constructions qui en découlent, les forces n'entrent en contact que lentement, et la situation, au centre, reste peu claire.

2.   Cb8 - c6
3. g2 - g3   g7 - g6

La fianchetto réserve une belle diagonale au fou roi.

4. Ff1 - g2   Ff8 - g7
5. d2 - d3 !

Diffère la mobilisation du ca-valier roi, et, du même coup, la possibilité Cc6 - d4 perd beau-coup d'attrait.

5.   d7 - d6
6. f2 - f4

Le traitement moderne, car la construction blanche réclame, tôt ou tard, cette avance.

La position obtenue constitue le point de départ du système fermé dont Smyslov et Spassky sont de grands partisans. Les chances d'attaque des blancs s'orientent principalement vers l'aile roi, celles des noirs vers l'aile dame.

Diagr. 190 — 6. f2 - f4

6.   é7 - é6 !

L'avance f5 est le « leitmotiv » de l'attaque blanche sur l'aile roi, ce qui explique le souci des noirs de partager le contrôle de cette case critique.

Peu recommandable est la poussée 6. ..., é5 ? Les blancs se féliciteraient d'avoir *différé* la mobilisation du cavalier roi. Il suit 7. Ch3 !, sortie décentralisatrice qui a l'avantage de ne pas obstruer la colonne « f » ni la diagonale du fou roi : ainsi, la menace f5 est des plus gênantes pour les noirs.

De même, 6. ..., Cf6 doit être considéré comme favorable aux blancs dans la mesure où cette sortie s'oppose mal à l'avance f5. Par exemple : 7. Cf3, 0 - 0 ; 8. 0 - 0, Tb8 ; 9. Ch4, Cd4 ; 10. f5 ! et les blancs réalisent leur premier objectif.

7.   Cg1 - f3   Cg8 - é7
8.   0 - 0   0 - 0
9.   Fc1 - d2   Ta8 - b8

Une manœuvre importante pour préparer une percée, sur l'aile dame. Elle se combine fréquemment avec une occupation de d4 (Cd4).

10.   Ta1 - b1   b7 - b5
11.   a2 - a3

Une longue lutte stratégique s'annonce où les chances sont réciproques.

La défense Pirc

1.   é2 - é4   d7 - d6

Encore une réponse asymétrique à l'avance du pion roi qui s'est révélée parfaitement valable. Les noirs tolèrent — provisoirement — la formation centrale idéale : é4 - d4, pour l'attaquer plus tard. Une autre propriété du coup du texte : il prépare l'accès de la case f6 au cavalier roi qui ne s'expose plus, dans l'immédiat à l'avance é5, comme c'est le cas dans la défense Alekhine.

2.   d2 - d4   Cg8 - f6
3.   Cb1 - c3   g7 - g6

La position caractérise le point de départ de la défense Pirc, dite encore défense yougoslave. Le fianchetto du fou roi, conforme aux idées des « hypomodernes », apporte une contribution indispensable à une attaque future contre le centre blanc.

4.   f2 - f4

La suite la plus entreprenante et la plus populaire. Les blancs ont cependant un large choix : 4.

Diagr. 191 — 3. ..., g7 - g6

Cf3 (solide), 4. Fc4 (solide) 4. f3 (peu convaincant) ou 4. Fg5 (délaissé), ou encore 4. Fé2.

4.   Ff8 - g7
5.   Cg1 - f3   0 - 0

La position obtenue retient la plus grande attention des théoriciens et des praticiens. Elle est capitale pour l'avenir de la défense Pirc.

Diagr. 192 — 5. ..., 0 - 0

A partir du diagramme, les blancs ont à nouveau le choix : a) 6. é5 ; b) 6. Fé2 ; c) 6. Fd3.

A. 6. é5

6.   é4 - é5

Très entreprenant, mais probablement prématuré.

6.   d6 × é5 !

Le moins risqué. La retraite 6. ..., Cd7 complique le combat.

7.   f4 × é5

ou 7. d × é5, D × d1 + ; 8. R × d1, Td8 + ; 9. Ré1, Cd5 !, avec égalité.

7.   Cf6 - d5

Les noirs n'ont rien à craindre, s'ils se défendent avec précision.

B. 6. Fé2

6.   Ff1 - é2   c7 - c5 !
7.   d4 × c5 !   Dd8 - a5 !
8.   0 - 0

et non 8. c × d6 ?, C × é4 ! ; 9. d × é7, Té8 ; 10. 0 - 0, C × c3 : 11. b × c3, Cc6, avec une forte initiative pour les noirs.

8.   Da5 × c5 +
9.   Rg1 - h1   Cb8 - c6 !

Les jeux sont égaux.

C. 6. Fd3

6.   Ff1 - d3   Cb8 - c6

La réponse de Botvinnik. Une autre idée : 6. ..., Cb8 - d7 (Donner).

7.   Fc1 - é3

La suite de Fischer, qui oblige les noirs à un jeu énergique.

L'avance 7 - é5 ne donne rien de convaincant : 7. ..., d × é5 ; 8. f × é5 (8. d × é5, Cd5 !), 8. ..., Cg4 ! (Spassky) ; 9. Cé2, f6 ! et les noirs ont une bonne position. Quant à 7. 0 - 0, il ne gêne nullement l'avance 7. ..., é5. Enfin, 7. d5, Cb4 ! n'inquiète pas davantage les noirs.

7.   é7 - é5 !

La meilleure façon de maintenir l'équilibre, due aux travaux des joueurs yougoslaves. La réplique du texte s'appuie sur diverses possibilités tactiques difficiles à découvrir.

8.   f4 × é5   d6 × é5
9.   d4 - d5   Cc6 - d4 !

La pointe du septième coup des noirs. La retraite 9. ..., Cé7 s'est révélée moins satisfaisante.

Diagr. 193 — 9. ..., Cc6 - d4 !

Une position importante du point de vue théorique et pratique. Les blancs peuvent-ils réfuter cette manœuvre ? Il semble que non. Par exemple :

a)   10.   C × d4, Cg4 !

a1)   11.   Fg1, é×d4 !
a2)   11.   Cf5 ? !, g×f5
      12.   Fc5, f4 !
      13.   F×f8, Dh4+ !
      14.   Rd2, F×f8

Variante indiquée par Bouwmeester. Les noirs ont une large compensation au sacrifice de la qualité.

b)   10.   C×é5, C×d5 ! !

Une combinaison surprenante qui s'appuie sur diverses pointes.

b1)   11.   é×d5 ?, F×é5
b2)   11.   C×d5 ?, F×é5

Dans ces deux cas, l'équilibre matériel est rétabli.

b3)   11.   Fé3×d4 !, Cd5 - f4 !

Menace 12. ..., D×d4 et, accessoirement, 12. ..., C×g2+.

b3 - 1)12. Ff1 ?, Cé6

Menace le défenseur du Cé5.
      13.   C×g6   F×d4 !
      14.   C×f8   Dh4+
.avec une très forte attaque.

b3 - 2) 12. Cé2,   C×é2
         13.   F×é2, Dé7

Menace le Cé5, mais aussi Td8.
      14.   C×g6   h×g6
      15.   F×g7   Dh4+ !
      16.   g3   D×é4

avec récupération du pion.

Observons que 16. Rf1 (au lieu de 16. g3) permet aux blancs de conserver leur pion supplémentaire au prix d'une infériorité « positionnelle » : la perte du roque.

      12.   Fc4 ! ?   C×g2+
      13.   Rf2 !   Dh4+ !
      14.   R ×g2   Fh3+
      15.   Rg1   Ta8 - d8 !

et l'offensive noire est victorieuse.

4

Les jeux fermés

L'ouverture du pion dame (1. d2 - d4) — au lieu de l'avance de deux pas du pion roi — entraîne, à court et à long terme, des conséquences sur lesquelles il y a lieu d'insister d'emblée. A la différence du pion roi, le pion dame jouit de la protection de la dame, de sorte que les noirs ne peuvent l'attaquer incontinent. Lorsque à l'avance 1. d2 - d4 les noirs opposent la réponse symétrique 1. ..., d7 - d5, celle-ci imprime un caractère fermé à la position, du fait qu'elle ralentit l'ouverture des lignes au centre : l'avance é4 n'est pas possible dans l'immédiat, sous peine de perdre un pion, et les blancs ne pourront y parvenir qu'après une sérieuse préparation.

En revanche, ils sont en mesure, à partir du diagramme, de lancer une attaque sur d5 par l'avance latérale : 2. c2 - c4, laquelle vise

Diagr. 194 — Point de départ du jeu fermé : 1. d2 - d4, d7 - d5

aussi bien à obtenir une majorité au centre qu'à préparer l'ouverture de la colonne « c ». Pour s'opposer à ces menaces d'ordre positionnel, les noirs disposent de plusieurs systèmes satisfaisants, encore que les blancs aient l'initiative au départ.

Le gambit de la dame « orthodoxe »

1. d2 - d4	d7 - d5
2. c2 - c4	é7 - é6

Caractérise la défense classique du gambit de la dame.

3. Cb1 - c3	Cg8 - f6

4. Fc1 - g5	*Ff8 - é7*

Ce déclouage immédiat du cavalier crée la position de départ du gambit de la dame « orthodoxe ».

5. é2 - é3	0 - 0

Diagr. 195 — 4. ..., Ff8 - é7

6. Cg1 - f3   Cb8 - d7
7. Ta1 - c1

La suite la plus courante. Elle a le mérite d'occuper une colonne que les blancs pourront ouvrir à leur guise et de gêner l'avance latérale c5.

7.   c7 - c6

L'ambitieuse avance 7. ..., c5, sans être une faute, n'est pas recommandable. La meilleure tentative de réfutation réside dans 8. $d \times c5$!, Da5 ! ; 9. $c \times d5$, $C \times d5$; 10. $F \times é7$, $C \times é7$; 11. a3, avec un avantage positionnel pour les blancs.

8. Ff1 - d3 $d5 \times c4$

Entame une manœuvre de liquidation, due à Capablanca, dont le but suprême est la libération du fou dame.

9. $Fd3 \times c4$ Cf6 - d5
10. $Fg5 \times é7$ $Dd8 \times é7$

C'est ici qu'apparaît l'utilité de 7. ..., c6. A défaut de ce coup de soutien, les noirs se voyaient forcés de répondre 10. ..., $C \times é7$.

11.   0 - 0

Après 11. Cé4 (Alekhine), coup de développement qualitatif en vue d'éviter une liquidation trop poussée, les noirs réagissent le mieux par 11. ..., Cd5 - f6 ! afin

de maintenir le *contrôle* de é5 et, partant, de pouvoir réaliser l'avance é5.

11. $Cd5 \times c3$
12. $Tc1 \times c3$!

La reprise 12. $b \times c3$?, c5 ! accorde aux noirs un jeu aisé.

12.   é6 - é5 !

Diagr. 196 — 12. ..., é6 - é5 !

La pointe de la manœuvre de liquidation : les noirs sont parvenus à ouvrir la diagonale du fou dame, sans avoir subi l'isolement de leur pion dame.

Encore deux coups : un avec le pion roi et un autre avec le cavalier dame, et la mobilisation du fou dame devient possible. Les noirs ont aplani les difficultés de l'ouverture.

7. Dc2

1. d2 - d4	d7 - d5
2. c2 - c4	é7 - é6
3. Cb1 - c3	Cg8 - f6
4. Fc1 - g5	Ff8 - é7
5. é2 - é3	0 - 0
6. Cg1 - f3	Cb8 - d7
7. Dd1 - c2	

Avec l'idée de poursuivre par 8. Td1 et de gêner ainsi l'avance c5 ou encore é5.

Diagr. 197 — 7. Dd1 - c2

7.   c7 - c5 !

La réaction la plus énergique car, à la différence de la variante précédente (7. Tc1), cette avance latérale ne peut plus être réfutée par 8. d×c5 du fait que la dame ne pèse plus sur d5. Les noirs répondent par 8. ..., C×c5 ! avec une bonne position. En revanche, après 7. ..., c6 ; 8. Td1, les blancs

atteignent provisoirement leur objectif (freiner c5 ou é5) sans qu'on puisse dire, ainsi que l'expérience le confirme, que ce modeste coup de soutien (obligatoire après 7. Tc1) soit défavorable aux noirs.

8.   c4×d5

Isole le pion d5, ce qui accorde un petit avantage aux blancs.

Une autre continuation à retenir est 8. Td1, Da5 ; 9. c×d5 !, é×d5 ; 10. Fé2, et les blancs sont mieux placés.

8.   Cf6×d5 !

Après 8. ..., é×d5 ? ; 9. Td1, c4 ; 10. Fé2, Da5 !, les blancs conservent l'avantage.

9.   Fg5×é7   Dd8×é7
10.   Cc3×d5   é6×d5
11.   d4×c5   Cd7×c5
12.   Ff1 - é2

Les noirs ont une avance de développement et la liberté de manœuvre, mais au prix d'un pion isolé, dont la faiblesse pourra se faire sentir en finale.

La variante d'échange

1.   d2 - d4   d7 - d5
2.   c2 - c4   é7 - é6
3.   Cb1 - c3   Cg8 - f6
4.   c4×d5   é6×d5

Diagr. 198 — Après 4. c4×d5, é6×d5

Grâce à cet échange, qui stabilise le centre, les blancs atteignent divers objectifs, très appréciés de nos jours ; on peut les résumer comme suit :

    1) Limiter le choix des noirs ;

    2) Eviter des échanges précoces qui nivellent le combat ;

    3) Eliminer la tension au centre pour déplacer le jeu sur les ailes ;

    4) Réduire les possibilités tactiques en faveur d'un plan stratégique à long terme ;

    5) Se réserver une initiative durable en dictant les événements.

5.   Fc1 - g5   Ff8 - é7
6.   é2 - é3   c7 - c6
7.   Ff1 - d3

De cette manière, les blancs

se réservent de sortir le cavalier à f3 ou é2.

7.   Cb8 - d7

8. Dd1 - c2

S'oppose à la manœuvre simplificatrice 8. ..., Cé4.

8.   h7 - h6

9. Fg5 - h4   0 - 0

10. Cg1 - f3   Tf8 - é8

11. 0 - 0   Cd7 - f8

12. Ta1 - b1 !

La meilleure préparation à l'attaque de la *minorité*, l'un des principaux atouts des blancs du fait de la structure de pions. A la faveur de la colonne semi-ouverte « c », les deux pions a2 et b2 vont s'attaquer aux trois pions a7 - b7 - c6 et provoquer un affaiblissement sur l'aile dame par l'avance b4, suivie de b5.

Le meilleur moyen de s'y opposer, dans l'optique actuelle, consiste à freiner l'avance b4 par

Diagr. 199 — 12. Ta1 - b1 !

12. ..., a5 !.

La position obtenue est difficile à conduire de part et d'autre. Seuls les joueurs formés devraient s'engager dans cette variante, où la stratégie joue un rôle prépondérant.

Le gambit de la dame « néo-orthodoxe »
(La variante Tartakover)

1. d2 - d4   d7 - d5

2. c2 - c4   é7 - é6

3. Cb1 - c3   Cg8 - f6

4. Fc1 - g5   Ff8 - é7

5. é2 - é3   0 - 0

6. Cg1 - f3   h7 - h6

Avant de mobiliser leur cavalier, les noirs posent une question au fou dame, jugeant que ni 7. Ff4, c5 ! ni 7. F×f6, F×f6 n'accordent un avantage aux blancs. Par la même occasion, les noirs gagnent le contrôle de g5.

7. Fg5 - h4   b7 - b6

Chose curieuse, cette avance vise moins la mobilisation du fou dame en fianchetto que l'avance latérale c5 et la possibilité de réagir à l'échange d×c5 par la reprise b×c5 !. D'autre part, les noirs

Diagr. 200 — 7. ..., b7 - b6

n'ont rien à craindre de l'affaiblissement des càses a6 et c6 du fait que le cavalier dame occupe encore sa case de départ, d'où il contrôle ces deux points névralgiques.

8. c4 × d5   Cf6 × d5

Favorise les échanges, ce qui allège le jeu noir.

9. Fh4 × é7   Dd8 × é7
10. Cc3 × d5   é6 × d5
11. Ta1 - c1   Fc8 - é6 !

La sortie caractéristique du fou dame, dans le système Tartakover.

12. Dd1 - a4   c7 - c5 !
13. Da4 - a3 !   Tf8 - c8
14. Ff1 - é2 !

La sortie Fd3 intercepte la colonne « d », l'une des bases d'opération contre le centre noir.

14.   Cb8 - d7
15. 0 - 0   Rg8 - f8 !

Protège la dame et ramène le roi au centre pour la finale.

16. d4 × c5   b6 × c5 !
17. Tf1 - d1

Une position caractéristique de cette variante ; elle pose la question : les pions en suspension (c5 et d5) sont-ils forts ou faibles ? La pratique n'a pas encore tranché.

La défense Tarrasch classique

1. d2 - d4   d7 - d5
2. c2 - c4   é7 - é6
3. Cb1 - c3   c7 - c5

Cette avance latérale, introduite par Tarrasch vers la fin du siècle dernier, vise une mobilisation aisée au détriment de la structure de pions — les noirs doivent accepter le pion isolé sur d5 — concession qu'ils semblent pouvoir se permettre, s'il faut en juger par trois quarts de siècle de pratique. De nos jours, elle a perdu sa popularité, du moins sous sa forme *classique*.

4. c4 × d5 !

La seule tentative de réfutation à retenir. L'échange au centre isole un pion noir. En contrepartie la diagonale du fou dame s'ouvre, de sorte que les noirs, à

Diagr. 201 — 3. ..., c7 - c5

l'inverse de la défense orthodoxe du gambit de la dame, n'éprouveront aucune peine à mobiliser leur Fc8.

4.   é6 × d5

A. Le gambit Tarrasch

5. d4 × c5 ?

Les blancs essaient d'exploiter d'emblée la faiblesse relative du pion isolé, mais au détriment de leur mobilisation et de leur sécurité.

5.   Cg8 - f6

La théorie estime la poussée ambitieuse 5. ..., d4 ! encore plus forte, parce qu'elle décentralise le cavalier au prix d'un ou de plusieurs pions. Par exemple : 6. Ca4, b5 ! — l'avance caractéristique du gambit Tarrasch — 7. a × b6 e.p., a7 × b6 ; 8. b3, Cf6, avec une ample compensation au sacri-

Diagr. 202 — 5. d4×c5 ?

fice de matériel.

Le coup du texte est plus solide et garantit la récupération de c5 lequel ne peut être conservé sous peine d'un handicap positionnel.

    6.   Fc1 - é3

Après 6. Fg5, F×c5 ou 6. Cf3, F×c5, les noirs ont un jeu excellent.

Par la sortie du texte, les blancs s'accrochent à tort au pion c5.

    6.   Cb8 - c6
    7.   Cg1 - f3   Dd8 - a5
    8.   Cf3 - d2

S'oppose à la menace 8. ..., F×c5 ; 9. Cb3 ! avec gain d'une pièce. On a longtemps considéré ce coup comme *la réfutation de 5. ..., Cf6.*

    8.   Cf6 - g4 !

Ce coup de développement *qualitatif* exploite la malheureuse position du Fé3.

    9.   Cd2 - b3   Cg4×é3 !
  10.   f2×é3   Da5 - d8
  11.   Dd×d5   Fc8 - é6 !

Les noirs ont de larges compensations pour les deux pions sacrifiés.

B.   La variante de Prague

    1.   d2 - d4   d7 - d5
    2.   c2 - c4   é7 - é6
    3.   Cb1 - c3   c7 - c5
    4.   c4×d5   é6×d5
    5.   Cg1 - f3

La continuation correcte. La mobilisation du jeu blanc s'accompagne du contrôle de d4. Les blancs reportent la possibilité d×c5 à plus tard.

    5.   Cb8 - c6 !

Une réplique adéquate. Les noirs se préparent à contrer 6. d×c5 par 6. ..., d4 !

Observons que 5. ..., Cf6 ? se heurte à 6. Fg5 !, et la menace 7. d×c5 ! est des plus gênantes pour les noirs. Par exemple : 6. ..., Fé6 ; 7. F×f6 !, D×f6 ; 8. é4 !, d×é4 ; 9. Fb5+, Cd7 ; 10. C×é4, Dg6 ; 11. F×d7+, F× d7 ; 12. 0 - 0 ! avec une position dominante pour les blancs, grâce

à leur avance de développement et à l'insécurité du roi adverse.

    6.   g2 - g3 !

Diagr. 203 — 6. g2 - g3 !

Une intéressante préparation au fianchetto du fou roi — introduite par Schlechter (Prague,

1908) — en vue d'exercer une pression sur d5. Simultanément, les blancs visent l'occupation de la case d4, après l'échange d × c5.

6.   Cg8 - f6
7.   Ff1 - g2   Ff8 - é7

La réplique courante et la plus recommandable. Les noirs veulent hâter le petit roque.

8.   0 - 0   0 - 0
9.   Fc1 - g5

L'échange 9. d × c5, l'idée maîtresse des blancs dans la position qui nous occupe, est neutralisé par la poussée 9. ..., d4 ! ; 10. Ca4, et les pièces noires sont plus actives, mais au prix d'un pion. La question de la priorité reste ouverte.

9.   Fc8 - é6
10.   Ta1 - c1

Menace 11. d × c5, et la poussée 11. ..., d4 ne va plus à cause de 12. Cb5 !, et le pion isolé tombe, tandis que c5 demeure protégé.

10.   c5 - c4 !

Elimine la menace d × c5 au détriment d'une pression constante sur d4. A partir d'ici, les blancs ont la possibilité, parmi d'autres, de faire sauter la chaîne c4 - d5, soit en attaquant la pointe par l'avance b3, soit en posant une question à la base par l'avance é4.

La position est difficile à traiter de part et d'autre.

La variante semi-classique de la défense Tarrasch

1.   d2 - d4   d7 - d5
2.   c2 - c4   é7 - é6
3.   *Cg1 - f3*

Néglige d'accroître la pression sur d5, ce qui laisse plus de choix aux noirs. La pratique a amplement confirmé que le coup du texte n'est pas inférieur à 3. Cc3.

3.   Cg8 - f6
4.   Cb1 - c3   c7 - c5

Diagr. 204 — 4. ..., c7 - c5

Cette fois, l'avance latérale c5 ne provoque plus l'isolement du pion dame, du fait de la sortie des cavaliers roi.

5.   c4 × d5

La suite la plus prometteuse selon l'optique actuelle, laquelle accorde aux blancs la supériorité au centre ; mais on ne peut affirmer que cela gêne les noirs.

Une suite solide et paisible est 5. é3 (variante fermée) : ses ramifications présentent une grande analogie avec le gambit de la dame accepté.

5.   Cf6 × d5 !

Accepter le pion isolé par la reprise 5. ..., é × d5 ? serait très peu recommandable, à cause de 6. Fg5 ! Les blancs débouchent sur une variante très favorable de la défense Tarrasch classique.

6.   é2 - é3 !

Cette modeste avance a le grand mérite d'éviter des échanges précoces. Après 6. é4, C × c3 ; 7. b × c3, c × d4 ; 8. c × d4, Fb4 +, trop de pièces disparaissent de l'échiquier, ce qui facilite le nivellement au profit des noirs.

6.   Cb8 - c6
7. Ff1 - d3   c5 × d4

8. é3 × d4   Ff8 - é7
9. 0 - 0   0 - 0
La position est en équilibre.

La défense semi-slave

1. d2 - d4   d7 - d5
2. c2 - c4   é7 - é6
3. Cb1 - c3   *c7 - c6*

Diagr. 205 — 3. ..., c7 - c6

Quelle pourrait être la raison de cette poussée passive qui néglige la mobilisation d'une pièce pour établir le triangle c6 - d5 - é6, figure géométrique qui caractérise tant de constructions, dérivant du gambit de la dame ? A l'analyse, elle pose une question indirecte au pion c4. Les blancs devront se décider sur la manière de réagir à la menace potentielle d × c4. Deux lignes de conduite sont à retenir :

1) *Protéger* c4 par l'avance passive mais solide 4. é2 - é3 ou la poussée ambitieuse 4. é2 - é4 ;

2) *Sacrifier* c4, soit provisoirement soit à titre définitif (gambit).

1) La protection de c4

A. 4. é2 - é3

A l'instar des noirs, ce coup enferme volontairement le fou dame et conduit à de nombreuses transpositions, car le choix demeure large de part et d'autre.

Le coup du texte peut néanmoins donner naissance à une position particulière, au cas où les noirs se décident pour la construction « Stonewall » par :

4.   f7 - f5
5. f2 - f4

Cette réplique symétrique passe pour la meilleure méthode pour combattre le mur de pions adverse : c'est l'« anti-Stonewall ».

B. 4. é2 - é4

Cette avance de deux pas n'est intéressante pour les blancs que dans la mesure où ils sont disposés à continuer en style de gambit, sans quoi les noirs égalisent aisément.

4.   d5 × é4
5. Cc3 × é4   Ff8 - b4 +
6. *Fc1 - d2 !*

La pointe de cette variante. Après 6. Cc3, c5 ! ; 7. Fé3 !, Cf6 !, les blancs n'ont rien à espérer.

En revanche, le sacrifice de pion qu'implique le coup du texte crée d'intéressantes possibilités combinatoires au profit des blancs.

6.   Dd8 × d4
7. Fd2 × b4   Dd4 × é4 +
8. Ff1 - é2

Sans vouloir entrer dans les détails, observons qu'après cela les noirs n'ont pas intérêt à capturer un second pion par 8. ..., D × g2.

Diagr. 206 — 8. Ff1 - é2

ils doivent, au contraire, amortir l'attaque des blancs par 8. ..., Ca6 ou, mieux encore, par le contre-sacrifice 8. ..., c5 !

2) Le sacrifice provisoire de c4

1.	d2 - d4	d7 - d5
2.	c2 - c4	é7 - é6
3.	Cb1 - c3	c7 - c6
4.	*Cg1 - f3*	

Le plus énergique et le plus courant. En même temps, les blancs mobilisent une pièce.

4.   d × c4

Les noirs acceptent la proposition, dans l'espoir de pouvoir rendre le pion dans de bonnes conditions.

5.   a2 - a4 !

Le seul coup qui permette de récupérer le pion de manière avantageuse. En revanche, après 5. é3 ?, b5 ; 6. a4, b4 ! ; 7. Cé4, Fa6 ; 8. Dc2, Dd5 ; 9. Cé4 - d2 !, cette récupération ne va pas sans mal.

5.   Ff8 - b4

L'idée du Hollandais Noteboom, dont le but apparaît deux coups plus tard. Elle n'a pas résisté à une longue expérience. Par 5. ..., Cf6 — défense slave acceptée — les noirs peuvent en-

trer dans une variante satisfaisante.

6.   é2 - é3

Entame une série de manœuvres pour récupérer c4.

6.		b7 - b5
7.	Fc1 - d2	a7 - a5

Les noirs rendent le pion au profit d'une redoutable majorité sur l'aile dame, l'idée de base de la variante Noteboom.

8.	a4 × b5	Fb4 × c3
9.	Fd2 × c3	c6 × b5
10.	b2 - b3 !	

Manœuvre instructive, par laquelle les blancs entament un travail de sape de la chaîne b4 - c4 par l'attaque de la pointe c4.

10.   Fc8 - b7 !

Si 10. ..., *c × b3* ? ; 11. F × b5 + !

Si 10. ..., *b4* ? ; 11. F × b4 !

Si 10. ..., Dd5 ? ; 11. b × c4, b × c4 ; 12. Cé5 !, etc.

11.   d4 - d5 ! !

Diagr. 207 — 11. d4 - d5 ! !

Cette percée, infiniment supérieure à l'échange 11. b × c4, b4 ; 12. Fb2, etc., est cause de la dépréciation de la variante Noteboom.

11.   Cg8 - f6

Il importe de parer la menace

11.	F × g7.	
12.	b3 × c4 !	b5 - b4
13.	Fc3 × f6 !	Dd8 × f6

14. Dd1 - a4 +
Les blancs conservent une très forte « attaque ».

La défense slave

| 1. | d2 - d4 | d7 - d5 |
| 2. | c2 - c4 | c7 - c6 |

Diagr. 208 —— 2. ..., c7 - c6

Cette avance de flanc, destinée à soutenir d5, caractérise la défense slave à double objectif :

1) Maintenir ouverte la diagonale du fou dame, ce qui facilite sa mobilisation : dans d'autres constructions, les noirs fermaient délibérément la diagonale c8 - h3 ;

2) Créer la « menace » potentielle d × c4, avec la conservation éventuelle du pion.

Dans quelle mesure les noirs peuvent-ils arriver à leurs fins ? Comme nous allons le voir, ces deux objectifs impliquent des concessions d'un autre ordre.

Tout d'abord, la sortie ultra-rapide du fou dame peut causer un affaiblissement de l'aile dame. Quant à la prise d × c4, elle abandonne le contrôle de é4 dont les blancs peuvent tirer profit.

3. Cg1 - f3

Le coup le plus usuel : il empêche le gambit Winawer 3. ..., é7 - é5.

3. .... Cg8 - f6 !

Aussi longtemps que la diagonale du Fc1 n'est pas fermée, les noîrs doivent renoncer à la sortie de leur fou dame, sous peine d'une forte « initiative » blanche. Par exemple : 4. ..., Ff5 ? ; 5. c × d5 !, c × d5 ; 6. Cc3, Cf6 ; 7. Db3 !, etc.

Qui plus est, ils doivent également renoncer à la capture de c4. Par exemple : 4. ..., d × c4 ? ; 5. é3 !, b5 ; 6. a4 !, avec des complications favorables aux blancs.

A. Le gambit slave refusé

4. é2 - é3

Protège c4, mais enferme le fou dame. L'avance du texte est, par conséquent, solide, mais passive. Les noirs disposent de diverses réponses satisfaisantes.

1) La sortie 4. ..., Ff5

4. .... Fc8 - f5

Cette fois, l'ambition des noirs de mobiliser au plus vite leur fou dame se réalise sans inconvénients : les blancs ont enfermé leur fou dame.

| 5. | c4 × d5 ! | c6 × d5 |
| 6. | Dd1 - b3 | Dd8 - c7 ! |

La position demeure en équilibre.

2) Le fianchetto du fou roi par

Diagr. 209 — 4. é2 - é3

4. ..., g6 (la variante Schlechter)

4.   g7 - g6

Cette variante présente une grande analogie avec la défense Grünfeld. Elle répond aux conceptions modernes.

5. Cb1 - c3   Ff8 - g7
6. Dd1 - b3 !   0 - 0
7. Fc1 - d2   d5 × c4

La politique d'attente 7. ..., é6, en vue de poursuivre par 8. ..., Cb8 - d7 et 9. ..., b6, est également satisfaisante.

8. Ff1 × c4   Cb8 - d7
9. 0 - 0   Cd7 - b6

Les jeux sont en équilibre.

B. Le gambit slave accepté

1. d2 - d4   d7 - d5
2. c2 - c4   c7 - c6
3. Cg1 - f3   Cg8 - f6
4. Cb1 - c3 !

La sortie la plus énergique, bien qu'elle tolère la prise de c4.

4.   d5 × c4

Diagr. 210 — 4. ..., d5 × c4

Comme la sortie du fou dame resterait encore aléatoire (4. ..., *Ff5 ?* ; 5. c × d5 !, c × d5 ; 6. Db3 !, Fc8 ; 7. Ff4, et les blancs obtiennent une sérieuse avance de développement), les noirs usent de l'échange intermédiaire du texte

pour y parvenir dans de bonnes conditions.

5. a2 - a4

La méthode la plus efficace pour récupérer c4. Les blancs s'opposent à la poussée b5.

Observons que 5. é3 permet également de récupérer le pion, mais dans de moins bonnes conditions. Par exemple 5. é3, b5 ! ; 6. a4, b4 ! ! ; 7. Ca2 ; et la double menace : C × b4 et F × c4 rétablit l'équilibre matériel, bien que ce soit au prix d'un cavalier mal placé dont la remise en jeu exigera *deux* temps.

5.   Fc8 - f5

La pointe de la défense slave acceptée : la sortie du fou dame s'opère sans inconvénients et les noirs contrôlent la case é4. Or, l'avance é4 sera tôt ou tard nécessaire pour assurer la mobilisation du Fc1.

6. é2 - é3 !

C'est finalement cette avance logique qui s'est révélée la plus profitable aux blancs.

La mobilisation qualitative 6. Cé5, très à la mode entre les deux guerres, a été abandonnée

Diagr. 211 — 6. é2 - é3 !

après une longue expérience non concluante.

A partir du diagramme, on a essayé plusieurs continuations : une seule émerge, parce qu'elle s'oppose le mieux à l'avance é4.

	6.	é7 - é6 !
	7. Ff1 × c4	Ff8 - b4

Cloue le cavalier dame, mais se réserve aussi la possibilité de l'échange F × C, privant la case é4 d'un contrôle important.

	8. 0 - 0	0 - 0

La position de base de la défense slave acceptée. Les blancs disposent de plusieurs suites ; celle que nous exposons contribue le mieux à la préparation de l'avance é4.

	9. Dd1 - é2 !	

Menace 10. é4, laquelle exige des contre-mesures de la part des noirs.

	9.	Cb8 - d7

La réplique moderne, due à Smyslov. Au lieu de s'opposer à l'avance é4, les noirs veulent gagner une position solide, quitte à dévier leur fou dame vers g6.

	10. é3 - é4	Ff5 - g6
	11. Fc4 - d3	

Conserve la mobilité du centre.

Après 11. é5, Cd5 ; les noirs n'éprouvent pas de difficultés à égaliser.

	11.	Fg6 - h5

Ce clouage a le grand mérite de préparer la poussée é6 - é5.

	12. Fc1 - f4	Tf8 - é8

Menace à nouveau é6 - é5, de sorte que les blancs doivent, bon gré mal gré, avancer leur pion roi.

	13. é4 - é5	Cf6 - d5
	14. Cc3 × d5	c6 × d5
	15. Dé2 - é3	

Décloue le cavalier roi. Les chances sont en équilibre.

La variante de gambit

	1. d2 - d4	d7 - d5
	2. c2 - c4	c7 - c6
	3. Cg1 - f3	Cg8 - f6
	4. Cb1 - c3	d5 × c4
	5. é2 - é4	

Cette avance entreprenante, mise en pratique par le grand maître soviétique Geller, annonce un jeu de gambit, lequel pose de sérieux problèmes de défense aux noirs : ils sont à même de conserver c4, mais au prix de plusieurs concessions.

	5.	b7 - b5

Diagr. 212 — 5. é2 - é4

6. é4 - é5   Cf6 - d5
7. Cf3 - g5
Le dernier cri. Les blancs menacent Dh5.

7.   h7 - h6 !
8. Cg5 - é4

Les blancs ont un avantage de terrain. Mais compense-t-il le pion sacrifié ? Tôt ou tard, les blancs devront préparer la poussée b3, afin d'ouvrir le jeu sur l'aile dame.

La variante d'échange de la défense slave

1. d2 - d4   d7 - d5
2. c2 - c4   c7 - c6
3. c4 × d5   c6 × d5

Cet échange stabilise le centre et conduit à une structure de pions symétrique. A ce titre, la position est moins riche en plans stratégiques que la variante d'échange du gambit de la dame. Aussi, les noirs éprouvent-ils moins de peine à égaliser.

4. Cb1 - c3   Cg8 - f6
5. Cg1 - f3   Cb8 - c6

La position est symétrique ; et la question se pose : combien de temps les noirs pourront-ils se permettre cette tactique ?

6. Fc1 - f4

A. La réponse symétrique 6. ..., Ff5

6.   Fc8 - f5
7. é2 - é3   é7 - é6
8. Ff1 - b5 !

Diagr. 214 — 8. Ff1 - b5 !

La trouvaille de Botvinnik. Elle a jeté un certain discrédit sur la tactique des noirs qui visait à maintenir la symétrie. Le but du clouage du cavalier dame est moins de menacer Cé5 que de forcer l'échange sur c6, afin de renforcer le contrôle des cases noires. Dans cette bataille stratégique, le rôle du Cc6 est plus important que celui du Ff1. D'ailleurs, les positions stabilisées au centre rendent les fous moins efficaces que les cavaliers, puisque ceux-ci peuvent contrôler à la fois les cases blanches et les noires.

Chose curieuse, la théorie n'a

Diagr. 213 — 6. Fc1 - f4

La position classique de la variante d'échange. Les noirs disposent de plusieurs continuations. Deux d'entre elles méritent l'attention.

pas encore décidé de la meilleure riposte, face au plan de Botvinnik.

8.   Cf6 - d7

S'oppose à 9. Cé5. Or, il se peut que 8. ..., Fd6 remplisse encore mieux ce rôle.

En revanche, la réponse symétrique 8. ..., Fb4 n'a pas donné satisfaction. Il suit : 9. Cé5 !, Da5 ; 10. F×c6+ !, b×c6 ; 11. 0 - 0 !, F×c3 ; 12. b×c3 et les blancs *ont* l'avantage (Botvinnik-Tahl, 1961).

9.   Fb5×c6 !   b7×c6
10.   0 - 0

Les blancs ont l'avantage, encore qu'on manque d'exemples pour formuler un jugement définitif.

B. Les noirs enferment leur fou dame : 6. ..., é6

6.   é7 - é6

La continuation la plus solide. Les noirs se proposent de poursuivre par 7. ..., Fd6, afin d'échanger les fous sur cases noires, ou bien d'opérer l'avance é6 - é5.

7.   é2 - é3   Ff8 - d6
8.   Ff4 - g3 !

La continuation moderne ; elle maintient la tension.

C'est une donnée de l'expérience que l'échange 8. F×d6, D×d6 nivelle la position, bien que les blancs se dessaisissent de leur « mauvais » fou au profit du « bon » fou des noirs. Mais la construction noire supporte sans dommage ce double inconvénient (un « mauvais » fou, enfermé de

Diagr. 215 — 8. Ff4 - g3

surcroît), du moins dans l'immédiat.

8.   a7 - a6

S'oppose à 9. Fb5.

L'échange immédiat 8. ..., F× g3 ; 9. h×g3, Dd6 ; 10. Fb5 ! donne une colonne ouverte aux blancs et le contrôle de la case é5.

Peu recommandable est 8. ..., 0 - 0 ? ; 9. Fd3, Té8 ; 10. Cé5 ! !, F×é5 ; 11. d×é5, Cd7 ; 12. f4, et les blancs lancent une violente attaque sur le roque (Portisch-Petrossian, Moscou, 1967).

9.   Ff1 - d3   Fd6×g3
10.   h2×g3   Dd8 - d6
11.   Dd1 - é2

Prépare le grand roque afin de maintenir la tour roi sur la colonne « h ». Par la même occasion, les blancs se réservent la possibilité é3 - é4.

La position offre un large choix, en particulier aux blancs.

La défense de Méran

1.   d2 - d4   d7 - d5
2.   c2 - c4   c7 - c6
3.   Cg1 - f3   Cg8 - f6
4.   Cb1 - c3   é7 - é6

Les noirs renoncent à la prise

d×c4 et, partant, à la sortie rapide du fou dame, au profit d'une continuation qui enferme le fou dame. C'est un procédé moins ambitieux et plus lent, mais pas

Diagr. 216 — 4. .... é7 - é6

du tout inférieur au précédent, ainsi que l'expérience l'a révélé. Par la même occasion, les noirs imposent une décision aux blancs : ceux-ci doivent-ils protéger c4 ou peuvent-ils y renoncer ?

5. é2 - é3

La continuation la plus courante et sans doute la plus solide.

L'essai 5. Fg5 (pour ne pas enfermer le fou dame) se solde par la perte de c4 et conduit à un gambit fort intéressant, encore que son opportunité demeure incertaine.

5.   Cb8 - d7

Diagr. 217

A. 6. Ff1 - d3

6. *Ff1 - d3*

Autorise la défense de Méran et ses dérivés.

6.   d × c4

Caractérise la défense de Méran, procédé standard mais capital pour mobiliser le fou dame en fianchetto, lorsqu'il est enfermé derrière le triangle c6 - d5 - é6.

7. Fd3 × c4 b7 - b5
8. Fc4 - d3 a7 - a6

Prépare 9. ..., c5, ce qui d'ailleurs n'est pas indispensable (voir la défense néo-mérane).

9. é3 - é4 c6 - c5

Diagr. 218 — 9. ..., c6 - c5

A partir du diagramme, les blancs disposent de deux continuations majeures : 10. é5 (démodée, parce que trop analysée) et 10. d5 ! (Reynolds), laquelle offre, à son tour, un trésor de possibilités.

Les noirs ont une excellente position (Uhlmann-Larsen ; Monte-Carlo, 1968).

B. 6. Dd1 - c2
ou la méthode anti-mérane

1. d2 - d4 d7 - d5
2. c2 - c4 c7 - c6

3.	Cg1 - f3	Cg8 - f6
4.	Cb1 - c3	é7 - é6
5.	é2 - é3	Cb8 - d7
6.	Dd1 - c2	

Diagr. 219 — 6. Dd1 - c2

Invite les noirs à la prise 6. ..., d × c4 ; 7. F × c4, ce qui épargnerait un « temps » aux blancs, par rapport à 6. Fd3. Aussi les noirs ont-ils intérêt à renoncer à la recette de la défense de Méran proprement dite.

6.		Ff8 - d6

1) La construction Stoltz
7. é3 - é4

L'idée de Stoltz ; elle n'est pas embarrassante pour les noirs.

7.		d5 × é4
8.	Cc3 × é4	Cf6 × é4
9.	Dc2 × é4	é6 - é5 !

La méthode la plus simple pour égaliser. Le Fc8 se développera par la diagonale c8 - h3.

2) La construction Najdorf
7. b2 - b3

Renonce à l'avance é4 au profit d'une mobilisation plus lente.

7.		0 - 0
8.	Ff1 - é2 !	é6 - é5 !

Voilà encore la méthode la plus efficace pour mobiliser le fou dame.

9.	c4 × d5	Cf6 × d5 !

Les noirs sont tirés d'affaire.

3) La construction Taïmanov
7. Fc1 - d2

Prépare le grand roque et une attaque sur l'aile roi. Telle est l'idée conçue par Taïmanov. Elle passe aujourd'hui pour la plus prometteuse.

7.		0 - 0
8.	0 - 0 - 0	é6 - é5

La méthode reste valable, bien que les noirs disposent d'autres continuations. Par exemple : 8. ..., c5 ; 9. é4, c × d4 ; 10. C × d4, d × c4 ; 11. F × c4, etc.

9.	c4 × d5	c6 × d5
10.	Cc3 - b5	Fd6 - b8
11.	d4 × é5	Cd7 × é5
12.	Fd2 - c3	Dd8 - é7

Les blancs ont un léger avantage.

La défense semi-mérane

1.	d2 - d4	d7 - d5
2.	c2 - c4	c7 - c6
3.	Cg1 - f3	Cg8 - f6
4.	Cb1 - c3	é7 - é6
5.	é2 - é3	Cb8 - d7
6.	Ff1 - d3	

Les noirs peuvent impunément renoncer à la prise 6. ..., d × c4 au profit d'une mobilisation plus rapide de l'aile roi. Pour ce faire, ils mobilisent leur fou roi.

1) La construction Tchigorine
6. Ff8 - d6

Observons que la construction noire est identique à la construction blanche du système Colle. La seule différence réside dans le fait que, dans la position qui nous occupe, les noirs ont un temps de moins.

7. é3 - é4

La méthode la plus efficace pour s'attaquer à la construction Tchigorine.

Diagr. 220 — 6. .... Ff8 - d6

Après la continuation plausible 7. 0 - 0, 0 - 0 ; 8. é4, les noirs disposent de la réplique 8. ..., *d* × *c4* ! ; 9. F × c4, é5 ! ; 10. Fg5, et les noirs éprouvent moins de difficultés à égaliser. Le mérite de l'avance du texte est précisément de s'opposer à la méthode d × c4 et é6 - é5.

    7.   d5 × é4

A présent 7. ..., *d* × *c4* ? ; 8. F × c4, é5 tourne à l'avantage des blancs à cause de 9. d × é5 !, et les noirs ont le choix entre deux maux :

1) 9. ..., F × é5 ; 10. C × é5, C × é5 ; 11. D × d8, R × d8 ; 12. Fé2, et les blancs gardent leurs deux fous ; de surcroît, les noirs se trouvent déroqués.

2) 9. ..., C × é5 ; 10. C × é5, F × é5 ; 11. D × d8 +, R × d8 ; 12. F × f7, F × c3 + ; 13. b × c3, C × é4 ; 14. 0 - 0 ! et les blancs ont les deux fous et une avance de développement considérable.

    8.   Cc3 × é4

Attaque le fou roi, de sorte que les noirs doivent échanger sur é4 sous peine de perdre un temps.

    8.   Cf6 × é4
    9.   Fd3 × é4   0 - 0
   10.   0 - 0   Dd8 - c7
   11.   Fé4 - c2 !

Retraite préventive pour échapper à la « menace » Cf6, mais, aussi, préparation de la menace Dd3.

Les blancs ont une plus grande liberté de manœuvre.

2) La construction Bogoljubov
    6.   Ff8 - é7

Diagr. 221 — 6. ..., Ff8 - é7

Sortie plus modeste que 6. ..., Fd6, les noirs négligent le contrôle de é5 et, partant, la possibilité de l'avance é6 - é5. En revanche, le fou é7 ne s'expose plus à l'attaque du cavalier dame.

    7.   0 - 0

Cette fois, l'avance 7. é4 est moins efficace, car après 7. ..., d × é4 ; 8. C × é4, les noirs ne sont plus obligés d'échanger sur é4 et pensent continuer par 8. ..., b6 ! suivi de Fb7 : ils n'auront plus qu'à préparer l'avance c5 pour égaliser.

    7.   0 - 0
    8.   b2 - b3   b7 - b6
    9.   Fc1 - b2   Fc8 - b7
   10.   Dd1 - é2   Dd8 - c7

Les noirs ont une position passive et légèrement inférieure.

La défense « néo-mérane »

Dérivée de la défense de Méran proprement dite, la défense « néo-mérane » a mérité la faveur d'un joueur tel que le grand maître Larsen, qui l'a d'ailleurs perfectionnée.

1.	d2 - d4	d7 - d5
2.	c2 - c4	c7 - c6
3.	Cg1 - f3	Cg8 - f6
4.	Cb1 - c3	é7 - é6
5.	é2 - é3	Cb8 - d7
6.	Ff1 - d3	d5 ×c4
7.	Fd3 ×c4	b7 - b5
8.	Fc4 - d3	Fc8 - b7

Les noirs renoncent à la préparation de c5 par 8. ..., a6 et optent pour une méthode plus expéditive dont la pointe apparaît au coup suivant. L'ordonnance des huitième et neuvième coups des noirs appartient à Larsen.

9.	é3 - é4	*b5 - b4*

La pointe de la défense néo-mérane. La mobilisation du fou dame en fianchetto et la poussée libératrice s'effectuent avec gain

Diagr. 222 — 9. ..., b5 - b4

de temps par rapport à la défense de Méran proprement dite.

10.	Cc3 - a4	c6 - c5 !
11.	é4 - é5	Cf6 - d5
12.	d4 ×c5	

Ou 12. C ×c5, F ×c5 : 13. d × c5, a6, et les noirs récupèrent c5 sans difficulté.

12.		Dd8 - a5 !
13.	0 - 0	Ff8 ×c5

La défense Marshall

1.	d2 - d4	d7 - d5
2.	c2 - c4	*Cg8 - f6*

Diagr. 223—2....,Cg8 - f6

Cette protection du pion dame, préconisée jadis par Marshall, n'est pas heureuse selon les conceptions modernes. Elle a complètement disparu des grands tournois de l'après-guerre. Il n'empêche qu'elle jouit de la faveur de nombreux débutants qui sont encore mal au courant de la théorie : c'est pourquoi nous tenons à signaler ses inconvénients.

3. c4 ×d5 !

Le seul essai de réfutation valable.

3. Cf6 ×d5

Après 3. ..., D ×d5 ? ; 4. Cc3 !, les blancs gagnent un *temps* important, comme dans la défense scandinave.

4. Cg1 - f3 !

Contrôle é5 et garde l'avance é4 en réserve.

Prématuré serait 4. *é4* ?, Cf6 ; 5. Cc3, é5 ! ; 6. d×é5, D×d1 + ; 7. R×d1, Cg4 !, et les noirs récupèrent le pion avec une confortable égalité.

4.   Fc8 - f5

Tentative illusoire d'opposition à l'avance é4. Préférable est 4. ..., é6, mais, ce faisant, les noirs accordent un sérieux avantage aux blancs après 5. é4, Cf6 ; 6. Cc3, Fé7 ; 7. Fd3, c5 ; 8. é5 !, etc.

5. Dd1 - b3 !

Exploite la faiblesse de b7.

5.   Cb8 - c6

Le moindre mal, car la prise 6. D×b7 ?, Cd5 - b4 ! irait à l'avantage des noirs.

6. Cb1 - d2 !

Ici, le cavalier se soustrait à l'échange du Cd5, tout en menaçant é4 !

6.   Cd5 - b6

La seule parade. Il importe de protéger b7.

7. é2 - é4   Ff5 - g6
8. d4 - d5   Cc6 - b8

Les blancs dominent.

Le système Colle

1. d2 - d4   d7 - d5
2. Cg1 - f3   Cg8 - f6
3. é2 - é3   é7 - é6
4. Cb1 - d2   c7 - c5
5. *c2 - c3*

La construction de départ du système Colle. (Colle est le premier joueur de classe mondiale que la Belgique ait connu.) Les blancs ont volontairement enfermé leur fou D derrière le triangle c3-d4-é3 et se proposent de réaliser tôt ou tard l'avance é3 - é4 en vue de mobiliser leur fou D. En fait, les

Diagr. 224 — 5. c2 - c3

blancs ont opté pour la construction de Méran avec un *temps* de plus !

A partir du diagramme, les noirs ont le choix entre deux continuations importantes : 5. ..., Cc6 et 5. ..., Cb8 - d7. Chacune des deux continuations exige des blancs un comportement différent. En effet, la première renforce la pression sur d4 ; la seconde y renonce.

A. 5. ..., Cb8 - c6

5.   Cb8 - c6
6. Ff1 - d3   Ff8 - d6
7. 0 - 0   0 - 0
8. d4×c5 !

La pression sur d4 oblige les blancs à cet échange intermédiaire avant de réaliser leur plan de base : l'avance é4.

L'avance immédiate 8. é4 ? est peu recommandable, à cause de 8. ..., c×d4 ! ; 9. c×d4, d×é4 ; 10. C×é4 ; un pion blanc reste isolé au centre.

8.   Fd6×c5
9. é3 - é4   Dd8 - c7 !

Prévient l'avance é5.

Moins précis est 9. ..., d×é4 ; 10. C×é4, C×é4 ; 11. F×é4,

D ×d1 ; 12. T ×d1 et la majorité sur l'aile dame constitue un atout pour les blancs.

    10. Dd1 - é2   Cf6 - g4 !

Les noirs ont maintenu l'équilibre.

    B. 5. ..., Cb8 - d7.

    5.   Cb8 - d7

La continuation la plus commode pour égaliser.

    6. Ff1 - d3   Ff8 - é7 !

Encore plus solide que 6. ..., Fd6.

    7. 0 - 0   0 - 0

    8. é3 - é4

A présent, l'échange 8. d ×c5 ? serait une grave faute positionnelle, à cause de 8. ..., C ×c5 ! L'absence de pression sur d4 autorise l'avance immédiate (caractéristique du système Colle).

    8.   d5 ×é4 !

Prématuré serait 8. ..., c ×d4 ? ; 9. é5 !, avec avantage aux blancs.

    9. Cd2 ×é4   Cf6 ×é4
   10. Fd3 ×é4   Cd7 - f6
   11. Fé4 - c2   b7 - b6

Assure la mobilisation du fou dame en fianchetto. Les noirs ont surmonté toutes les difficultés du début.

Le système anti-Colle

    1. d2 - d4   d7 - d5
    2. Cg1 - f3   Cg8 - f6
    3. é2 - é3   Fc8 - f5

Les blancs ont délibérément enfermé leur fou D. Les noirs en profitent : le Ff5 s'oppose à toute

Diagr. 225 — 3. ..., Fc8 - f5

agression du fou « d'attaque ».

    4. Ff1 - d3   é7 - é6 !

L'échange 4. ..., F ×d3 ; 5. c × d3 ! est plutôt favorable aux blancs.

    5. Fd3 ×f5

Cette tentative de « réfutation » est favorable aux noirs. Ceux-ci obtiennent le contrôle de é4, ce qui vaut bien un pion doublé !

    5.   é6 ×f5

    6. Dd1 - d3

Avec la double menace : 7. D ×f5 et 7. D ×b5 + suivie de D ×b7.

    6.   Dd8 - c8 !
    7. b2 - b3   Cb8 - a6 !
    8. 0 - 0   Ff8 - é7
    9. c2 - c4   0 - 0
   10. Cb1 - c3   c7 - c6

Les noirs ont une excellente position (Alekhine-Euwe, 1935).

Le gambit de la dame accepté

    1. d2 - d4   d7 - d5
    2. c2 - c4   *d5 ×c4*

Les noirs acceptent le gambit non avec l'ambition de gagner un pion mais avec l'intention de contre-attaquer le centre blanc (par l'avance de flanc c5) pendant que les blancs organisent la récupération de c4. En fait, la prise rapide de c4 implique l'abandon momentané du centre. Mais cette concession, ainsi que la pratique le confirme, n'est pas de nature à compromettre l'équilibre.

    3. Cg1 - f3

Diagr. 226 — 2. ..., d5×c4

Diagr. 227 — 6. ..., a7 - a6

S'oppose à l'avance 3. ..., é5.

3.   Cg8 - f6

S'oppose à l'avance é4.

Vouloir protéger et conserver c4 par l'avance b5 n'est pas recommandable. Les blancs disposent d'une série de manœuvres pour récupérer le pion en toutes circonstances. Par exemple : 3. ..., b5 ? ; 4. é3, Cf6 ; 5. a4 !, c6 ; 6. a×b5, c×b5 ; 7. b3 ! avec avantage aux blancs.

4. é2 - é3   é7 - é6

5. Ff1 × c4   c7 - c5 !

Rétablit l'équilibre au centre : les noirs exercent une pression sur d4, manœuvre essentielle dans le gambit de la dame accepté et maintes autres variantes issues de l'avance du pion D.

6. 0 - 0   a7 - a6

La position de départ classique du gambit de la dame accepté. Les noirs préparent la mobilisation du fou D en fianchetto par la manœuvre b5, suivie de Fb7. Et la question se pose aux blancs : doivent-ils tolérer l'avance b5 ou s'y opposer par 7. a2 - a4 ?

I. Les blancs tolèrent l'avance b5

7. Dd1 - é2

La continuation la plus cou-

rante ; les blancs se réservent la possibilité Tf1 - d1.

A présent, les noirs se trouvent devant un choix : ou bien doivent-ils accentuer la pression sur d4 (7. ..., Cc6) avant de procéder à l'avance b5 ; ou bien doivent-ils y renoncer au profit de la mobilisation *accélérée* du fou D ? En vertu de l'expérience acquise, l'idée de peser d'abord sur d4 n'a pas donné satisfaction, parce qu'elle néglige trop le *contrôle* de la case d5. Aussi a-t-elle été abandonnée en faveur de la mobilisation accélérée du fou D, suivie de Cb8 - d7 !, afin de mieux contrôler d5.

Ia. 7. ..., *Cb8 - c6 (pression sur d4)*

7.   Cb8 - c6

8. Cb1 - c3 !

La continuation moderne remplaçant 8. Tf1 - d1. La sortie du cavalier exploite le fait que d4 est indirectement défendu : après 8. ..., c×d4 ? ; 9. Tf1 - d1 !, les blancs récupèrent le pion, et les lignes s'ouvrent à leur profit. En effet, les blancs sont les mieux développés.

Selon l'optique actuelle, la cons-

Diagr. 228 — 8. Cb1 - c3 !

truction blanche est avantageuse, avec d'excellentes perspectives d'attaque au centre (poussée d5 !) et sur l'aile roi.

| 8. | b7 - b5 |
| 9. Fc4 - b3 ! | |

Avec le double objectif de conserver le contrôle de d5 et de protéger indirectement d4.

| 9. | Fc8 - b7 |

Ni 9. ..., c×d4, ni 9. ..., b4, ni 9. ..., Fé7 n'ont donné satisfaction jusqu'ici. Mais le coup du texte n'est pas davantage parfait.

| 10. Tf1 - d1 | Dd8 - c7 |
| 11. d4 - d5 ! | |

La percée caractéristique de cette variante.

| 11. | é6 × d5 |
| 12. Cc3 × d5 | |

Une continuation solide et qui réserve aux blancs d'excellentes perspectives.

Plus tranchante est la percée 12. é3 - é4 ! Les noirs doivent répondre 12. ..., 0 - 0 - 0 ! sous peine de subir une violente attaque au centre.

| 12. | Cf6 × d5 |
| 13. Fb3 × d5 | Ff8 - é7 |

Les blancs ont les meilleures chances.

Ib. Le fianchetto accéléré (7. ..., b7 - b5)

1. d2 - d4	d7 - d5
2. c2 - c4	d5 × c4
3. Cg1 - f3	Cg8 - f6
4. é2 - é3	é7 - é6
5. Ff1 × c4	c7 - c5
6. 0 - 0	a7 - a6
7. Dd1 - é2	b7 - b5

Diagr. 229 — 7. ..., b7 - b5

Mobilise par priorité le fou D et renonce définitivement à Cc6 au profit de Cb8 - d7, afin de mieux contrôler d5.

8. Fc4 - b3 !

Conserve le contrôle de la case d5 et la possibilité Tf1 - d1.

8.	Fc8 - b7
9. Tf1 - d1	Cb8 - d7
10. Cb1 - c3	Dd8 - b8

La plus récente trouvaille de Smyslov : s'oppose à 11. é4, c×d4 ; 12. T×d4, Fc5 !, etc. D'autres coups de dame, tels que : 10. Dc7 ou 10. Db6, sont neutralisés par 11. d5 ! Et c'est aussi la meilleure réponse à la tentative de Smyslov.

11. d4 - d5 !	Cf6 × d5
12. Cc3 × d5	Fb7 × d5
13. Fb3 × d5	é6 × d5
14. Td1 × d5	

Les blancs poursuivent par é4,

avec des perspectives d'attaque.

II. Les blancs empêchent l'avance b5 (la variante classique)

7.   a2 - a4

Diagr. 230 — 7. a2 - a4

Cette avance, qui cède la case b4 aux noirs et se propose d'empêcher mécaniquement l'avance b5, jouit d'un regain d'intérêt depuis qu'elle a été adoptée par Botvinnik. Et, de fait, les problèmes de mobilisation changent dans les deux camps ! Les noirs doivent renoncer à mobiliser le Fc8 en fianchetto ; les blancs, en revanche, devront, dans maintes variantes, mobiliser le Fc1 en fianchetto.

7.   Cb8 - c6

Ici, la pression sur d4 est opportune. Les blancs contrôlent une fois de moins la case d5. Par ailleurs, le fou dame devra se développer à d7.

8.   Dd1 - é2

La continuation la plus précise. Les blancs n'ont rien à craindre de 8. ..., c × d4 à cause de 9. Tf1 - d1, Fé7 ; 10. é × d4, 0 - 0 ; 11. Cc3, Cd5 !, bien que la position demeure défendable pour les noirs.

8.   Ff8 - é7

9.   Tf1 - d1

L'idée de Botvinnik : 9. d × c5, est neutralisée par 9. ..., Cé4 !

A présent, les blancs ont à préparer le fianchetto de leur fou D, tandis que les noirs doivent y renoncer.

9.		Dd8 - c7
10.	Cb1 - c3	0 - 0
11.	b2 - b3	Fc8 - d7
12.	Fc1 - b2	Ta8 - d8 !

Atténue les effets de l'avance d5.

13.	d4 - d5	é6 × d5
14.	Cc3 × d5	Cf6 × d5
15.	Fc4 × d5	Fd7 - g4 !

Les jeux demeurent en équilibre.

La variante de gambit

1.	d2 - d4	d7 - d5
2.	c2 - c4	d5 × c4
3.	Cg1 - f3	Cg8 - f6
4.	Cb1 - c3	

Diagr. 231 — 4. Cb1 - c3

Sortie ambitieuse du cavalier D, qui néglige l'attaque immédiate de c4. Les blancs se proposent ainsi d'opérer l'avance é4 en vue d'un sérieux avantage au centre. Mais ce report de l'attaque sur c4 incite les noirs à s'accrocher à sa défense afin d'obliger les blancs à consacrer plusieurs *temps* à la récupération du pion, ce qui leur assure une position satisfaisante.

En vertu de cette donnée expérimentale, le coup du texte n'offre d'intérêt qu'au cas où les blancs renonceraient à la récupération de c4 au profit d'une mobilisation accélérée, gambit qui pose aux noirs divers problèmes de défense.

4. a7 - a6

Menace b5 et passe pour la riposte la plus énergique. Observons, toutefois, que les noirs peuvent réaliser le même objectif par l'avance 4. ..., c6, transposant ainsi dans la défense slave.

En revanche, la poussée 4. ..., c5 ? est peu recommandable. Il suit : 5. d5 !, é6 ; 6. é4, é×d5 ; 7. é5 !, d4 ; 8. F×c4 !, avec avantage aux blancs.

Enfin, 4. ..., Cb8 - d7 est tout aussi « pâle ». Il suit : 5. é4, Cb6 ; 6. a4, a5 ; 7. Cé5, et les blancs récupèrent c4 dans de bonnes conditions.

5. é2 - é4 ! ?

La seule continuation qui soit fidèle à l'esprit de 4. Cc3 et digne d'intérêt. Vouloir récupérer c4 en empêchant b5 tourne à l'avantage des noirs. Par exemple : 5. a4, Cc6 ; 6. é4, Fg4 ; 7. Fé3, é5 ! ; 8. d×é5, Cf6 - d7 ; 9. F× c4, Cd7×é5, et les blancs n'ont rien retiré de ce début.

5. b7 - b5
6. é4 - é5 Cf6 - d5
7. a2 - a4 Cd5×c3

Afin de neutraliser la menace sur b5.

5. b2×c3 Fc8 - b7
9. é5 - é6 ! ?

Un deuxième sacrifice du pion pour entraver la mobilisation noire. Mais les conséquences en demeurent difficiles à apprécier, après 9. ..., f×é6 ou encore après 9. ..., f6.

Quoi qu'il en soit, cette variante donne lieu à d'intéressantes parties de combat, tant la position se dynamise. Enfin, elle présente une nette analogie avec la variante de gambit de la défense slave, imaginée par Geller.

5

Les jeux semi-fermés

Les jeux semi-fermés groupent toutes les ouvertures où les noirs *renoncent* à la réponse symétrique 1. ..., d7 - d5 (Euwe).

Par le départ courant : 1. d2 - d4, Cg8 - f6, les noirs se réservent un grand nombre de possibilités. Mais ils n'abandonnent pas pour autant le contrôle de é4, du moins dans l'immédiat : tout comme 1. ..., d7 - d5, la sortie du cavalier R contrarie l'avance 2. é2 - é4.

Quatre réponses populaires peuvent en résulter :

La défense Nimzovitch

1.	d2 - d4	Cg8 - f6
2.	c2 - c4	é7 - é6
3.	Cb1 - c3	Ff8 - b4

Diagr. 232 — 3. ..., Ff8 - b4

Par ce clouage, qui caractérise la défense Nimzovitch, les noirs maintiennent le contrôle de é4. La sortie du fou R suscite de nombreuses questions auxquelles la pratique a finalement fourni des réponses satisfaisantes. Résumons-les :

1) Les noirs menacent-ils de procéder à l'échange F × c3 + et, partant, de doubler les pions blancs sur la colonne « c » ?

En fait, les blancs n'ont pas à craindre un échange délibéré sur c3 ; de même, il est prouvé que les noirs font mieux de s'abstenir.

2) Les noirs peuvent-ils réfuter le clouage en posant une question au Fb4 par 4. a3 ?

Après 4. a3, F × c3 + ; 5. b2 × c3, les blancs ont effectivement obtenu les deux tours et renforcé leur centre, mais au prix de deux concessions. D'abord, l'avance

4. a3 coûte un temps au développement ; ensuite, le complexe du pion doublé qui résulte de l'échange comporte un point sensible : le pion c4. Bref, les avantages et les inconvénients s'annulent.

En conclusion, les blancs disposent d'un large choix pour s'opposer au clouage de leur cavalier dame, mais quelque coup qu'ils décident, les noirs sont à même de le neutraliser. Examinons quelques coups :

a) *4. Dd1 - c2*

Reprend le contrôle de é4 et menace dès lors de l'avance é2 - é4. Pour le contrer, les noirs disposent de deux méthodes principales : l'une, directe (4. ..., d7 - d5) ; l'autre, indirecte (4. ..., Cb8 - c6) ; ou encore de 4. ..., c7 - c5.

b) *4. a2 - a3* (la variante Sämisch)

Une des plus dynamiques : elle mérite qu'on s'y arrête.

1. d2 - d4   Cg8 - f6
2. c2 - c4   é7 - é6
3. Cb1 - c3   Ff8 - b4
4. *a2 - a3*   Fb4 × c3 + !

La retraite 4. ..., Fé7 serait une perte de temps.

5. b2 × c3

Cette position asymétrique pose,

Diagr. 233 — 5. b2 × c3

de part et d'autre, des problèmes stratégiques ardus.

Les blancs ont la faculté de construire un centre fort et de lancer une attaque sur l'aile R, où ils pourront forcer l'ouverture des lignes.

Deux systèmes défensifs s'offrent aux noirs : ou bien bloquer c4 par l'avance c5 en vue d'attaquer par la suite ce talon d'Achille ; ou bien ouvrir le jeu par d7 - d5 afin de profiter de leur avance de développement. Par exemple :

5.   c7 - c5 !

Bloque le point sensible c4 et se réserve d'ouvrir le jeu au cas où les blancs se montrent trop ambitieux au centre.

A présent, les blancs ont le choix entre :

6. f2 - f3   d7 - d5

Ouvre le jeu afin d'exploiter le retard de développement des blancs. Il s'agit d'empêcher é4, ce qui vaut bien la dissolution du pion doublé.

7. é2 - é3   0 - 0
8. c4 × d5   Cf6 × d5 !
9. Fc1 - d2   Cb8 - c6
10. Ff1 - d3   c5 × d4
11. c3 × d4   é6 - é5 !

ou

6. é2 - é3 !   0 - 0
7. Ff1 - d3   Cb8 - b6
8. Cg1 - é2   b7 - b6
9. é3 - é4   Cf6 - é8 !

La manœuvre de Capablanca : elle s'oppose au clouage Fg5.

10. 0 - 0   Fc8 - a6 !

Les noirs ont une excellente position.

c) *4. é2 - é3* (la variante Rubinstein)

La continuation la plus appréciée de nos jours et sans doute la plus solide. Elle continue à retenir l'attention de la théorie et conduit à un nombre inépuisable de variantes.

La défense est-indienne

Le fianchetto du fou R, trait caractéristique de cette défense, répond à une idée stratégique profonde : les noirs projettent d'exploiter la faiblesse relative du pion d4 par une double pression : le long de la diagonale, d'abord ; par une avance latérale (é5 ou c5), ensuite. A cette question sur d4, les blancs peuvent réagir par l'avance d5 (qui ferme le centre), ou par l'échange (qui stabilise le centre), ou encore par le maintien de la tension.

Depuis 1945, cette défense a pris un essor considérable grâce aux contributions des écoles soviétique et yougoslave. Plus dynamique que la défense orthodoxe, elle plaît davantage aux avocats des échecs de combat.

Après le départ type :

1.	d2 - d4	Cg8 - f6
2.	c2 - c4	*g7 - g6*
3.	Cb1 - c3	Ff8 - g7
4.	é2 - é4	*d7 - d6*

on obtient l'une des positions classiques de cette défense qu'illustre le diagramme …

Diagr. 234 — 4. ..., d7 - d6

Les continuations les plus usuelles sont : 5. Cf3, 5. f3 et 5. f4.

5. Cf3

5.	Cg1 - f3	0 - 0
6.	Ff1 - é2	Cb8 - d7
7.	0 - 0	é7 - é5

Diagr. 235 — 7. ..., é7 - é5

Pose une question au pion d4, à laquelle les blancs peuvent réagir de trois manières : liquider la tension au centre par l'échange d × é5 ; fermer le centre par l'avance d4 - d5 ; maintenir la tension sur d4 (politique d'attente).

Elimination de la tension par l'échange

8. d4 × é5 ?

Implique une sérieuse concession aux noirs en leur abandonnant le contrôle de d4, alors que la case d5, momentanément aux mains de leurs adversaires, pourra passer sous leur contrôle (c7 - c6 !).

8. d6 × é5

A présent, les noirs disposent d'un plan tout indiqué : l'occupation de d4 par un cavalier. La manœuvre Cd7 - c5 - é6 ou Cf6 - é8 - c7 - é6 y pourvoit.

Fermeture du centre
8. d4 - d5
La suite la plus en vogue.

Diagr. 236 — 8. d4 - d5

La méthode d'attente
8. Tf1 - é1

Diagr. 237 — 8. Tf1 - é1

La position du diagramme appelle quelques remarques d'ordre stratégique.

De part et d'autre, le problème consiste à ouvrir le jeu sur les ailes. Mais, pour cela, deux écueils sont à éviter : les blancs doivent renoncer à l'avance f4 sous peine d'accorder aux noirs la case é5, après l'échange é ×f4 ; de leur côté, les noirs se garderont de l'avance c6 sous peine d'ouvrir la colonne « d » aux blancs (après d ×c6) ou la colonne « c » au cas où il leur serait permis de procéder à la prise c ×d5.

Les percées thématiques sont c4 - c5 (blancs) et f7 - f5 (noirs). Or, notons que, des deux, la dernière est la plus aisée à réaliser.

La réfutation éventuelle de f7 - f5 s'appuie, la plupart du temps, sur l'échange é ×f5. Si les noirs reprennent d'une pièce, ils perdent le contrôle de é4 ; s'ils reprennent du pion (g ×f5), les blancs disposent de l'avance f4 !, laquelle devient soudain très forte à la suite de la poussée f5.

Cette consolidation du pion é4 prévient le mieux la menace latente : 8. ..., é ×d4 ; 9. C ×d4, Té8 (avec pression sur é4).

    8.   **é5 ×d4**

Si les noirs désirent maintenir la tension au centre, ils ont le choix entre 8. ..., c6 et 8. ..., Té8.

  9. Cf3 ×d4   **Tf8 - é8**
 10. Fé2 - f1   **Cd7 - c5**
 11. f2 - f3
Les jeux sont en équilibre.

5. f3 (système Sämisch)
    5. f2 - f3

Cette avance, qui prive le cavalier R de sa case de sortie usuelle, a le double avantage d'offrir un excellent soutien au pion R et de servir de base d'attaque pour lancer une marée de pions : g4 et h4, contre le roque.

    5.   **0 - 0**
    6. Fc1 - é3   **é7 - é5**

Cette réplique caractéristique est également indiquée ici, bien que les noirs disposent d'autres continuations.

A présent, les blancs doivent

Diagr. 238 — 5. f2 - f3

prendre une décision : ou bien stabiliser le centre par l'échange 7. d×é5 ; ou bien le fermer par l'avance 7. d5, ou, enfin, maintenir la tension par 7. Cg1 - é2. Examinons brièvement ces différentes possibilités.

Stabilisation du centre
7.   d4 × é5

Une idée sans ambition.

7.		d6 × é5
8.	Dd1 × d8	Tf8 × d8
9.	Cc3 - d5	Cf6 × d5
10.	c4 × d5	c7 - c6
11.	Ff1 - c4	c6 × d5
12.	Fc4 × d5	Cb8 - c6
13.	Ta1 - d1	Cc6 - d4 !

Le jeu est nivelé.

Fermeture du centre
7.   d4 - d5

La suite la plus courante ; elle déplace le jeu sur les ailes.

7.   Cf6 - h5

Prépare l'avance f5, l'un des principaux atouts des noirs lorsque le centre est fermé.

8.   Dd1 - d2   f7 - f5
9.   0 - 0 - 0

ou 9. é×f5, g×f5 ; 10. 0 - 0 - 0, et les blancs ont des perspectives d'attaque sur l'aile R.

Le coup du texte annonce un milieu de partie difficile pour les deux camps.

Maintien de la tension
7.   Cg1 - é2   c7 - c6 !

Prépare l'échange central é × d4, suivi de la poussée d5.

8.   Dd1 - d2   é5 × d4
9.   Cé2 × d4

La reprise 9. F × d4 a le mérite de s'opposer au plan des noirs, car après 9. ..., d5 ? ; 10. c×d5, c×d5 ; 11. C×d5 !, Cc6 ; 12. Fc5, Té8 ; 13. Cé7 + ! !, les blancs obtiennent l'avantage. Aussi, les noirs doivent-ils changer leur fusil d'épaule et adopter une autre stratégie, mise en pratique par Panno : 9. ..., Fé6 ! ; 10. Cf4, c5 ; 11. Fé3, Cc6 ; 12. Fé2, Cd4 !, avec un jeu excellent pour les noirs.

9.   d6 - d5
10.   é4 × d5   c6 × d5

Les jeux sont à peu près égaux.

La défense Grünfeld

C'est une variante qui fait partie de la défense indienne. On l'obtient après :

1.   d2 - d4   Cg8 - f6
2.   c2 - c4   g7 - g6
3.   Cb1 - c3   d7 - d5

Ce dernier coup des noirs caractérise la défense Grünfeld. Il s'appuie sur l'idée stratégique suivante : tolérer l'établissement d'un large centre blanc afin de l'attaquer dans la suite par l'avance de flanc c7 - c5, laquelle amène l'ouverture des colonnes « c » et « d ».

Diagr. 239 — 3. ..., d5

La variante d'échange

4. c4 × d5

La tentative la plus plausible pour réfuter le dernier coup des noirs.

4. Cf6 × d5

5. é2 - é4

La suite logique de l'échange précédent. Moins ambitieux, encore que solide, est 5. g3, bien que l'expérience ait montré que les noirs égalisent sans peine.

5. Cd5 × c3

La retraite 5. ..., Cb6 est moins recommandable. Les blancs poursuivent par 6. h3 !, Fg7 ; 7. Cf3, 0 - 0 ; 8. Fé3, et maintiennent leur supériorité au centre.

6. b2 × c3

6. c7 - c5

Attaque d'emblée le centre élargi des blancs. Observons toutefois que cette avance de flanc ne presse pas. Les noirs disposent d'autres méthodes où l'avance c5 ne s'effectue qu'à retardement.

7. Ff1 - c4

Le traitement moderne contre l'avance c5.

7. Ff8 - g7

8. Cg1 - é2

La pointe de la construction blanche : il s'agit d'éliminer le

Diagr. 240 — 6. b×c3

clouage du cavalier R :

8. 0 - 0

9. 0 - 0 c5 × d4

Prépare la sortie Cc6 avec une pression accrue sur d4. Sur la sortie immédiate du cavalier D (9. ..., Cc6), les blancs poursuivent avantageusement par 10. d5

10. c3 × d4 Cb8 - c6

11. Fc1 - é3 Fc8 - g4

en vue de provoquer l'avance f3 affaiblissant la diagonale g1 - b6

12. f2 - f3 Cc6 - a5 !

Un coup intermédiaire important qui force une déclaration du fou.

13. Fc4-d3

L'autre idée : 13. Fd5, Fc8 14. Fg5, est excellente aussi.

13. Fg4 - é6

La position obtenue a retenu longtemps l'attention des théoriciens et des praticiens. Les blancs ont le choix entre l'avance 14 d5 ! ? — introduite par Bronstein — et 14. Tc1 (Geller). Dans le premier cas, les blancs sacrifient une qualité au profit de l'attaque ; dans le second, ils n'investissent qu'un pion.

Les blancs se développent et renoncent à l'échange c × d5

1. d2 - d4 Cg8 - f6

2.	c2 - c4	g7 - g6
3.	Cb1 - c3	d7 - d5
4.	*Fc1 - f4*	Ff8 - g7
5.	é2 - é3	

Diagr. 241 — 5. é3

De là, les noirs ont le choix entre la continuation active 5. ..., 0 - 0 et la réponse passive 5. ..., c6. Nous recommandons cette dernière, à seule fin d'éviter les complications qui résultent de 5. ..., 0 - 0, coup de développement qui implique un sacrifice de pion que les blancs ont le loisir d'accepter ou de refuser.

Les blancs créent une pression sur d5

| 1. | d2 - d4 | Cg8 - f6 |
| 2. | c2 - c4 | g7 - g6 |

| 3. | Cb1 - c3 | d7 - d5 |
| 4. | *Cg1 - f3* | |

Un coup de développement solide et neutre qui réserve aux blancs de nombreuses possibilités.

| 4. | | Ff8 - g7 |
| 5. | *Dd1 - b3* | |

Diagr. 242 — 5. Db3

Une idée chère à Botvinnik et à Petrossian. La pression accrue sur d5 oblige les noirs à prendre une décision importante ; ou bien protéger d5 par l'avance c6, ou bien abandonner le centre par la prise d×c4. Nous recommandons la consolidation de d5 par l'avance c6 : ainsi évitera-t-on les variantes compliquées qui découlent de la prise 5. ..., d×c4.

La défense ouest-indienne

1.	d2 - d4	Cg8 - f6
2.	c2 - c4	é7 - é6
3.	Cg1 - f3	

Néglige provisoirement le contrôle de é4.

| 3. | | b7 - b6 |

Le coup caractéristique de la défense ouest-indienne : les noirs préparent le fianchetto du fou D afin d'engager la lutte pour le *contrôle* de é4 (case clef stratégique de cette variante) sans pas-

Diagr. 243 — 3. ..., b6

ser par l'avance d5. Ultérieurement, celle-ci pourra quand même se justifier afin de maintenir le contrôle de é4.

Le contre-fianchetto

4. g2 - g3

Avant de disputer la case é4 aux noirs, les blancs se proposent de neutraliser l'action de Fb7 sur la grande diagonale.

4.	Fc8 - b7
5. Ff1 - g2	Ff8 - é7
6. 0 - 0	0 - 0
7. *Cb1 - c3*	

Diagr. 244 — 7. Cc3

La continuation usuelle : les blancs visent à gagner le *contrôle* de é4 au coup suivant (8. Dc2). Au lieu de 7. Cc3, les blancs peuvent aussi continuer par 7. Dc2 ou 7. b3.

Signalons, enfin, l'intéressante idée combinatoire 7. d5 ! ? introduite par Pomar et qui implique un sacrifice de pion à long terme à des fins positionnelles. Par exemple : 7. d5, é × d5 ; 8. Cd4 !, c6 ! ; 9. c × d5, C × d5, après quoi les blancs ont le choix entre 10. F × d5, c × d5 ; 11. Cc3, Cc6 avec égalité, ou 10. é4, Cf6 avec, pour le prix du pion de moins, des possibilités d'attaque.

7.	Cf6 - é4 !

La manœuvre de simplification chère à Capablanca.

Une faute eût été : 7. ..., c5 ?, à cause de : 8. d5 !, et les blancs obtiennent une position dominante.

8. Dd1 - c2

La riposte usuelle.

8.	Cé4 × c3
9. Dc2 × c3	f7 - f5 !

La suite la plus logique et la plus conforme à l'esprit de la variante ; considérée à l'heure actuelle comme la plus apte à égaliser les jeux.

10. Cf3 - é1

Avec l'idée de préparer l'avance d5, ce qui réclame, au préalable, l'échange des fous.

Une autre idée : consolider d4 par 10. Td1.

Enfin, les blancs disposent de 10. d5, é×d5 ; 11. Cé1, Ff6 ; 12. Dd2 ! avec un jeu avantageux pour les blancs. Cet exemple nous montre que, après 10. d5, les noirs doivent répondre d'emblée 10. ..., Ff6 et renoncer à la prise é×d5.

La variante fermée

1.	d2 - d4	Cg8 - f6
2.	c2 - c4	é7 - é6
3.	Cg1 - f3	b7 - b6
4.	é2 - é3	

Renonce au fianchetto en faveur de la mobilisation classique du fou R.

4.		Fc8 - b7
5.	Ff1 - d3	

Diagr. 245 — 5. Fd3

La position de départ de la variante fermée ; elle offre aux noirs un large choix de réponses, telles que : 5. ..., Fé7 ; 5. ..., d5 et 5. ..., c5, dont l'ordre, à vrai dire, importe peu.

5.		Ff8 - é7
6.	0 - 0	0 - 0
7.	b2 - b3 !	

Si les blancs se décident pour le fianchetto du fou D, ils ont intérêt à *différer* la sortie du cavalier D en vertu de la règle énoncée par Keres : si les noirs développent leur cavalier D à c6, les blancs joueront leur cavalier D à d2. En revanche, après Cb8 - d7, la sortie Cb1 - c3 sera plus active pour les blancs. En effet, après Cb8 - c6, les noirs exercent non seulement une pression sur d4, mais disposent encore de la manœuvre Ca5 pour entamer une pression sur c4, laquelle perd une grande partie de son intensité après Cb1 - d2.

7.		c7 - c5
8.	Fc1 - b2	d7 - d5
9.	Cb1 - c3	

Plus précis eût été 9. Dé2 suivant la règle de Keres.

9.		Cb8 - c6
10.	Dd1 - é2	c5×d4
11.	é3×d4	d5×c4

Par ce double échange au centre, les noirs se proposent d'entamer la lutte contre *les pions pendants*, conformément à la partie Keres-Taïmanov (championnat d'U.R.S.S., 1951).

12. b3×c4

Diagr. 246 — 12. b3×c4

La position du diagramme soulève la question suivante : les

pions pendants sont-ils forts ou faibles en milieu de partie ? L'expérience a fourni à ce sujet une réponse définitive : leur dynamisme l'emporte sur leur faiblesse relative. La menace potentielle de la percée d4 - d5 donne aux blancs une initiative durable et de nombreuses possibilités d'attaque. Aussi, la théorie actuelle recommande-t-elle aux noirs de renoncer aux pions pendants et de maintenir partiellement la tension au centre.

Voici, à partir du diagramme 245, un exemple de cette nouvelle ligne de jeu :

5.	Ff8 - é7
6. 0 - 0	0 - 0
7. b2 - b3	c7 - c5
8. Fc1 - b2	d7 - d5
9. Dd1 - é2 !	c5 × d4 !

Cet échange ne mérite un point d'exclamation que dans la mesure où *il n'est pas suivi de* 10. ..., d × c4. C'est précisément la pointe du traitement moderne.

Diagr. 247 — 9. Dé2

Les noirs atténuent la tension au centre, sans l'éliminer intégralement, afin d'échapper aux pions pendants du côté adverse.

10. é3 × d4	Cb8 - c6
11. Cb1 - d2	

Les blancs suivent les conseils de Keres ! La position est en équilibre, mais difficile à conduire de part et d'autre.

Les jeux de flanc

Introduits avec succès dans la pratique par Réti et Nimzovitch, les jeux de flanc entendent illustrer les vertus du *fianchetto* et du *contrôle* du centre. C'est en particulier l'avance de flanc c4, précédée ou non de la sortie Cf3, qui y joue un rôle dominant. Par ce départ, les blancs annoncent bien souvent leur intention de renoncer — provisoirement ou définitivement — à l'occupation du centre en faveur de son contrôle. Autrement dit, les pions D et R demeurent une réserve mobile : leur avance est différée. Les hypermodernes admettent même le fianchetto immédiat, tel que 1. b3 ou 1. g3, qui offre aux noirs l'occasion de s'installer confortablement au centre. Cette stratégie, qui va à l'encontre de la stratégie dite classique, se propose de montrer les inconvénients d'un centre large en organisant une attaque durable contre celui-ci.

La sortie du cavalier R (Cg1 - f3)

1. *Cg1 - f3*

Par ce coup neutre, contrôlant é5, les blancs ne dévoilent pas la construction qu'ils se proposent de bâtir.

1.   d7 - d5

Marque l'intention d'occuper le centre le plus vite possible.

2. c2 - c4

L'avance de flanc caractéristique.

A la pression sur d5, les noirs peuvent réagir de deux manières : ou bien procéder à la prise 2. ..., d×c4, ou bien consolider d5 par c6 ou é6.

Après la prise 2. ..., d×c4, les blancs récupèrent aisément le pion par 3. Da4+, 3. d3 ou 3. Ca3.

En revanche, si les noirs consolident d5, les blancs peuvent amener une position dont Botvinnik est un ardent partisan. Par exemple :

2.   é7 - é6

3. g2 - g3

Ici encore, les noirs peuvent, à tout moment, choisir entre la prise d×c4 et le maintien de d5.

Diagr. 248 — 2. c4

Diagr. 249 — 3. g3

Le système Réti

1. Cg1 - f3   Cg8 - f6

Les noirs ne se hâtent pas d'occuper le centre et imitent les blancs.

2. c2 - c4

Gagne le contrôle de d5 et rend, à ce moment-ci, la poussée 2. ..., d5 peu engageante.

Les noirs disposent d'un large éventail de réponses. Quant aux blancs, ils se proposent de continuer par 3. g3 et 4. Fg2.

Diagr. 250 — Système Réti : 2. c4

La sicilienne en premier

1.   *c2 - c4*

Ouverture de flanc très à la mode de nos jours et qui offre aux deux camps un large choix de réponses et de constructions.

1.   *é7 - é5*

Cette occupation immédiate d'une case centrale confère à la position un aspect analogue à la défense sicilienne (1. é4, c5). Ici, ce sont les blancs qui pratiquent cette défense, avec un temps de plus.

Diagr. 251 — 1. ..., é5

2.	Cb1 - c3	Cg8 - f6
3.	g2 - g3	d7 - d5
4.	c4 × d5	Cf6 × d5
5.	*Ff1 - g2*	

Dragon en premier de la défense sicilienne, construction dont Botvinnik se sert volontiers.

5.   Cd5 - b6

La meilleure retraite. Le cavalier se dérobe à l'attaque et dé-

Djagr. 252 — Le dragon en premier

gage la colonne « d » afin de freiner l'avance d4.

6.	Cg1 - f3	Cb8 - c6
7.	0 - 0	Ff8 - é7
8.	d2 - d3	0 - 0
9.	Fc1 - é3	f7 - f5

Les chances des blancs se situent sur l'aile D, celles des noirs sur l'aile R.

Le système Nimzovitch

1.	Cg1 - f3	Cg8 - f6
2.	*b2 - b3*	

Les blancs se proposent de jouer la défense ouest-indienne en premier. Les noirs disposent d'un large choix de réponses.

L'avance de flanc

1.   *f2 - f4*

Si l'avance de flanc ♟ c4 exerce un contrôle sur d5, celle du texte gagne le contrôle de la case centrale é5. Mais, à la différence de la première, l'avance 1. f4 présente l'inconvénient d'affaiblir quelque peu les pions boucliers du roi et, le cas échéant, la diagonale g1 - b6. Introduite par Bird, elle a été surtout pratiquée par Nimzovitch et Tartakover ; elle est infiniment moins populaire que l'avance 1. c4.

1.   d7 - d5

Diagr. 253 — Le système Nimzovitch :
2. b3

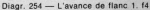

Diagr. 254 — L'avance de flanc 1. f4

Les noirs disposent aussi d'autres réponses, telles que 1. ...,
Cf6.

2. Cg1 - f3

La continuation la plus solide.
A partir du diagramme, les deux camps disposent d'un large choix de continuations.

TROISIEME PARTIE

Le milieu de partie

Il est communément admis que le milieu de partie débute après la mise en jeu des pièces. En fait, ses frontières sont difficiles à préciser. C'est *l'abondance des pièces mobilisées* et *la présence* des dames qui caractérisent le milieu de partie proprement dit. Sa fin s'annonce avec l'échange des dames et la liquidation progressive des pièces.

Quels problèmes pose le milieu de partie ? Leur diversité est grande avec un objet commun : *tirer le meilleur parti des pièces mobilisées.*

Pour cela, les joueurs disposent de deux formes de combat, dont les limites se chevauchent : la *tactique* et la *stratégie.*

La stratégie fixe les objectifs et élabore des plans pour y parvenir (Euwe). Il s'agit d'une conception abstraite, qui demande de la réflexion et de l'imagination, mais aussi la science de divers *stratagèmes* — auxquels l'amateur devra s'initier avant de pouvoir se familiariser avec une forme de combat qui ne cesse de s'affirmer depuis un siècle.

La tactique, en revanche, exécute des plans au moyen de *mesures* concrètes. Or, les situations évoluent sans cesse : en milieu de partie, toute position est exceptionnelle puisqu'elle n'est jamais exactement comparable à celle du coup précédent (à plus forte raison à celle d'une autre partie). Il importe donc de voir ce qui se passe effectivement sur l'échiquier, de se montrer opportuniste, voire de renoncer à la logique, s'il le faut, au cas où se présentent des possibilités irrationnelles mais efficaces. Bref, la tactique réclame le *coup d'œil* et aussi *l'art de découvrir les combinaisons,* sans quoi l'activité des pièces reste stérile. Comme l'observe Spassky, une saine stratégie ne suffit pas : l'attaque, le sacrifice et les idées créatrices sont tout aussi nécessaires.

1

Les combinaisons de base

Pour acquérir le sens tactique, il importe d'étudier le mécanisme de nombreuses combinaisons, classiques et originales. Certes, elles peuvent revêtir une infinité de formes, mais, paradoxalement, elles sont limitées sur le fond. L'analyse révèle que n'importe quelle combinaison, aussi surprenante soit-elle, s'appuie sur un certain nombre d'idées connues et qui se prêtent à l'étude.

Le clouage

Le clouage a pour effet de paralyser une pièce, laquelle perd sa liberté de manœuvre d'une manière totale (clouage absolu) ou partielle (clouage relatif). Une pièce souffre d'un clouage absolu lorsqu'elle ne peut se mouvoir sous peine de mettre le roi en échec ; d'un clouage relatif lorsque son déplacement entraîne une perte matérielle. C'est un thème qui se retrouve dans la grande majorité des combinaisons. C'est dire son importance. Passons donc en revue quelques recettes qui permettent d'en tirer un maximum de profit.

Les deux cavaliers noirs sont immobilisés. Le Cd7 subit un clouage absolu, l'autre un clouage relatif qui diminue sa valeur défensive vis-à-vis du Cd7, soumis à la pression combinée du fou et de la tour.

Morphy (blancs), au trait, dédaigna la lente manœuvre qui consistait à doubler les tours de la colonne « d » et à capturer subséquemment le Cd7 au bénéfice d'une mesure plus expéditive.

Diagr. 255 — Clouage absolu doublé d'un clouage relatif

1. Td1 × d7 !   Td8 × d7
2. Th1 - d1

Un nouvel agresseur intervient, avec gain de temps.

    2.   Dé7 - é6

Décloue le Cf6 sans renforcer pour autant la protection de la Td7.

    3. Fb5 × d7 +

Par le simple échange 3. F × f6, les blancs auraient obtenu un avantage matériel décisif. Morphy préfère une suite plus compliquée, encore que plus élégante.

    4.   Cf6 × d7
    5. Db3 - b8 + !   Cd7 × b8
    6. Td1 - d8 mat

Diagr. 256 — Blancs au trait

Issue du gambit de la dame, la position du diagramme illustre un clouage relatif. Le Cf6 est paralysé, mais conserve néanmoins une certaine liberté de manœuvre, comme la capture erronée d'un pion nous l'apprend :

    1. Cc3 × d5 ??   Cf6 × d5 !
    2. Fg5 × d8   Ff8 - b4 +
    3. Dd1 - d2   Fb4 × d2 +
    4. Ré1 × d2   Ré8 × d8

Au lieu de gagner un pion, les blancs ont perdu une pièce contre un pion.

A partir de la position du dia-

gramme, citée par Nimzovitch, les blancs sont en mesure de forcer un clouage, d'abord, une situation de « zugzwang », ensuite.

Diagr. 257 — Blancs au trait

    1. Té2 × é5 !

C'est moins un sacrifice qu'un troc, car les blancs pourront récupérer la qualité quand ils le voudront. Son mérite est ailleurs. Il engendre un clouage où l'obligation de jouer conduit les noirs à leur perte.

    1.   Td5 × é5
    2. g2 - g3 ! !

Annonce le zugzwang. Pour déclouer la tour, les noirs n'ont d'autre solution que l'avance de pion qui suit.

    2.   f5 - f4
    3. g3 - g4 !

Enlève au roi la seule case satisfaisante. A présent, les noirs devront concéder leur pion « f » puis leur tour, après quoi la finale n'offre plus de problèmes techniques aux blancs.

 • Un exemple plus compliqué : le clouage nécessite un sacrifice préalable et s'appuie par ailleurs sur la double tâche de la Tf8 : protéger f7 et Tc8.

    1. Cé5 × f7 !   Tf8 × f7

Diagr. 258 — Botvinnik-Vidmar
(Nottingham, 1936) : blancs au trait

Diagr. 259 — Botvinnik-Capablanca
(A.V.R.O., 1938) : blancs au trait

La prise du roi entraînerait le clouage du Cf6 et la récupération immédiate de la pièce sacrifiée. Par exemple : 1. ..., R×f7 ; 2. F×d5+, et le roi noir doit choisir entre deux retraites précaires :

A. 2. ..., Re8 ; 3. F×f6 !, g× f6 ; 4. Fb3 !

B. 2. ..., Rg6 ; 3. F×f6 !, etc.

2. Fg5 ×f6 !

Supprime un défenseur du Cd5.

2.   Fé7 ×f6

Ou 2. ..., C×f6 ; 3. T×f6 !, suivi de D×c8+, et les blancs émergent, avec une qualité et un pion de plus.

3. Tf5 ×d5 !

Plus fort que 3. F×d5, parce que la prise du texte s'oppose à tout contre-jeu.

3.   Dd6 - c6

L'essai 3. ..., F×d4+ est réfuté par 4. Rh1 !

4. Td5 - d6 !   Dc6 - é8

5. Td6 - d7 !

Accentue encore la pression sur la pièce clouée et force un gain matériel décisif. Les noirs abandonnent.

L'exploitation du clouage du Cf6 et du pion libre exigera un double sacrifice et un calcul précis pour éviter l'échec perpétuel.

1. Fb2 - a3 ! !

Enlève un défenseur du Cf6 et débloque le pion libre.

1.   Dé7 ×a3

Refuser le sacrifice serait plus faible. Par exemple : 1. ..., Dd8 ; 2. Ch5+ !, g×h5 ; 3. Dg5+, Rh8 ; 4. é7, Dé8 ; 5. D×f6, et la menace Df8+ décide.

2. Cg3 - h5 + ! !

La pointe du coup précédent. Elle conduit à la capture du Cf6.

2.   g6 ×h5

Le refus du sacrifice ne sauve pas les noirs. Il suit : 2. ..., Rh6 ; 3. C×f6, Dc1+ ; 4. Rf2, Dd2+ ; 5. Rg3, D×c3+ ; 6. Rh4, D× d4+ ; 7. Cg4+ !, et les noirs doivent sacrifier la dame pour échapper au mat.

3. Dé5 - g5 +   Rg7 - f8

4. Dg5 ×f6 +   Rf8 - g8

5. é6 - é7

Menace Df8-mat et assure par ailleurs la promotion du pion libre.

5.   Da3 - c1 +

Les noirs saisissent leur dernière chance : un échec perpétuel.

6. Rg1 - f2   Dc1 - c2 +

7. Rf2 - g3   Dc2 - d3 +

8. Rg3 - h4   Dd3 - é4 +

9. Rh4 ×h5   Dé4 - é2 +

10. Rh5 - h4   Dé2 - é4 +

11. g2 - g4 !　　　　Dé4 - é1 +
12. Rh4 - h5

Les noirs abandonnent.

Diagr. 261 — Ivkov-Dückstein
(Sarajevo, 1967) : blancs au trait

Diagr. 260 — Suetin-Donner
(La Havane, 1968) : blancs au trait

Dans la position du diagramme, le Cb6 subit un clouage horizontal, dont les noirs menacent de se défaire par Db7 ou Dc7. Les blancs vont s'y opposer et même menacer de renforcer le clouage.

1. Fc1 - g5 ! !

Gagne le contrôle de la case d8 et dégage la première rangée au profit de la Td1, laquelle menace d'aller en b1 avec une pression décisive sur le Cb6.

Diverses finesses tactiques empêchent à présent les noirs de se déclouer.

Par exemple :

A. 1. ..., Db7 ; 2. T×b6 !, D×b6 ; 3. D×b6, T×b6 ; 4. Td8 mat

B. 1. ..., Dc7 ; 2. Db5 + !

B₁. 2. ..., Rf8 ; 3. T×b6 ! !, T×b6 ; 4. D×c5 + ! !, D×c5 ; 5. Td8 mat

B₂. 2. ..., Cd7 ; 3. T×d7 !, avec gain d'une pièce.

C. 1. ..., c4 ; 2. Db4, Cd7 ; 3. D×b8 + !, C×b8 ; 4. Td8 mat

D. 1. ..., Ce7 ; 2. Td6 !, c4 ; 3. Tab×b6 !, et gagne.

1. Tc7 - c4 !

Cloue le Fb4 du fait que la Ta4 n'est pas protégée.

1. ....　　　　Ré8 - é7

Menace 2. ..., Rd6 et 3. ..., Rd5, afin de protéger le fou et la tour.

2. Tc4 - d4 !

Avant d'aborder la manœuvre Cd4 - c2, avec gain du Fb4, les blancs doivent empêcher l'intervention du roi sur l'aile D, ainsi que l'échec, par la tour noire, à la première rangée.

2. ....　　　　Ré7 - f8

Le roi bat en retraite, car 2. ..., Ré6 ? serait réfuté par 3. Cc5 + , Ré5 ; 4. T×b4 !, T×b4 ; 5. Cd5 + , Rd4 ; 6. C×b4, et la pièce de plus est décisive.

3. g2 - g3 !

Réserve au roi une case de fuite, à l'abri d'un échec de la tour.

3. ....　　　　Rf8 - g7
4. Rf1 - g2　　　　Rg7 - g6
5. Td4 - c4 ! !

Les deux conditions sont remplies :

1) le roi noir est coupé de l'aile D ;

2) le roi blanc est à l'abri d'un échec de la tour ; les blancs s'ap-

prêtent à exécuter la manœuvre Cd4 - c2.

Prématuré serait 5. Cc5 ?, Ta5 !, et les noirs se sauvent. La tour doit évacuer d4 au profit du cavalier et gagne une case blanche contiguë au fou, afin de maintenir le clouage.

5.	Rg6 - g7
6. Cb3 - d4	Rg7 - g6
7. Cd4 - c2	

Gagne le fou et la fin de partie.

Echec à la découverte

Subir un échec à la découverte équivaut à offrir à l'adversaire la faculté de jouer *deux* coups successifs.

Diagr. 262 — Blancs au trait

1. Cf5 × g7 !

Beaucoup plus fort que 1. C × é7 avec rétablissement de l'équilibre matériel. La prise du texte s'appuie sur l'idée que les noirs ne peuvent répondre 1. ..., T × g7 ? (à cause de 2. D × c7, avec gain de la dame), mais aussi sur le fait que la Té8 se trouve chargée de protéger la huitième rangée sous peine de tolérer le mat du roi noir.

1.	Dc7 × g3
2. Cg7 × é8 + !	

Prématuré serait 2. Cf5 + ? à cause de 2. ..., Dé5 !

2.	Rh8 - g8
3. Cé8 - f6 +	

Oblige le roi à tolérer un autre échec à la découverte, ce qui autorise les blancs à récupérer la dame et d'émerger avec une pièce de plus.

3.	Rg8 - h8
4. Cf6 - g4 + !	Dg3 - é5

Si 4. ..., Rg8 ? ; 5. Ch6 mat, et si 4. ..., Tg7 ? ; 5. Tf8 mat.

5. Fb2 × é5 +	Té7 × é5
6. Cg4 × é5 et gagne.	

Diagr. 263 — Pillsbury-Lee
(Londres, 1899) : blancs au trait

1. Dd1 - f3 ! !

Protège la Th1 et menace simultanément la Dg2 et la Tb7.

1.	Dg2 × f3
2. Th1 - g1 +	Rg8 - h8
3. Fh6 - g7 +	Rh8 - g8
4. Fg7 × f6 +	D
5. Tg1 × D mat	

Double échec à découverte

C'est une forme amplifiée de l'échec à la découverte. A défaut du mat, ses effets se traduisent presque toujours par un gain matériel.

a b c d e f g h
Diagr. 264 — Blancs au trait

1. Tf7 - f8 + +

Par ce mouvement de la tour, le roi subit simultanément un échec diagonal et horizontal : il est forcé de prendre la tour.

    1.   Rg8 × f8
    2.   Db3 - f7 mat.

Un exemple classique entre tous pour illustrer la force de frappe du double échec à la découverte :

    1.   Dd3 - d8 + !

Force le roi à un déplacement fatal.

    1.   Ré8 × d8
    2.   Fd2 - g5 + +   Rd8 - c7
Ou 2. ..., Ré8 ; 3. Td8 mat.
    3.   Fg5 - d8 mat.

a b c d e f g h
Diagr. 265 — Réti-Tartakover
(Vienne, 1910) : blancs au trait

Menace à la découverte

Le mécanisme de la menace à la découverte présente une grande analogie avec l'échec à la découverte à cette différence près que la pièce qui subit l'attaque n'est pas le roi.

Deux pièces noires sont en prise ; la parade 1. ..., Tf6 ne serait pas satisfaisante, à cause de 2. C × é6, T × é6 ; 3. Fc4 avec gain matériel.

En fait, ce sont les noirs qui sont en mesure de retirer un avantage matériel.

    1.   Dd8 × g5 !
    2.   Dc5 × g5   Lf2 × é3 +
    3.   Rc1 - d1

a b c d e f g h
Diagr. 266 — Fackler-Meck
(Bâle, 1933) : noirs au trait

Gagner la deuxième traverse serait encore plus défavorable, à cause de Tf2 +.

3.   Tf4 × f1 +

Ici apparaît l'idée de la combinaison : la tour démasque la diagonale é3 - g5 avec un gain de temps, ce qui amène la prise de la dame au coup suivant.

4.   Th1 × f1   Fé3 × g5

et les noirs ont gagné la partie grâce à leur supériorité matérielle (deux fous contre la tour).

1. Cé4 × c5 !

Attire la dame noire vers une case où rien ne la protège.

1.   Dc6 × c5

2. Fh6 × g7 ! !   Ff6 × g7

3. Dg4 - h5 !

La pointe du sacrifice précédent : les blancs ont réussi à éliminer l'interception g6. A présent, la menace de mat sur h7 ne peut être parée que par l'avance qui va suivre, laquelle n'attaque pas la dame et ne ferme pas la diagonale f5 - h7.

Diagr. 267 — Vasjukov-Cholmov
(Moscou, 1965) : blancs au trait

3.   h7 - h6

4. Ff5 - h7 + !

L'idée fondamentale de la combinaison. La pièce qui masque l'horizontale c5 - h5 s'éloigne avec gain de temps, amenant la prise de la Dc5.

4.   Rg8 × h7

5. Dh5 × c5 et gagne.

La double menace

Elle est fréquente au long d'une partie et bien souvent elle n'autorise pas une défense satisfaisante.

Diagr. 268 — Honfi-Minev
(Monaco, 1968) : blancs au trait

1. é4 - é5 !

Attaque à la fois le Cf6 et le Fc4.

1.   Fc4 × b3

Sauve apparemment la situation.

2. é5 × f6 !

Engendre à nouveau une double menace : le Fb3 et le Fé7 se trouvent simultanément en prise : les noirs perdent une pièce.

1. é4 - é5 !   d6 × é5

2. Fg2 × c6 !

La pointe de l'avance précédente : il s'agit d'éliminer le défenseur de la Da5.

2.   Fd7 × c6

3. Cc3 - d5 ! !

Avec la double menace :

Diagr. 269 — Priwonitz-Rattmann
blancs au trait

Diagr. 270 — Hort-Portisch
(Monaco, 1968) : blancs au trait

4. C×é7 mat et 4. D×a5 avec
gain de la dame. Les noirs peuvent parer l'un ou l'autre, mais
non l'une *et* l'autre.

   1.   Td5 - d8 +   Rf8 - é7
   2.   Tf5 - d5 !

Protège la Td8, menace la

prise du Fd4, ainsi qu'un mat en
deux coups.

   2.   Fd4 - b6
Sauve la pièce, mais non la
partie.

   3.   Td5 - d7 +   Ré7 - é6
   4.   Ch5 - g7 mat

La pièce non protégée

Une pièce non protégée est particulièrement vulnérable à la
moindre attaque et incite bien souvent l'adversaire à placer une combinaison ou une double menace.

Diagr. 271 — Bagirov-Cholmov
(Baku, 1961) : noirs au trait

   1.   Té4×é1 +!
   2.   Td1×é1   Té5 - é2 !!
Avec la double menace : 3. ...,
D×f2 + et 3. ..., D×c3.

   3.   Dc3×f6   Té2×é1 +
   4.   Rg1 - h2   g7×f6

et les noirs ont gagné une tour.
Observons que, à partir du diagramme, l'immédiat 1. ..., Té2 ?
ne mènerait à rien. Il suit 2. T×
é2, T×é2 ; 3. D×f6 avec égalité.

Elimination d'un défenseur

   1.   Fé6×f5 !
Elimine un défenseur du point
g3.

   2.   Fé4×f5   Tg8×g3 +!
Montre que le pion f2 n'était
pas un défenseur efficace de g3.

   3.   f2×g3   d4 - d3 +

Diagr. 272 — Donner-Keres
(Zürich, 1959) : noirs au trait

Diagr. 273 — Botvinnik-Pachman
(Moscou, 1948) : noirs au trait

Engendre une double menace grâce à l'échec à la découverte.

4.   Dé2 - f2   Fa7×f2+

avec gain de la dame et une supériorité matérielle décisive.

Destruction d'un défenseur

Les blancs viennent d'avancer leur tour à g5, et celle-ci est protégée par le Fé3.

1.   Té8×é3 !

Détruit le défenseur de la Tg5 ; en effet, la dame ne peut reprendre à cause de 2. ..., Ff4 avec gain de la dame, cependant que la reprise 2. f2×é3 coûterait la tour.

La défense imaginaire

Diagr. 274 — Keres-Kotov
(Pärnu, 1947) : blancs au trait

Tout semble protégé dans la construction noire. Et pourtant,

elle est mûre pour l'abandon :

1.   Cc4×é5 !

Offre une misérable alternative aux noirs : ou bien le mat ou bien la perte de la dame. Par exemple : 1. ..., d×é5 ; 2. Dd8 mat, ou 1. ..., Fé7 ; 2. C×c6 (car la dame noire n'a pas de retraite).

1.   Dd1×d5+ !! é6×d5
2.   *Fc5 - b6+ !!* a7×b6
3.   Té1 - é8 mat

La protection de d5 par un autre pion s'est révélée inexistant (diagr. 275).

La construction des blancs (diagr. 276) donne une impression de solidité. Aussi est-il étonnant de constater qu'elle autorise une combinaison adverse :

Diagr. 275 — Foulds-Long
(Nouvelle-Zélande, 1956) :
blancs au trait

Diagr. 276 — Bogoljubov-Capablanca
(New York, 1924) :noirs au trait

| 1. | Cb5 × d4 ! |
| 2. c3 × d4 | Tc8 × c5 ! |

La pointe. Les noirs récupèrent la pièce sacrifiée, car la reprise 3. d × c5 ? serait réfutée par

3. ..., D × c5 + ; 4. Rh1, T × c1 et gagne. Comme, par ailleurs, les blancs doivent perdre un autre pion après 3. Td1, T × d4 ! ; 4. T × d4, Tc4, ils préfèrent abandonner.

Le pseudo-sacrifice

Diagr. 277 — Roos-S.Garcia
(La Havane, 1969) : blancs au trait

Le cavalier blanc est en prise, et sa retraite serait des plus plausi-

bles. Les blancs ont opté néanmoins pour une autre suite :

1. Cd5 × c7

Cette prise n'affecte pas le rapport matériel, mais vise au contraire un avantage d'ordre positionnel.

1. Fh4 × f2 +

Rétablit l'équilibre matériel et montre que le sacrifice des blancs ne conduit qu'à un simple troc.

Une faute eût été 1. ..., D × c7 ? ; 2. C × h4 avec gain d'un pion.

2. Ré1 × f2	Dd8 × c7
3. Ta1 - c1	Dc7 - d6
4. Dd1 - c2	

Les blancs dominent la colonne ouverte « c ».

La pièce surchargée

Diagr. 278 — Roos-Tatai (
(Monaco, 1967) : noirs au trait

Diagr. 279 — Vogritch-Waller
(Vienne, 1966) : noirs au trait

Chaque fois qu'une pièce se trouve hypothéquée par des charges défensives multiples, elle risque de subir une surcharge, laquelle peut engendrer une combinaison adverse.

   1.   Tf8 - f2 + !

   2.   Rg2 - g3

Chargée de protéger la dame, la tour ne peut éliminer la tour adverse sous peine de tolérer D×D.

   2.   Dc5 ×c1

Les noirs liquident pour obtenir une finale de tour avec deux pions de plus.

   3.   Tf1 ×c1   Tf2 ×b2 !

Il est essentiel pour les blancs (diagr. 279) de conserver le contrôle de g2 afin d'empêcher Dg2 mat. Malheureusement, la Df2 a d'autres tâches défensives à remplir.

   1.   Tc4 ×f4 !

   2.   Fé3 ×f4   Ff8 - c5 !

Cloue la dame et, partant, menace Dg2 mat.

   3.   Ff4 - é3   Fc5 ×é3

Gagne la dame, car, après 4. D ×é3, il suit 4. ..., Dg2 mat.

Diagr. 280 — Kinnmark-Olivera
(La Havane, 1966) : blancs au trait

Ici, la surcharge de la Dc7 est moins apparente (diagr. 280).

   1.   Fé3 - b6 !   Dc7 ×b6

Sinon, les noirs perdent la qualité.

   2.   Cf5 ×h6 + !

Découvre la faiblesse de f7.

   2.   Rg8 - h8

   3.   Ch6 ×f7 +   Rh8 - g8

   4.   Cf7 - é5 + !

Les noirs ont le choix entre 4. ..., Rh8 ; 5. Cg6 mat ou 4. ..., C ×b3 ; 5. Df7 +, Rh8 ; 6. Cg6 mat.

La parade indirecte

L'attaque d'un point faible ne nécessite pas toujours une protection directe. Une contre-menace plus forte est parfois plus indiquée.

Les blancs viennent d'avancer leur cavalier de f3 à é5, laissant g2 en prise.

1.	Fc6×g2??
2. Th3 - g3 !	Fg2×h1
3. Tg3×g7+ !!	

Le mat est inévitable. Par exemple : 3. ..., R×g7 ; 4. Dg4+, Rh8 ; 5. Cf7 mat ou 3. ..., R×g7 ; 4. Dg4+ ; Rf6 ; 5. Cd7 mat. Enfin, le refus 3. ..., Rh8 ne mène à rien à cause de 4. Dh5 !

Diagr. 281 — Martins-Darga (Hambourg, 1958) : noirs au trait

L'interception des lignes

L'interception des lignes a pour effet de couper les communications entre les pièces adverses, c'est-à-dire leur protection mutuelle. Un très joli exemple est celui-ci :

1. Tc5 - d5 !!

Coupe la communication entre la dame et la tour, tout en menaçant T×D et T×T+. Et bien que la tour blanche soit quatre fois en prise, les noirs ne disposent d'aucune défense. Par exemple :

A. 1. ..., D×d5 ; 2. Df6 mat
B. 1. ..., T×d5 2. Df8 mat
C. 1. ..., F×d5 2. D×d8 mat
D. 1. ..., é×d5 2. D×d8 mat

Diagr. 282 — Eliskases-Hölzl (1931) : blancs au trait

Le coup intermédiaire

Le coup intermédiaire se caractérise d'abord par son effet de surprise. Il se trouve à l'opposé du coup plausible. Son vrai mérite est d'être plus efficace que celui auquel l'adversaire s'attend.

Le coup plausible, à partir du diagramme, est 1. ..., d4×c3 ; 2. Cd2 - é4, avec rétablissement de l'équilibre matériel et une position sensiblement égale. Au lieu de cela, les noirs ont surpris leur adversaire par :

1. ..., Cg4×f2 !!

Diagr. 283 — Rubinstein-Alekhine
(Semmering, 1926) : noirs au trait

ttaque la dame, de sorte que
s blancs n'ont d'autre choix que
e prendre le cavalier ou de pro-
éder à une retraite de la dame.
xaminons les différentes variantes possibles :

A. 2. T×f2, d4×c3 et gagne
du matériel. Ici, les blancs suc-
combent à l'affaiblissement de la
première rangée.

B. 2. Da1, d4×c3 ; 3. Cb3,
Fé3 ! ; 4. T×f2, Db6 avec gain
de la qualité.

C. 2. R×f2, d4×c3+ et les
blancs ont le choix entre deux
défenses insuffisantes :

C_1. 3. Ré1, c3×d2+ ; 4. D×
d2, Db6 ; 5. Fé4, F×a3 ; 6. Dc2,
Fb4+ ; 7. Rd1, Fb4+ ; 8. Rd1,
Td8+ ; 9. Fd3, é5 !

C_2. 3. é3, c3×d2 ; 4. Ré2,
Db8 ; 5. Ff3, Td8 avec un pion
passé et une position largement
supérieure.

Cette dernière variante a été
la continuation de la partie. Les
blancs se sont rendus au vingt-
neuvième coup.

Le coup de repos

omme son nom l'indique, le
oup de repos est un mouvement
e pièce ou de pion qui frappe
ar sa tranquillité, alors qu'il
onstitue la pointe d'une combi-
aison gagnante.

Une lourde pression s'exerce sur
pion f3, d'autant que son pro-
cteur naturel (g2) se trouve
oué. Protégé à trois reprises
+T+C), le pion f3 se trouve
taqué à quatre reprises (par les
ux tours, par le fou et le cava-
r). En réalité, le pion f3 ne
bit provisoirement que deux
aques (F+C), car la Tf4 su-
le clouage de la Dé3. D'où
dée de lever ce clouage.

    1.   h7 - h6 !!
    2. Rg1 - h1

Décloue g2 et semble rendre
vulnérable le point névralgique

    2.   Tf4×f3 :

Diagr. 284 — Stahlberg-Alekhine
(Hambourg, 1930) : noirs au trait

Exploite l'absence de protection de la Dé3. Après 3. D×g5,
T×f2 !, la double menace 4. ...,
T×f1 mat et 4. ..., h×g5, avec
gain de la dame, est décisive.
Aussi, les blancs ont-ils renoncé
à la lutte.

Echec perpétuel

Diagr. 285 — Noirs au trait

C'est un des moyens précieux pour forcer la nullité, ressource défensive qui doit toujours rester présente à l'esprit du joueur.

Le déficit matériel des noirs est désastreux. Il n'empêche que la position recèle un sauvetage inespéré.

1.		Dh4 - é1 +
2.	Ré3 × f4	Dé1 - h4 +
3.	Rf4 - é5	Dh4 - h5 +
4.	Ré5 - é6	Dh5 - é8 +

Force l'échec perpétuel !

Le pat

Voici encore une ressource importante dont dispose la défense. A la différence de l'échec perpétuel, fréquent en milieu de partie, le pat se produit surtout en fin de partie.

Diagr. 286 — Pape-Roth (Löbau, 1924) : blancs au trait

Sous la menace de F × g3, libérant le chemin du pion « h » pour aller à dame, tout en permettant au fou d'intervenir sur l'aile « a » pour arrêter l'avance du pion « a » et incapable de protéger g3 par Rf3, sous peine d'autoriser la promotion de d4, les blancs découvrent une brillante combinaison de pat :

1. d5 - d6 !

Bloque la diagonale b8 - h2 de sorte que le pion « a » menace de faire promotion.

1. . . . é7 × d6

2. Ré4 - d3 !

Bloque le pion libre, ainsi que l'intervention du fou sur l'aile b

2. . . . Fh2 × g3

3. a4 - a5 d6 - d5

Nécessaire pour arrêter la promotion du pion libre blanc. Mais à quel prix ! Le roi blanc n'a plus de coups.

4. a5 - a6 Fg3 - b8

sinon les noirs perdraient la partie.

5. a6 - a7 ! ! Fb8 × a7

Après cette prise forcée, le roi blanc, dépouillé de toutes ses forces, est pat !

L'art de faire mat

La connaissance des images classiques contribuent à découvrir la possibilité de mat à partir d'une position donnée. Celles-ci concernent surtout le *petit* roque, de loin le plus fréquent, et accessoirement le *grand* roque, où la situation particulière du roi au milieu qui n'a pas encore roqué.

Images de mat type contre le petit roque

Diagr. 287 — Tableau du mat étouffé

Diagr. 288 — Action combinée du fou et d'une pièce lourde

Cette image de mat est caractérisée par trois signes distinctifs :
1) la disparition du pion « h » (, partant, l'ouverture de la colonne « h » ;
2) l'avance affaiblissante du pion bouclier « g » ;
3) le contrôle de la grande diagonale a1 - h8 que balaie le fou.

Diagr. 289 — Tableau du mat de Lolli

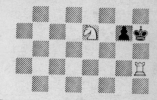

Diagr. 290 — Tableau du mat d'Anastasie

Ici, l'action combinée du cavalier et de la tour exploite la présence du pion adverse « g », lequel bloque la seule case de fuite du roi non commandée par le cavalier et la tour.

Diagr. 291 — Tableau du mat de Blackburne

Le travail coordonné des trois pièces mineures réalise le mat grâce aux facteurs suivants :
1) les deux pions boucliers « g » et « h » ont disparu ;
2) la seule case de fuite du roi non commandée par les pièces blanches se trouve bloquée par une pièce de son camp.

Diagr. 292 — Tableau du mat du couloir

Ce mat type illustre la faiblesse de la *huitième* rangée. Les trois pions boucliers du roi, demeurés intacts, parce qu'ils n'ont pas quitté leur position initiale, en sont partiellement responsables.

Diagr. 293 — Tableau du mat des deux fous

Diagr. 296 — Tableau du mat de Damiano

mérite de contrôler les cases f7 et h7, mais encore celui de fournir un point d'appui à la dame pour attaquer le roi.

Image de mat type contre le grand roque

Diagr. 294 — D + F contre le roi. Mise en valeur de l'échec de la découverte

1.   g7 - g6

Afin de parer la menace 2. Fg6 +, Rg8 ; 3. Dh7 mat.

2.   Dh5 - h6 !

et les noirs n'ont plus de parade contre la manœuvre 3. F × g6 +, Rg8 ; 4. Dh7 + et 5. D × f7 mat.

Diagr. 297 — Tableau du mat de Boden

Diagr. 295 — F + C contre le roi

Tout comme le pion enfoncé à f6 (voir le mat de Lolli), l'épine installée à g6 a non seulement le

Le roi au milieu, ou privé de ses pions boucliers

Diágr. 298 .

Le mat de Légal

Diagr. 299 — Blancs au trait

1. Cf3 ×é5 !   Fg4 ×d1
Après 1. ..., d ×é5 ; 2. D ×g4
gagnent une pièce.

2. Fc4 ×f7 +   Ré8 - é7
3. Cc3 - d5 mat

Combinaisons de mat classiques

Le sacrifice du fou sur h7

Ce sacrifice a pour objet de
démolir les pions boucliers *intacts*
du roi. Maints exemples célèbres
figurent dans la littérature des
échecs, mais plusieurs sont in-
corrects.

Diagr. 300 — Spassky-Geller
(Moscou, 1965) : blancs au trait

1. Fc2 ×h7 + ! !   Rg8 ×h7
2. g5 - g6 + !
La pointe. Le pion « g » se
transforme en pion de Diamano
tout en évacuant la case 5 au
profit du cavalier.

2. ....   Rh7 - g8
Si 2. ..., R ×g6 ? ; 3. Dd3 +,
f5 ; 4. é ×f6 + e.p., Rf7 ; 5. Cg5 +,
Rf6 ; 6. Df3 +, Rg6 ; 7. Df7 +,
Rh6 ; 8. Té6 + !, etc.
Si 2. ..., f ×g6 ; 3. Cg5 +,
Rg8 ; 4. Df3 avec la même posi-
tion comme dans la partie.

3. Cf3 - g5   f7 ×g6
4. Dd1 - f3

Avec la double menace 5. Dh3
ou 5. Df7 +, Rh8 ; 6. D ×g6,
etc.

4. ....   Dd8 ×g5
Evite le mat au prix d'un dou-
loureux sacrifice de dame, car 4.
..., Fé7 ? eût été réfuté par 5.
Df7 +, Rh8 ; 6. Cé6 avec gain de
la dame dans de meilleures conditions que dans la partie.
5. Fc1 ×g5 et les blancs ont
gagné grâce à leur supériorité
matérielle.

*II. Le double sacrifice des fous
sur h7 et g7*

Ce double sacrifice poursuit le
même but : démolir les pions
boucliers du roi qui sont demeurés intacts (diagr. 301).

Les noirs possèdent une supériorité numérique sur l'aile R,
tandis que les pièces blanches
se trouvent mal placées pour contribuer à la défense de leur roi.

1. ....   Fd6 ×h2 + !
2. Rg1 ×h2
Après 2. Rh1, Dh4 ! gagne.

2. ....   Dé7 - h4 +
3. Rh2 - g1   Fc6 ×g2 ! !
4. f2 - f3

Et non pas 4. R ×g2 ?, Dg4 + ;

Diagr. 301— Nimzovitch-Tarrasch
(Saint-Pétersbourg, 1914) : noirs au trait

Diagr. 302 — Tack-Billecart
(Ostende, 1907) : blancs au trait

5. Rh2, Td5, suivi de Th 5 mat.

    4.   Tf8 - é8 !

Mobilise la seule pièce inactive
des noirs et protège indirectement
le fou.

    5.   Cd2 - é4

Si 5. R × g2 ?, Té2 + conduit
au mat.

    5.   Dh4 - h1 +
    6.   Rg1 - f2   Fg2 × f1

Gagne du matériel, car 7. T ×
f1 ? serait réfuté par 7. ..., Dh2 +
et les noirs gagnent la dame.

    7.   d4 - d5   f7 - f5
    8.   Dc2 - c3

Après 8. Cf6 +, Rf7 ; 9. C × é8,
Dg2 + ; 10. Ré8, T × é8 + ; 11.
Rf4, Fé2 gagne.

    8.   Dh1 - g2 +
    9.   Rf2 - é3   Té8 × é4 +
  10.   f3 × é4   f5 - f4 + !
  11.   Ré3 × f4   Td8 - f8 +
  12.   Rf4 - é5   Dg2 - h2 +
  13.   Ré5 - é6   Tf8 - é8 +

Les noirs ne peuvent éviter le
mat. Si 14. Rd7, Fb5 mat ou 14.
Rf6, Df4 mat.

III. Le mat du couloir.

Ici, les pions boucliers intacts se
révèlent un inconvénient, tandis
que le pion h3, réservant une
case de fuite au roi blanc, cou-

vre la faiblesse relative de la pre
mière traverse.

    1.   Dd2 - d8 !   Df5 - é4
    2.   Fb4 - é7 ! !

Par cette jolie intervention, le
blancs gagnent une pièce.

    2.   Fc8 - d7
    3.   Td1 × d7   Dé4 - é1
    4.   Rg1 - h2   Dé1 - é5
    5.   g2 - g3

Grâce à la menace du mat c
couloir, les blancs ont obtenu u
gain matériel décisif sans réuss
pour autant à forcer le mat.

IV. L'ouverture de la colonne « h »

Diagr. 303 — Colle-Sir G.A. Thomas
(Liège, 1930) : blancs au trait

1. Fé1 - h4 !
Active le fou et prépare
l'échange de la seule pièce adverse capable de protéger les cases noires autour du roi.

```
1.                 Db7 - c6
2.  Fh4 - f6       Fg7 × f6
3.  Df4 × f6 !
```

Que faire contre la menace 4.
Dh3 suivi de Th8 mat ?

Le mat de Lolli

Diagr. 304 — Blancs au trait

```
1.  Dé3 - h6       Tf8 - g8
2.  Dh6 × h7 + !
```

Une suite plus thématique, forçant le mat de Lolli, serait 2.
Dh8 ! !

```
2.                 Rh8 × h7
3.  Ta3 - h3 mat
```

Le mat d'Anasthasie (diagr.
305)

```
1.  Dé3-h6 + !!    Rh7 × h6
```

Ou 1. ..., Rg8 ; 2. Tc8 + et
mat au coup suivant.

```
2.  Tc1 - h1 mat
```

VII. *Le mat de Blackburne*
```
1.  Td2 - d7 ! !
```
Sacrifice de diversion indispensable pour réussir la combinaison qui va suivre.

```
1.                 Dc7 × d7
```
Par 1. ..., D × h2 + ; 2. D × h2,

Diagr. 305 — Spassky-Korchnoy
(Moscou, 1968) : blancs au trait

Diagr. 306 — Miss Menchik-Sonia Graf
(Londres, 1937) : blancs au trait

C × h2 ; 3. T × é7, C × f1 ; 4. T ×
b7, les noirs perdent trop de matériel, encore que cette transaction évite le mat.

```
2.  Dh3 × h5 ! !
```
La raison d'être du premier
coup apparaît. Sur l'immédiat 1.
D × h5 ?, les noirs contrent par
1. ..., D × h2 + !

```
2.                 g6 × h5
3.  Fc2 - h7 mat
```

VIII. *Le mat de Boden*
```
1.                 0 - 0 - 0 ? ?
2.  Dé4 × c6 + !   b7 × c6
3.  Fd3 - a6 mat
```

Diagr. 307 — Ed. Lasker-England
(Scheveningue, 1913) : noirs au trait

IX. Le pion de Damiano
1. Ta8 × b8 + !   Rc8 × b8
2. Dh2 × é5 + !

La pointe. Après 2. ..., Rc8 ;

3. Dc7 mat illustre la force du
pion Damiano, tandis qu'après
2. ..., f × é5 ; 3. Tf8 mat, nous
assistons à un mat du couloir.

Diagr. 308 — Alekhine-Reshevsky
(Kemeri, 1937) : blancs au trait

Combinaisons de mat originales

Les combinaisons de mat originales se caractérisent soit par une
préparation inédite, soit par une
image de mat non thématique ou
encore par les deux à la fois. On
doit même y inclure celles qui
conduisent à un gros avantage
matériel, faute d'un mat immédiat.

La construction noire accuse un
sérieux retard de développement
sur l'aile D. En revanche, les
blancs possèdent une supériorité
numérique sur l'aile R, rapidement mobilisable. Et leur première tâche consistera à ouvrir le
jeu, opération qui favorise celui
qui a le plus grand nombre de
pièces en jeu.
1. f4 - f5 !   h7 - h6

Afin d'empêcher la sortie 2.
Fg5, et si 2. ..., Dé8 ? ; 3. Cd6
avec gain de la dame. Mais
l'avance du texte a le gros inconvénient d'affaiblir les pions du

Diagr. 309 — Lechtynsky-Pachmann
(1968) : blancs au trait

roque.

La prise 1. ..., é × f5 ? n'ét...
pas possible à cause de 2. Cd...
et la double menace 3. Fc4 ...
3. C × f5 serait décisive.

De même, 1. ..., T × f5 ? ;
T × f5, é × f5 ; 3. Cd6, ne ser...
pas réjouissant pour les noirs.

2. Fc1 ×h6 !

Ce genre de sacrifice, en vue de démolir les pions du roque, peut être considéré comme classique.

2.   g7 ×h6

3. Dd1 - g4 +

Les pièces blanches s'approchent avec gain de temps.

3.   Rg8 - h8

Après 3. ..., Rf7 ?, 4, f ×é6 + + serait décisif.

4. Dg4 - g6

Menace 5. D ×h6 +, Rg8 ; 6. Dg6 +, Rh8 ; 7. Tf3 ! et gagne.

4.   Fa7 - é3

5. f5 - f6 !   Tf8 - g8

Pare le mat sur g7, mais obstrue une case de fuite du roi.

6. Dg6 - h7 + ! ! Rh8 ×h7

7. Cf3 - g5 + +

La force du double échec.

8. Cg5 - f7 mat

Diagr. 310 — Tahl-Wade
(Palma de Majorque, 1967) :
blancs au trait

1. Th6 ×h7 !

Exploite à merveille l'ouverture et l'occupation de la colonne « h ».

1.   Cf6 ×h7

2. Dd2 - h6 !

Paralyse le cavalier et menace un mat en deux coups : 3. D ×

h7 + et 4. Dh8 mat.

2.   é7 - é6

Réserve une case de fuite au roi.

3. f3 - f4 ! !

Par ce brillant coup de repos, les blancs préparent tranquillement l'avance g5, afin de gagner le contrôle de la case f6. Et, de fait, les noirs ne peuvent rien entreprendre : ni consolider l'aile R, ni contre-attaquer sur l'aile D.

3.   é6 - é5

L'essai 3. ..., Tb8 + ; 4. Rc1, D ×c3 ? est réfuté par 5. D ×h7 +, Rf8 ; 6. Dh8 +, Ré7 ; 7. Cf5 + ! ! et les noirs perdent la dame.

4. g4 - g5 !

Menace de mat en quatre coups : 5. D ×h7 +, Rf8 ; 6. Dh8 +, Ré7 ; 7. Df6 +, Ré8 ; 8. Th8 mat.

4.   Fd7 - é8

Prépare la fuite du roi vers l'aile D.

5. Cd4 - é6 ! !

Avec le double objectif *d'ouvrir* la septième traverse et *d'obstruer* la sixième. La menace de mat sur g7 implique par ailleurs que les noirs ne peuvent pas refuser le sacrifice.

A cours de la partie, les noirs ont capitulé d'emblée ; ils avaient le choix entre deux maux :

A. 5.   f7 ×é6
    6. Dh6 ×h7 +   Rg8 - f8
    7. Dh7 - h8 +   Rf8 - é7
    8. Th1 - h7 +   Fé8 - f7
    9. Dh8 - f6 +   Ré7 - d7
   10. Df6 ×f7 +   Rd7 - c6
   11. Df7 - b7 +   Rc6 - c5
   12. Db7 ×c8 +
etc.

B. 5.   Tc8 - b8 +
    6. Rb2 - c1   f7 ×é6
    7. Dh6 ×h7 +   Rg8 - f8
    8. Dh7 - h8 +   Rf8 - é7

9.	Th1 - h7 +	Fé8 - f7	11.	Db8 × b6	a7 × b6
10.	Dh8 × b8	Da5 - b6	12.	f5 ! et gagne

L'art de préparer l'attaque sur le roque

Les séduisantes combinaisons de mat que nous avons passées en revue n'auraient pas vu le jour, si leurs auteurs n'avaient pas réussi à créer les conditions *favorables* pour les exécuter. Or, l'attaque sur le roque en exige plus que n'importe quelle autre entreprise sur les soixante-quatre cases. Par comparaison avec l'attaque sur le roi, toute autre action fait figure d'opération partielle. La poursuite du mat, objectif suprême de la lutte, doit tout d'abord se justifier en vertu de la position avant que la technique de l'attaque puisse faire son œuvre.

Quelles sont les conditions favorables qu'elle réclame et comment réaliser celles-ci ?

Un premier facteur à considérer concerne la situation au *centre*. Selon que le centre est ouvert, stabilisé, bloqué ou dynamique, les méthodes d'attaque varient. A l'exclusion du centre bloqué qui oblige les deux joueurs à travailler sur les ailes, l'emprise sur le centre est une condition essentielle pour envisager l'attaque sur le roque et sur le roi en général.

Un deuxième facteur concerne la *centralisation* des pièces, laquelle détermine la vitesse de leur déplacement vers les ailes.

Un troisième facteur est la liberté de manœuvre des pièces, laquelle implique un *avantage d'espace*.

Enfin, il faut que celui qui attaque soit à même de créer une supériorité *numérique* et *qualitative* sur un endroit donné afin d'interdire une défense locale satisfaisante, ainsi qu'une contre-attaque pas trop gênante ailleurs.

En matière de préparation de l'attaque sur le roque et sur le roi en général, il y a lieu de procéder par étapes selon le principe de l'accumulation : se livrer à des opérations partielles afin de convertir une faible supériorité en une supériorité grandissante.

Saisir le moment opportun de l'attaque est une autre difficulté, et la mener à une heureuse conclusion suppose d'autres servitudes. Celles-ci sont d'ordre divers :

1) Il importe de *nuancer* ses engagements. Le joueur choisira l'action qui l'engage le moins, en vertu du principe du moindre risque. Bref, les coups préparatoires réclament une ordonnance, sans s'écarter du principe du risque « calculé ».

2) Ne jamais perdre de vue les possibilités défensives locales de l'adversaire ou encore le danger d'une contre-attaque au centre ou sur l'autre aile.

3) Ne jamais perdre de vue non plus les concessions qu'implique l'attaque sur le roque. Celui qui lance une attaque sur le roque procède à une *décentralisation* de ses pièces au profit d'une supériorité numérique *locale*. Une telle opération entraîne des conséquences inévitables :

a) dégarnir d'autres secteurs de l'échiquier et, partant, s'affaiblir ailleurs ;

b) investir du matériel au profit d'une démolition des pions boucliers du roi, dont les dividendes devront se traduire sous forme, d'un mat ou d'un gain matériel supérieur sous peine de perdre la partie en finale.

Les exemples qui suivent illustrent ces diverses considérations.

Diagr. 311 — Capablanca-Löwenfisch (Moscou, 1935) : blancs au trait

Relevons les principales caractéristiques de la position du diagramme.

1) Les blancs contrôlent la case centrale é4, occupent et contrôlent é5. Les noirs ne tirent pas le même profit des autres cases centrales : ils contrôlent d5, mais le pion isolé et bloqué sur d4 est moins efficace que le Cd5 !

2) Les pièces blanches sont centralisées et prêtes à intervenir sur l'aile R.

3) La dame, leur pièce la plus puissante, se trouve déjà sur l'aile roi.

4) Les blancs disposent d'une avance de développement : le fou dame des noirs n'est pas encore développé.

5) La stabilisation du centre due au contrôle de é5 et le blocage de d4 interdisent toute contre-attaque des noirs au centre.

6) Les blancs n'ont aucune contre-attaque à craindre sur l'aile D.

    1. Df3 - h3 !

Avec la double menace 2. Cc6 et 2. Cg4. Cette dernière menace s'accompagne d'une autre, double également : 3. C × f6 + et 3. Fc7.

    1.   Ta5 - c5

Après 1. ..., Fb7 ? ; 2. Cg4 ! gagne.

    2. Tc1 × c5 !   Fé7 × c5
    3. Ff4 - g5

Grâce à l'échange précédent, ce clouage a été rendu possible.

    3.   h7 - h6

La seule parade satisfaisante, encore que ce soit au prix d'un affaiblissement des pions du roque. Si 3. ..., g6 ? ; 4. Cc6, Dc7 ; 5. F × f6, D × c6 ; 6. Dh6 et mat au coup suivant.

    4. Cé5 - g4 !

Exploite le clouage du Cf6 et le clouage indirect du pion h6. Par la même occasion, les blancs menacent au choix : 5. C × h6 + et 5. C × f6 +.

    4.   Fc5 - é7

Après 4. ..., h × g5 ?, 5. C × f6 + conduit au mat.

    5. Fg5 × f6 !

Plus précis et plus efficace que 5. C × h6 +.

    5.   g7 × f6 !

Et non 5. ..., F × f6 ? ; 6. C × h6 +, g × h6 ; 7. D × h6, Té8 ; 8. Fh7 + et les blancs forcent le mat selon une image classique.

    6. Cg4 × h6 +   Rg8 - g7
    7. Dh3 - g4 + !   Rg7 - h8

Si 7. ..., R × h6 ?, 8. Dh4 + et mat au coup suivant.

    8. Dg4 - h5

La force de l'échec à la découverte fait son apparition.

    8.   Rh8 - g7
    9. Ch6 × f7 !   Tf8 - h8

Ou 9. ..., T×f7 ? ; 10. Dh7 +,
Rf8 ; 11. Dh8 mat.

10. Dh5 - g6 + abandonnent.

Diagr. 312 — Alekhine-Lasker
(Zürich, 1934) : blancs au trait

La position du diagramme semble traduire un équilibre parfait.
Les noirs n'accusent aucun retard
de développement, et leurs pions
du roque ne sont point affaiblis.
Les deux camps se partagent par
ailleurs le contrôle du centre. En
réalité, les blancs disposent de
certaines plus-values :

1) la position agressive du
Cf5 ;

2) le rayonnement du Fb3 sur
la diagonale b3 - f7 ;

3) la domination provisoire de
la colonne « d » par la dame et la
faiblesse de la case d6 dans la
construction noire ;

4) la position invulnérable du
Cé5 ;

5) l'éloignement de la dame
noire, installée sur l'aile D, d'où
elle ne peut contribuer à la défense
de l'aile R. Ainsi, s'agit-il pour
les blancs de tirer parti de ces
plus-values, de les *amplifier* en
vertu du principe de l'accumulation.

1. Dd1 - d6 !

Menace non seulement le Cé5,
mais s'accompagne encore de la
menace potentielle 2. Ch6 +.

1. Cé5 - d7

Ni la retraite 1. ..., Cg6 ? ; 2.
Ch6 +, g×h6 ; 3. D×f6 avec
démolition des pions du roque, ni
1. ..., Ta8 - é8 ? ; 2. Cé7 + avec
gain matériel n'étaient à envisager.

2. Tf1 - d1 !

Mobilise la seule pièce inactive
des blancs, renforce la domination
de la colonne « d » et prépare
une supériorité numérique sur
l'aile R.

2. Ta8 - d8

3. Dd6 - g3 !

Force un affaiblissement des
pions du roque, car la retraite
3. ..., Cé8 serait réfutée par 4.
Ch6 +, Rh8 ; 5. C×f7 + avec
gain matériel.

3. g7 - g6

4. Dg3 - g5 !

Paralyse le Cd7, menace 5.
Td6 !, Cé4 ; 6. T×g6 + !, h×g6 ;
7. D×g6 +, Rh8 ; 8. Dg7 mat
et exploite à merveille la faiblesse
des cases noires et le clouage de
f7.

4. Rg8 - h8

Décloue le pion g6 et menace
la prise du Cf5.

Chose curieuse : Alekhine ne
souffle mot dans ses analyses de
la riposte 4. ..., Cé4. Cette attaque de la dame a le mérite de
freiner l'attaque au détriment
d'une mauvaise finale. Par exemple : 4. ..., Cé4 ! ; 5. Dé7 !, g×
f5 ; 6. T×d7, T×d7 ; 7. D×d7,
Db5 ; 8. h3, etc. Si nous mentionnons cette variante, c'est parce
qu'elle illustre l'importance du
deuxième coup des blancs.

5. Cf5 - d6

Installe le cavalier au cœur de
la position adverse, menace le
point f7 et gagne le contrôle de é4.

5.   é3 - é4 !   Rh8 - g7
6.   é3 - é4 !

Ouvre la troisième traverse au profit de la tour et la possibilité de chasser le Cf6 par l'avance é5.

6.   Cf6 - g8
7.   Td1 - d3

Avec diverses menaces dont le doublement des tours sur la colonne.

7.   f7 - f6

Ou 7. ..., h6 ; 8. Cf5 + , Rh7 ; 9. C×h6 !, f6 ! ; 10. Cf5 !, f×g5 ; 11. Th3 + , Ch6 ; 12. T×h6 mat.

8.   Cd6 - f5 +   Rg7 - h8
9.   Dg5 ×g6 !   h7 ×g6
10.   Td3 - h3 +   Cg8 - h6
11.   Th3 ×h6 mat

L'image du mat peut être considérée comme une variante du mat de l'Anasthasie.

Ouverture de colonnes et de diagonales sur l'aile R

Diagr. 313 — Averbach-Panno
(Buenos Aires, 1954) : blancs au trait

Le centre est fermé et caractérisé par la formation Benoni. Les noirs ont déjà roqué, et les pions du bouclier du roi offrent une cible à la suite du fianchetto du fou roi. Aussi les blancs se décident-ils à ouvrir leur jeu sur l'aile R, les noirs ne pouvant en faire autant sur l'aile D.

Le roi blanc restera au besoin au centre, où il se trouve en parfaite sécurité à la faveur du centre bloqué.

1.   g2 - g4   Cf6 - é8
2.   h2 - h4   f7 - f5

Poussée classique dans l'est-indienne, mais peu gênante dans la position qui nous occupe.

3.   h4 - h5 !   f5 - f4

Afin de réduire l'activité du Fd2.

4.   g4 - g5 !

L'attaque dite de la marée des pions. L'occupation de g5 est motivée par les raisons suivantes :

1) empêcher l'avance g6 - g5, bloquant l'aile R ;

2) en bloquant le pion g6, les blancs se réservent le choix du moment pour ouvrir la colonne « h » ;

3) ouvre le chemin du Fé2 pour intervenir sur l'aile R.

4.   Tf8 - f7
5.   Fé2 - g4   Da5 - d8
6.   Fg4 ×c8   Dd8 ×c8
7.   Cg1 - f3   Fg7 - f8
8.   Ré1 - é2

La fermeture totale du centre offre une sécurité totale au roi blanc. Entre-temps, son déplacement vers la deuxième traverse autorise la mobilisation des pièces lourdes.

8.   Tf7 - g7
9.   Th1 - h4

Avant d'ouvrir la colonne « h », il importe de s'assurer de la *domination* de cette colonne, règle capitale en toute circonstance.

9.   Cb8 - d7
10.   h5 ×g6   h7 ×g6
11.   Dd1 - h1   Ff8 - é7
12.   Th4 - h8 +   Rg8 - f7

| 13. | Dh1 - h6 | Cd7 - f8 |
| 14. | Ta1 - h1 | Ta8 - b8 |

Les noirs n'ont pas l'ombre d'une contre-attaque, dès lors que l'attaque blanche exige un renforcement : les trois pièces mineures n'exercent aucune activité agressive.

15. Fd2 × f4 !

Lève un obstacle au prix d'un sacrifice afin d'ouvrir le jeu au centre.

| 15. | | Dd8 - c7 |

Après 15. ..., é × f4 ?, 16. Th4 ! récupère le matériel investi avec intérêt.

16. Dh6 - h2 !

Se lance à la conquête du point é5 et menace 17. F × é5 !, d × é5 ;

18. C × é5 + et les noirs doivent rendre la dame pour éviter le mat.

| 16. | | Cf8 - d7 |

Renforce é5, mais cède le contrôle de é6.

| 17. | Dh2 - h3 ! | Cd7 - f8 |
| 18. | Th8 × f8 + ! | |

L'occupation de é6 vaut bien une qualité !

18.		Rf7 × f8
19.	Dh3 - é6	Tg7 - g8
20.	Cf3 - h4	

Menace un mat en trois coups : 21. C × g6 +, T × g6 ; 22. Th8 +, Rg7 ; 23. Dg8 mat.

20.		Fé7 - d8
21.	Ch4 × g6 +	Rf8 - g7
22.	Cg6 × é5 ! abandonnent.	

Le roque du côté opposé

Diagr. 314 — Fischer-Robatsch (Varna, 1962) : blancs au trait

La position porte les caractéristiques suivantes :

1) roque du côté opposé ;
2) centre semi-fermé ;
3) fianchetto du fou R des noirs.

Celles-ci appellent une ouverture du jeu sur l'aile R, d'autant que les blancs viennent de réaliser une importante manœuvre préparatoire : la possibilité de l'échange F × g7, conduisant à l'élimination du principal défenseur du roque noir et, partant, à l'affaiblissement des cases noires.

9. h2 - h4 !

Menace 10. f3 suivi de g4 et de h5 avec ouverture d'une colonne. Mais les blancs découvrent une méthode encore plus expéditive.

| 9. | | Dd8 - d5 |
| 10. | h4 - h5 !! | |

Force l'ouverture d'une colonne au prix d'un pion.

| 10. | | g6 × h5 |

Sinon, les blancs forcent l'ouverture de la colonne « h » à leur profit. Par exemple : 10. ..., Cf6 × h5 ; 11. Fé2, Cf6 ; 12. F × g7, R × g7 ; 13. Dh6 +, Rg8 ; 14. g4 menaçant g5 !

11.	Ff1 - d3	Cb8 - d7
12.	Cg1 - é2	Tf8 - d8
13.	g2 - g4 !!	

Au moment précis où toutes les pièces se trouvent mobilisées, les blancs se décident à hâter l'ouverture du jeu sur l'aile R au prix d'un second sacrifice de pion. Quelle que soit la réaction des noirs, une colonne s'ouvrira.

    13.   Cd7 - f8

Ce refus de prise a le mérite de consolider l'aile R et de freiner l'attaque blanche. L'acceptation du défi des blancs eût été pire :

a) 13. ..., h × g4 ? ; 14. F × g7, R × g7 ; 15. Dh6 + , Rg8 ; 16. F × h7 + !

b) 13. ... C × g4 ? ; 14. Td1 - g1 ! et gagne.

    14.   g4 × h5   Cf8 - é6

Ou 14. ..., C × h5 ; 15. Td1 - g1 menaçant Tg5.

    15.   Td1 - g1   Rg8 - h8
    16.   Fh6 × g7 +   Cé6 × g7
    17.   Dd2 - h6   Td8 - g8
    18.   Tg1 - g5   Da5 - d8
    19.   Th1 - g1

Triomphe de la stratégie blanche :

1) ouverture d'une colonne sur le roi ;

2) supériorité numérique sur l'aile R.

    19.   Cg7 - f5

Abandonne une pièce. Il est vrai que 29. ..., Df8 eût été de même insuffisant à cause de 20. Cé4 !

    20.   Fd3 × f5   abandonnent.

De ces exemples, on peut retenir quelques conseils d'ordre général :

1) lorsque les joueurs ont roqué du *même* côté, l'attaque du roque au moyen de figures a priorité sur celle des pions ;

2) face à des pions boucliers *non* affaiblis, une avance de pions est rarement indiquée ;

3) lorsque les deux joueurs ont roqué du côté opposé, l'attaque par la marée de pions sera d'autant plus indiquée que le centre se trouve fermé.

L'attaque sur l'aile D

Moins spectaculaire et plus matérialiste que l'attaque de mat, l'attaque sur l'aile D n'a d'autre objectif immédiat qu'un gain matériel. Tout comme l'attaque sur le roi, l'offensive sur l'aile D peut prendre une infinité de formes. Il y a néanmoins des points communs entre les deux.

Une action sur l'aile D exige à son tour une ouverture de lignes et une supériorité numérique locale. Qui plus est, l'attaque sur l'aile D possède ses « images » propres, qui la différencient de l'attaque sur le roque. Et dans cet ordre d'idées, deux caractéristiques du squelette des pions méritent une étude particulière.

Exploitation d'une majorité

Celui qui possède une majorité sur l'aile D (3 contre 2 ou 2 contre 1) jouit d'un atout dont la valorisation sera d'autant moins difficile que le matériel se réduit sur l'échiquier. Une majorité de pions sur l'aile D peut donner naissance à un pion libre dont la promotion provoquerait des ravages dans le camp opposé. La possibilité de cette promotion s'accroît en fin de partie et par ailleurs du fait que les pions sur l'aile D se trouvent les plus éloignés du roi qui a roqué du côté court.

Les noirs possèdent une majorité sur l'aile D (3 contre 2), la-

Diagr. 315 — Donner-Tahl
(Zürich, 1959) : noirs au trait

quelle se trouve appuyée par le Fg7, commandant la grande diagonale. Les noirs possèdent aussi deux pièces lourdes, sans parler du Cd7, prêt à intervenir dans ce même secteur. Cette plus-value de la construction noire n'est pas contrebalancée par la majorité blanche au centre (3 contre 2), dont la mobilité se trouve entra-

vée du fait que les noirs contrôlent le point é5.

1. .... c5 - c4 !

Respecte le principe de l'avance prioritaire du pion qui n'a pas de vis-à-vis. Ici, elle est encore motivée par deux autres raisons :

1) préparer la poussée b5 ;
2) évacuer la case c5 au profit du cavalier.

2. Té1 - é3   b7 - b5
3. a4 × b5   a6 × b7
4. Rg1 - h1   Fg7 × c3

La méthode la plus expéditive pour obtenir un pion libre.

5. b2 × c3   Db4 × c3
6. Tb1 × b5   Dc3 - d3

Débloque le pion libre, menace le pion é4 et prépare l'intervention du Cd7.

7. Df1 - é1   c4 - c3

Menace 8. ..., c2 et sa promotion subséquente.

8. Tb5 - b1   Cd7 - c5 !

Avec la double menace 9. ..., c2 ; 10. Tc1, Cb3, ainsi que 9. ..., T × é4.

9. Abandonnent.

L'attaque de la minorité

Chose paradoxale, il arrive même aux échecs qu'une minorité agissante l'emporte sur une majorité figée. Un cas classique constitue le squelette de pions dérivant de la variante d'échange du gambit de la dame, ce qu'illustre le diagramme.

Le squelette de pions se trouve caractérisé par deux colonnes semi-ouvertes et obéit dès lors à une construction semi-fermée. Sur l'aile D, les blancs disposent d'une minorité *mobile* (a2 + b2), laquelle fait face à une majorité statique (a7 + b7 + c6). Cette particularité engendre des conséquences étonnantes : la *mobilité* l'emporte sur la majorité. Et la technique qui permet d'en tirer parti consiste à avancer, *après prépara-*

Diagr. 316

tion, le pion b2 jusqu'à b5, conformément au diagramme suivant :

Diagr. 316bis —
Après l'avance b4 - b5

Bref, b5 pose une question au pion c6, et celui-ci n'a d'autre choix que de tolérer l'échange b × c6, b × c6 ou de prendre l'initiative d'un échange sur b5. Dans l'un ou l'autre cas, les pions sur l'aile D, du côté noir, subiront un affaiblissement :

Diagr. 317 — Après l'échange b5 × c6

Alors que précédemment — avant l'attaque de la minorité — l'aile D des noirs ne présentait aucune

faiblesse, elle possède à présent un pion faible et arriéré sur une colonne ouverte. Par ailleurs, les blancs ont réussi à ouvrir la colonne « b ».

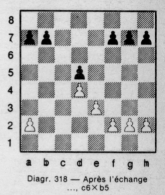

Diagr. 318 — Après l'échange
..., c6 × b5

Cette fois, les noirs souffrent d'un pion isolé sur d5 et leur pion b7 s'expose à une pression le long de la colonne « b ».

Voici un exemple pratique qui illustre les vertus de l'attaque de la minorité.

Diagr. 319 — Capablanca-Golombeck
(Margate, 1939) : blancs au trait

1. b2 - b4
Annonce l'attaque de la mino-

rité, dûment préparée par l'appui de la tour D à b1.

1.   Fé6 - f5
2. Cc3 - a4 !

Avant de se livrer à la poussée b5, il importe de gagner le contrôle de la case c5 afin d'interdire la réplique c6 - c5.

2.   Ff5 × d3
3. Dc2 × d3   Cf8 - d7
4. Tf1 - b1   Cd7 × é5
5. Fh2 × é5   Fé7 - d6

Force encore un échange de pièces, sans améliorer pour autant la défense contre l'offensive sur l'aile D.

6. Fé5 × d6   Dd8 × d6
7. b4 - b5 !

Le premier objectif est atteint.

7.   c6 × b5

Le moindre mal était probablement de tolérer l'échange b5 × c6.

8. Dd3 × b5   Cg7 - é6

Vouloir s'accrocher à b7 eût coûté le pion d5. Par exemple : 8. ..., Tc7 ; 9. Tc5, Ta8 - d8 ; 10. Cc3 !, etc.

9. Ca4 - c3 !

Une manœuvre caractéristique pour le style de Capablanca. Au lieu d'accorder un contre-jeu aux noirs par la prise 9. D × b7, les blancs centralisent le cavalier et pressent sur d5.

9.   Té8 - d8
10. Db3 × b7   Dd6 - a3
11. Cc3 × d5   Da3 × a2
12. Cd5 - b4 !   Da2 - a4
13. Cb4 - c6

Avec la double menace 14. C × d8 et 14. Ta1 gagnant la dame.

13.   abandonnent.

Les lignes ouvertes

Des lignes ouvertes sur l'aile D constituent une base d'opération de choix pour lancer une offensive sur l'aile D.

Diagr. 320 — Beyen-van Seters (Ostende, 1957) : noirs au trait

Les noirs disposent de deux colonnes semi-ouvertes sur l'aile D, obtenues au prix d'un sacrifice de pion ; ils disposent aussi d'un fou actif sur la grande diagonale. Ces divers atouts leur permettent de développer une initiative durable sur l'aile D.

1.   Db6 - a6 !

Les noirs ne craignent pas de forcer l'échange des dames, malgré leur pion de moins. Il s'agit de gagner le contrôle des cases blanches.

2. Dc4 × a6   Ta8 × a6
3. Fc1 - d2   Tf8 - a8
4. Cé2 - c1   Cf6 - d7

Ouvre la grande diagonale et dirige une pièce fraîche sur l'aile D.

5. a2 - a3   Cb4 - c2
6. Ta1 - b1   Ta8 - b8
7. Cc1 - d3   Cd7 - b6
8. Cc3 - a2   Cb6 - c4

La supériorité numérique des noirs sur l'aile D atteint son point culminant.

9. Fd2 - c3

Encore le moindre mal.

| 9. | | Fg7 × c3 |
| 10. | Ca2 × c3 |

Coûte la qualité. Toutefois, après 10. b × c3, T × b1 ; 11. T × b1, T × a3, les noirs récupèrent le pion sacrifié avec une initiative durable.

10.		Cc4 - d2
11.	Tb1 - c1	Cd2 × f1
12.	Tc1 × c2	Cf1 - e3
13.	Tc2 - é2	Cé3 - c4
14.	a3 - a4	Tb8 - b3
15.	h2 - h3	Cc4 × b2 !
16.	Abandonnent

Observons, enfin, que l'attaque sur l'aile D dérive fréquemment du choix de l'ouverture, telle que la défense sicilienne où les noirs disposent d'emblée de la colonne « c » ouverte.

Par analogie avec les pions du roque, l'attaque sur l'aile D vise, à son tour, à provoquer des affaiblissements de la structure de pion.

L'attaque au centre

Une action centrale suppose des lignes ouvertes, des pièces à pied d'œuvre et jouissant d'une grande liberté de manœuvre. Toutes ces conditions se trouvent rarement réunies accidentellement. Il importe de les préparer si la situation l'exige. La *percée* au centre y pourvoit. Ce stratagème majeur constitue tantôt le point de départ d'une attaque de mat, tantôt celui d'un objectif plus modeste : le dégagement d'une importante case centrale.

Dégagement d'une case centrale

a b c d e f g h

Diagr. 321 — Lasker-Capablanca (Saint-Pétersbourg, 1914) : blancs au trait

Toutes les pièces blanches « jouent » à l'exclusion du Cc3, privé d'accès au centre pour s'approcher de la position adverse. Le prochain coup des blancs corrige cette lacune de leur construction.

1. é4 - é5 !

Dégage la case é4 au profit du cavalier D.

1. ... d6 × é5

Après 1. ..., f × é5 ; 2. Cé4, le pion g5 saute.

2. Cc3 - é4

Menace 3. Cf6 + et se prépare à occuper la case c5.

2. ... Cb6 - d5
3. Cé6 - c5 !

Les deux cavaliers occupent une position inexpugnable.

3. ... Fb7 - c8

Mieux vaut perdre une qualité qu'une pièce. Si 3. ..., Tc7 ? ; 4. C × b7, T × b7 ; 4. Cd6 + et gagne.

4. Cc5 × d7 Fc8 × d7
5. Th3 - h7

Occupation de la *septième* traverse, l'horizontale la plus vulnérable de la construction noire. La menace directe est 6. Th1 - a1 !

| 5. | | Tg8 - f8 | 7. | Ta1 - a8 + | Fd7 - c8 |
| 6. | Th1 - a1 | Ré8 - d8 | 8. | Cé4 - c5 | abandonnent. |

L'ouverture du jeu

1. d4 - d5 !
Avec la double menace : 2. d × c6 et 2. d6.
1. é6 × d5
Ou 1. ..., c6 × d5 ; 2. c × d5 et les blancs menacent entre autres Dc3 +.
2. c4 × d5 c6 - c5
Évite l'ouverture de la colonne « c » mais au prix d'une pièce.
3. d5 - d6 ! abandonnent.
La menace de mat sur b7 empêche les noirs de gagner le pion d6.

Diagr. 322 — van Seters-Everaert (Bruxelles, 1968) : blancs au trait

L'attaque du centre

La nécessité de disputer le centre à l'adversaire est un souci constant au cours de la lutte sur les 64 cases et la théorie des ouvertures offre des exemples sans fin et montre comment il faut y procéder dès le départ.

Cette bataille se poursuit en milieu de partie, car la domination du centre produit un effet oppressif sur le jeu adverse. Mais l'occupation du centre entraîne aussi des servitudes. Il faut

tâcher de s'y maintenir. C'est d'autant plus difficile qu'il existe divers stratagèmes qui visent à la liquidation du centre adverse voire à sa destruction. Pour entreprendre ce travail de sape, l'avance de *flanc* constitue l'arme par excellence. Celle-ci contribue non seulement à la *libération* de son propre jeu, mais encore à *affaiblir* le centre adverse. Un cas important concerne l'attaque menée contre une chaîne de pions.

L'attaque d'une chaîne par la base

Le diagramme illustre le schéma de deux chaînes : c3, d4, é5 et d5, é6, f7 et la méthode classique pour s'attaquer à celles-ci.

L'avance de flanc (c7 - c5) entame une pression sur d4, base de la chaîne, tandis que l'avance de flanc (f2 - f4) entame une pression sur é6, base de la chaîne noire.

Quel sera le résultat de ce travail de sape ? Cela dépend des initiatives des joueurs pour y réagir.

Voici un résidu classique :
Les joueurs ont échangé leur pion de flanc contre le pion formant la base de la chaîne. Les conséquences en sont visibles : affaiblissement de d4 et de é6 ; ouver-

Diagr. 323 — Attaque des bases

Diagr. 324 — Affaiblissement des bases

clame une plus longue préparation. Elle implique par ailleurs des concessions que l'autre méthode ne connaît pas.

Diagr. 325 — L'attaque par la pointe de la chaîne.

L'avance de flanc f7 - f6 pose une question au pion é5. Selon les circonstances, les blancs pourront réagir de différentes manières : ou bien prendre l'initiative de la prise sur f6 ou bien tolérer la prise sur é5. En voici un exemple :

Diagr. 326 — Le pion R est arriéré et affaibli

ture des colonnes « c » et « f ». Bref, les tours peuvent intervenir pour lancer une attaque de flanc : Tc8 - c4 et Tf1 - f6, ou encore pour entreprendre une attaque enveloppante, par exemple : Tf1 - f7 suivi de Té7.

Une autre méthode — encore qu'elle puisse se conjuguer avec la première — réside dans l'attaque de la pointe de la chaîne. Elle est généralement plus difficile à réaliser, parce qu'elle réclame une plus longue prépara-

L'exploitation des faiblesses d'un centre fragile

Diagr. 327 — van Seters-Soultanbeieff
(Gand, 1938) : noirs au trait

La chaîne blanche (f4 - é5) semble n'avoir rien à craindre, d'au-

tant que l'attaque par la pointe :
f7 - f6, est irréalisable sous peine
de tolérer Cd4 × é6. D'où l'idée
des noirs de s'attaquer à la base
de la chaîne.

| 1. | g7 - g5 ! ! |
| 2. Tf1 - é1 | |

La prise 2. f × g5 ?, C × é5 !
serait encore plus favorable aux
noirs.

| 2. | g5 × f4 |
| 3. Fé3 × f4 | |

Les blancs ont réussi à conserver é5 au prix d'autres concessions.

| 3. | Fé7 - c5 ! |
| 4. Ta1 - d1 | Cb4 - c6 |

Gagne du matériel.

La liquidation d'un centre idéal

Diagr. 328 — Ravinsky-Smyslov
(Moscou, 1944) : noirs au trait

Les deux pions centraux des
blancs se trouvent idéalement placés et les noirs ont une position
très serrée. Mais, chose curieuse,
les noirs réussissent à libérer leur
jeu.

1.	b7 - b6 !
2. Td1 - c1	c6 - c5 !
3. d4 × c5	Fé8 - a4
4. Db3 × a4	b6 × c5
5. Fg2 - f1	Dc7 - b6
6. b4 - b5	c5 - c4 !

Les noirs ont libéré leur jeu,
obtenu un pion libre et annoncent
une attaque sur f2. Quel renver-
sement de la situation !

Le jeu de position

Le débutant conçoit mal l'intérêt d'un coup qui ne répond pas
à une action directe dont l'objectif est immédiatement visible. Le
choix de ses coups s'opère en
termes de menace ou de parade

et néglige des buts *limités* et
intermédiaires qui oscillent entre ces deux extrêmes. C'est ici
que le jeu de position, qui se
trouve à l'opposé du jeu de combinaison, tout en restant son

allié inséparable, gouverne en maître. A la différence de la menace brutale ou de la parade sous la contrainte, les objectifs du jeu de position se situent *à long terme*. D'où une première caractéristique du coup positionnel : il n'est ni agressif ni défensif, de prime abord ; il se propose exclusivement d'*améliorer* la position. Et, selon la fonction qu'il remplit, le coup positionnel se caractérise tantôt par un coup d'attente, de prophylaxie, de regroupement, de centralisation, de protection supplémentaire d'un point clé, de correction d'un point faible ; tantôt par un échange favorable, un gain de terrain, une conquête de case, un affaiblissement local de la position adverse, un sacrifice de pion ou de qualité à long terme afin d'obtenir des avantages d'un autre ordre ; gain de développement, de terrain et de liberté de manœuvre, etc. En résumé, les coups positionnels ambitionnent de créer les conditions les plus favorables pour l'évolution des pièces, afin de leur conférer un maximum de rayonnement et de coordination, sans quoi le jeu de position n'aura pas atteint son but suprême. Le jeu de position réside dès lors dans l'art de disposer ses pièces de manière à pouvoir les diriger ici et là, où le combat fait rage, tout en s'efforçant qu'elles soient simultanément un obstacle aux initiatives adverses.

Différentes conditions spéciales contribuent à promouvoir le rayon d'action et la force de frappe des pièces en général, des tours et des cavaliers en particulier.

1) colonnes semi-ouvertes (T) ;
2) colonnes ouvertes (T) ;
3) diagonales ouvertes et semi-ouvertes (F) ;

4) points d'appui (C et T) ;
5) avant-postes (C) ;
6) occupation des cases faibles (C + F) ;
7) occupation de la septième traverse (T) ;
8) occupation de la huitième traverse (T).

Elles permettent de résoudre ce double problème : comment *s'approcher* de la construction adverse et comment *s'y introduire* ?

Voici une illustration de ce qui précède :

Diagr. 329 — Alekhine-Junge (Lublin, 1942) : blancs au trait

Les deux camps ont mis leurs pièces en jeu, et le milieu de partie vient de s'engager. Comment poursuivre à partir du diagramme ?

Relevons d'abord quelques caractéristiques propres à la position.

1) La colonne « d » est ouverte, et les blancs sont provisoirement seuls à l'occuper.

2) Le Fb3 occupe une diagonale semi-ouverte, pèse sur f7 et cloue celui-ci.

3) La case f5, contrôlée par é4, réserve un point d'appui au cavalier blanc, lui permettant de *s'approcher* de la position adverse.

Vouloir supprimer ce point de côté noir par l'avange g6 impliquerait une lourde concession : affaiblissement des cases f6 et h6.

4) La construction noire souffre d'une faiblesse à c5, case qui ne peut plus être contrôlée par un pion. Elle s'offre à une future occupation d'une pièce blanche. Vouloir supprimer cette faiblesse par l'avance c5 impliquerait un abandon de contrôle de la case d5.

5) Les pièces noires manquent de liberté de manœuvre. En particulier, les cavaliers noirs manquent de points d'appui et d'activité.

6) La construction blanche n'offre guère d'accès aux pièces adverses.

Diagnostic : les blancs disposent de nombreuses plus-values qu'il importe d'augmenter et d'amplifier par le jeu de position : préparation d'une ouverture du jeu supplémentaire sur l'aile D, marche du cavalier vers f5, mouvements de centralisation et de coordination.

1. a2 - a4 !

Prépare une future ouverture de la colonne « a » et s'oppose à la manœuvre Cé7 - c8 - b6.

1.   Ta8 - d8

Après 1. ..., Cc8, coupant la liaison des tours, les blancs poursuivent avantageusement par 2. a × b5 !, c6 × b5, car les noirs demeurent avec un pion faible (a6) sur une colonne ouverte, tout en perdant le contrôle de la case centrale d5.

2. Cf1 - g3   Cé7 - c8
3. a4 × b5 !

Ouvre la colonne « a » au moment où les noirs ne peuvent plus opposer une tour à a8.

3.   a6 × b5
4. Cg3 - f5 !

Entame une pression sur d6 et g7, sans craindre l'échange 4. ..., C × f5 ; 5. 2 × f5 et le pion f5, devenu mobile, se transforme en une dangereuse épine, vu la menace potentielle f6.

4.   Cc8 - b6

Vise l'interception de la diagonale du fou par Cb6 - c4.

5. Df3 - é3 !

Merveilleuse centralisation de la dame qui gagne le contrôle des cases noires et menace d'intervenir sur l'aile D (c5) ou sur l'aile R (g5) selon les nécessités de la lutte.

5.   Cd6 × f5 ?

Après cet échange prématuré, le combat se décide en milieu de partie et encore par une attaque de mat. La continuation logique était 5. ..., Cb6 - c4 ! et les blancs doivent consentir à l'échange 6. F × c4, ce qui leur permet d'obtenir une finale très avantageuse. Par exemple :

A. 6. ..., C × c4 ; 7. Dc5 ! avec des complications tactiques favorables aux blancs ;

B. 6. ..., b × c4 ; 7. C × d6, T × d6 ; 8. Dc5 !

C. 6. ..., C × f5 ; 7. é × f5, b × c4 ; 8. Dc5 !

6. é4 × f5   c6 - c5 ?

Encore un coup faible, laissant libre cours au dynamisme du pion f5. Il fallait centraliser le cavalier afin de gagner le contrôle de la case f6. Par exemple : 6. ..., Cd5 ; 7. Dc5, Dd6 ; 8. D × d6, T × d6 ; 9. Ta7, et les blancs conservent l'initiative.

7. f5 - f6 !

Annonce une nouvelle phase : l'exploitation de l'avantage acquis par le jeu de position. C'est ici que les menaces directes et le jeu de combinaison reprennent leurs droits !

7.   g7 × f6

L'avance 7. ..., g6 n'allait pas à cause de Dh6. Par ailleurs, les blancs menaçaient 8. Dg5.

8. Dé3 - h6

Menace 9. Fc2, suivi du mat en quelques coups.

9. f6 - f5
10. Fb3 × f7 + !

Une petite combinaison rendue possible par la surcharge de la Td8 et l'absence de protection de la Dc7.

10. Dc7 × f7

Le moindre mal, car après 10. ..., T × f7 ? ; 11. Dg5 + gagne la Td8, tandis qu'après 10. ..., R × f7 ? ; 11. D × h7 + gagne la dame. Enfin, le refus du sacrifice par 10. ..., Rh8 ? ? autorise 11. Df6 mat.

11. Td1 × d8 Cb6 - a4

Ou 11. ..., T × d8 ; 12. Dg5 + récupérant la tour avec échec.

12. b2 - b3 !

Brise l'interception de la colonne « a » et force un gain matériel supplémentaire.

Les noirs abandonnent. Si 12. ..., C × c3 ; 13. Ta1 - a8 !, et si 12. ..., Cb6 ; 13. D × b6, etc.

La septième traverse

La septième traverse et son symétrique (la deuxième traverse) jouent un rôle capital dans le jeu de position, parce qu'elles sont particulièrement sensibles à une occupation du matériel lourd. Ce handicap, commun aux deux traverses, découle du fait qu'ici *les pions se trouvent à leur case de départ*. D'où l'intérêt d'une attaque de flanc (horizontale), car, pour s'opposer à celle-ci, le pion ne peut compter sur la protection d'un autre pion. Il devra ou bien avancer ou bien faire appel à la couverture d'une pièce, ce qui entraîne bien souvent d'autres concessions. L'exemple du diagramme illustre un cas idéal : la double occupation de la deuxième traverse.

La tour noire occupe la deuxième traverse et réalise une pression horizontale sur f2. Par leur prochain coup, les noirs parviennent à renforcer cette pression le long de la deuxième traverse.

1. é6 - é5 !

Chasse la pièce qui intercepte l'autre colonne ouverte au prix d'un pion, sacrifice d'ordre positionnel, parce qu'à long terme

Diagr. 330 — Nimzovitch-Capablanca (New York, 1927) : noirs au trait

2. Fd4 × é5 Td8 - d2
3. Da6 - b7

Une curieuse décision à première vue, puisque les blancs disposent de la protection plausible de f2 au moyen de la tour. En fait, la couverture 3. Tf1 ? conduirait au mat après 3. ..., D × é3 ! ; 4. Ff4, T × f2 !, etc.

Le coup du texte se propose de lâcher f2 et d'organiser le contrôle de g2 et de h2.

3. Td2 × f2
4. g3 - g4

Ainsi, le fou se charge de protéger h2.

4.   Db3 - é6

Avec la double menace : D × F et D × g4 + .

5. Fé5 - g3 Tf2 × h2!!

Cette finesse tactique est plus incisive que 5. ..., D × g4 ; 6. Tf1, et les blancs obtiennent du contre-jeu (pression sur f7).

6. Db7 - f3

Si 6. F × h2 ? ?, D × g4 + ; 7. Rh1, Dh3 et mat au coup suivant.

6.   Th2 - g2 +

Oblige les blancs à rendre la dame contre les deux tours, troc équitable sur le plan matériel, mais qui se termine finalement par un retard de deux pions.

7. Df3 × g2

Si 7. Rh1 ?, Dh6 + !, et si 7. Rf1 ?, Dc4 + !, etc.

7.   Tc2 × g2 +
8. Rg1 × g2 Dé6 × g4

Avec deux pions de plus, les noirs ont gagné aisément la finale.

La huitième traverse

Indépendamment des combinaisons de mat à la huitième traverse, celle-ci offre encore une autre particularité : elle supporte mal une occupation adverse des pièces lourdes, parce que d'ici celles-ci peuvent entamer une attaque enveloppante, c'est-à-dire entreprendre une action *verticale* dans le dos des pions. La position du diagramme montre le danger de cette action.

1. Td6 - d8 ! Rf6 - c7

Ou 1. ..., Ta7 ; 2. Tc8, et les blancs gagnent.

2. Td8 - a8 !

Le pion a6 tombe et les noirs

Diagr. 331 — Blancs au trait

demeurent avec une finale perdante.

Le « bon » et le « mauvais » fou

Le rayonnement du fou est d'autant plus intense qu'il dispose de diagonales *ouvertes* et de pions *mobiles*. Ces deux conditions ne sont pas toujours réunies. Bien souvent, l'une ou l'autre fait défaut, quand ce n'est pas les deux à la fois. Dans l'affirmative, le fou subit une moins-value.

La situation au centre est déterminante pour établir un jugement de valeur sur l'activité du fou. Car le principal obstacle à la mobilité du fou concerne les pions de son *propre* camp. Lorsque ceux-ci se trouvent sur des cases de même couleur que celles du fou et sont, de surcroît, mobilisées, le fou perd de sa valeur. En revanche, lorsque les pions centraux se trouvent sur une couleur *différente* de celle du fou, la valeur de celui-ci augmente. D'où l'expression : avoir le « bon » fou ou le « mauvais » fou.

Voici un exemple emprunté à Hans Kmoch (*Die Kunst der Bauernführung*) :

Le pion R des blancs se trouve sur une case *blanche*. Aussi n'entrave-t-il pas la mobilité du fou D qui se meut sur les cases noires. En revanche, le fou R des noirs se heurte à ses propres pions centraux qui occupent des cases de *même* couleur que celles qui sont destinées au fou. Cette circonstance malheureuse entraîne encore un autre handicap : *l'affaiblissement des cases blanches*

Diagr. 332 — Le « bon » fou contre le « mauvais » fou

au centre ; les pions noirs ne peuvent plus contrôler la case d5.

La valeur relative du fou et du cavalier

La supériorité du cavalier vis-à-vis du « mauvais » fou s'appuie sur une caractéristique concrète : *l'immobilité* des pions. Un exemple éloquent est celui que fournit Nimzovitch dans *My System*.

Diagr. 333 — Le « mauvais » fou contre le cavalier

La construction blanche souffre d'une nouvelle faiblesse sur les cases claires. En effet, le fou commande exclusivement les ca-

ses noires, tandis que le cavalier est à même de contrôler les cases noires aussi bien que les blanches. Par ailleurs, le fou n'a aucun objectif d'attaque : les pions adverses se trouvent en dehors de sa portée, tandis que ses propres pions offrent une cible au cavalier. Bref, la mobilité du cavalier l'emporte de loin sur l'inactivité du fou qui se heurte à ses propres pions. Les blancs seront incapables de s'opposer à l'entrée du roi que les noirs réaliseront à l'aide d'échecs du cavalier.

La supériorité du fou vis-à-vis du cavalier réside dans son action *à distance*. Pour que cette qualité se manifeste, la structure de pions doit répondre à certaines conditions favorables : des majorités de part et d'autre, comprenant, si possible, des pions libres, et localisées dans des endroits différents.

Les blancs (voir diagramme) disposent du « bon » fou vis-à-vis du cavalier, leur pion principal et son compagnon se trouvant sur des cases de couleur différente. Mais cet avantage ne serait pas décisif s'il n'était accompagné d'autres atouts :

1) une majorité mobile au centre ;

Diagr. 334 — Euwe-Pirc (Bled, 1949) : le « bon » fou contre le cavalier. Blancs au trait

2) une action agressive du fou qui pèse sur le pion arriéré b6 et contrôle les cases noires de la grande diagonale ;

3) la puissance défensive du fou qui contrôle la case de promotion a1. Cette faculté a son importance au cas où les noirs parviendraient à mobiliser leur majorité sur l'aile D par la manœuvre Rd7 - c6, suivie de b5 avec libération du pion a5 ;

4) la possibilité pour le roi blanc de s'introduire soit sur l'aile R soit sur l'aile D ;

5) l'immobilité du cavalier hypothéquée par la charge de protéger b6 ;

6) l'absence de points d'appui en faveur du cavalier.

1. Ré2 - é3 !

La marche vers b5 serait prématurée. Par exemple : 1. Rd3, Rd7 ; 2. Rc4 ?, Cd6+ et le roi

doit rebrousser chemin.

A présent, les blancs menacent Rf4 - g5 - h6.

1.   Cc8 - d6

Protège indirectement b6 (2. F×b6 ?, Cc4+) et menace 2. ..., b5 ! et les noirs obtiennent un pion passé sur la colonne « a ».

Trop lent serait 1. ..., Rd7 ; 2. Rf4, Rc6 ; 3. Rg5, b5 ; 4. a× b5, R×b5 ; 5. Rf6 !, Cd6 ; 6. Ré7, Rc6 ; 7. Fé5, Cc4 ; 8. Fc3, f5 ; 9. é5 et gagne.

Insuffisant serait aussi : 1. ..., Ré7 ; 2. Rf4, f6 ; 3. g5 menaçant g5 !

2. Ré3 - d3 !

Menace 3. F×b6 et interdit 2. ..., b5 ? ; 3. é5 !, etc. Bref, le cavalier doit battre en retraite, perte de temps qui permet au roi d'atteindre a6.

2.   Cd6 - c8
3. Rd3 - c4   Ré8 - d7
4. Rc4 - b5   Rd7 - c7
5. Rb5 - a6   Rc7 - c6
6. Fd4 - é3

Invite les noirs à affaiblir leurs pions sur l'aile R.

6.   Rc6 - c7

Vouloir s'opposer au zugzwang par 6. ..., f6 créerait une nouvelle faiblesse (f6). Il suivrait 7. g4 — fixant f6 —, Rc7 ; 8. Fd4 !, etc.

7. Fé3 - g5 ! !

Illustre les vertus du fou : emprisonner le cavalier.

7.   Rc7 - c6

Si 7. ..., Cd6 ? ; 8. Ff4 cloue le cavalier et les blancs n'ont plus qu'à liquider pour entrer dans une finale de pions gagnante.

8. é4 - é5 !

Menace 9. Fd8 et achève le zugzwang.

8.   Rc6 - c5

Ou 8. ..., Rc7 ; 9. Ff6, Rc6 ;
10. Fd8, etc.

9.   Ra6 - b7

Gagne le cavalier ; les noirs
abandonnent.

La paire de fous

Les *deux* fous ont la réputation
d'être supérieurs à (F + C) et
d'être encore plus forts face à
deux cavaliers. C'est vrai dans
certaines circonstances, encore
que les exceptions soient nombreuses. La force des *deux* fous
ne se manifeste que sous réserve
de conditions favorables :

1) une structure de pions où
les fous jouissent d'une grande
liberté de manœuvre ;

2) une faible activité des pièces légères adverses, qu'il s'agisse
du couple (C + F) ou du couple
(C + C).

La phase qui suit en offre un
bel exemple (diagramme).

Diagr. 335 — Alekhine-Fine
(Kenneri, 1937) : les deux fous
l'emportent sur les deux cavaliers.
Blancs au trait

Les deux fous sont mobiles, et
bénéficient d'un atout supplémentaire : un pion libre au centre.
Ce double avantage s'accompagne
d'un troisième facteur favorable :
l'un des deux cavaliers est inactif.

1.   Fd3 - f5 !!

Une merveilleuse parade à la
triple menace :

a) 1. ..., Cb3 + avec gain de
la tour ;

b) 1. ..., C × d3 et les blancs
perdent les *deux* fous ;

c) 1. ..., Cd6, centralisant le
cavalier et bloquant le pion libre.

1.   Tc8 - d8

L'exécution de la menace principale eût coûté du matériel : 1.
..., Cb3 + ? ; 2. Rd3 avec les
variantes : a) 2. ..., C × a1 ?? ;
3. F × c8, b6 ; 4. a × b6, a × b6 ;
5. Rc3 ! ou b) 2. ..., Cc1 + ; 3.
Ré3, Tc4 ; 4. d6 ! et gagne.

2.   Rd2 - c3 !!

Protège indirectement d5. A
défaut de cette pointe tactique,

le coup précédent des blancs eût
été une faute.

2.   b7 - b6

Après 2. ..., T × d5 ? ; 3. Rc4 !,
les blancs gagnent une pièce.

3.   a5 × b6   a7 × b6

4.   Fb4 × c5 !

Abandonne la paire de fous au
profit d'un deuxième pion libre.

4.   b6 × c5

5.   b5 - b6   Cé8 - d6

Bloque le pion libre central.

Vouloir s'opposer à l'avance du
pion « b » était peine perdue. Par
exemple : 5. ..., Tb8 ; 6. b7 !,
T × b7 ; 7. Ta8, Rf8 ; 8. d6 ! et
gagne. Cette variante fait apparaître la faiblesse de la huitième
rangée.

6.   Ff5 - f7 !!

Menace 7. Fc6, suivi de 8. Ta8
avec gain d'une pièce.

6.   Td8 × d7

7.   Ta1 - a8 +   Cd6 - é8

8.   Ta8 × é8 mat

L'avant-poste et autres cases de prédilection du cavalier

A l'inverse des autres figures, le cavalier n'a pas besoin de lignes ouvertes : il saute. Et, pour ce faire, il lui faut des cases d'accès. Or, celles-ci sont de valeur inégale selon leur degré d'éloignement de la position adverse, car la faiblesse du cavalier découle de son incapacité d'agir à distance. L'intensité de son rayonnement augmente à mesure qu'il s'approche de la construction adverse pour atteindre un degré suprême lorsqu'il se loge au cœur des forces ennemies. Mais ces travaux d'approche du cavalier demandent des conditions favorables, c'est-à-dire des cases d'accès où sa position sera stable, voire inexpugnable. Pour qu'il en soit ainsi, il faut que le cavalier soit à l'abri d'une attaque immédiate d'un pion adverse qui l'obligerait à rebrousser chemin. Les diagrammes qui suivent illustrent les cases de prédilection du cavalier.

Diagr. 336 — L'avant-poste

La centralisation du cavalier réalise une prise de contact avec la position adverse. Certes, les noirs peuvent gagner le contrôle de la case d5 par l'avance c6, en chassant le cavalier, mais cette réaction n'ira pas sans concession : l'affaiblissement de d6, que l'ouverture de la colonne « d » rendra d'autant plus sensible.

Diagr. 337 — L'avant-poste

Encore un avant-poste classique (diagramme). Les noirs peuvent déloger le cavalier par l'avance f6, action qui entraîne une concession : l'affaiblissement de é6. La colonne « é » semi-ouverte permettra aux blancs d'exploiter cette faiblesse.

Diagr. 338 — Avant-poste idéal du cavalier noir

Les deux cavaliers centraux occupent une position classique. Celle du cavalier noir, installé *devant* le pion isolé adverse, est inexpugnable dans la mesure où il ne peut être délogé par un pion blanc. Le cavalier blanc, en revanche, devra constamment tenir compte de l'éventualité d'être chassé de son avant-poste par l'avance f6.

Diagr. 339 — Position inexpugnable des deux cavaliers

Les deux cavaliers occupent des cases idéales : 1) au centre ; 2) proches de la position adverse ; 3) à l'abri de toute attaque d'un pion noir.

Diagr. 340 — Cases idéales de part et d'autre en faveur du cavalier

Le pion doublé des blancs sur l'aile D est responsable de la situation inexpugnable du cavalier noir ; le complexe du pion doublé sur l'aile R a réservé une case idéale au cavalier blanc.

Diagr. 341 — Centre fermé. Cases classiques en faveur des cavaliers

Observons les deux mesures prophylactiques : a4 et h5, qui confèrent de la stabilité aux deux cavaliers en les mettant à l'abri, provisoirement, d'une attaque de pion : b5 et g4.

Vouloir chasser, par exemple, le cavalier noir, exigerait une préparation ordonnée : d'abord

Diagr. 342 — Un trou dans la structure de pions

g3, puis *h3* et *g4*. En revanche, un mauvais timing réduirait cet objectif à néant : d'abord *h3 ? ?* serait réfuté par la riposte h4 ! ! Les pions noirs, trop avancés, ont perdu le contrôle de la case d5.

Centralisation et décentralisation des pièces

Développer les vertus de la centralisation sur les 64 cases se réduit à vanter la *vitesse de déplacement* des pièces. L'avantage immédiat de la centralisation est que les pièces se trouvent à pied d'œuvre pour toute action au centre, si besoin en est. Son avantage à court ou à long terme réside dans le fait que les pièces peuvent se déplacer rapidement vers les ailes au gré des nécessités du combat. La centralisation des pièces contribue à leur vitesse de transfert, à leur coopération, tant en vue de l'attaque que de la défense.

Paradoxalement, la centralisation entraîne bien souvent une décentralisation à mesure que la partie se développe. Lorsqu'il s'agit, par exemple, d'établir une supériorité numérique sur une aile ou sur un point donné, celle-ci s'accompagne fatalement d'une décentralisation. Une concentration de forces sur un point donné (en dehors du centre) oblige le joueur à se dégarnir ailleurs ; autrement dit, à *s'affaiblir* sur d'autres fronts. C'est la rançon de l'attaque et sa prime de risque. Si l'attaque n'aboutit pas, l'adversaire se trouvera dans une situation avantageuse pour contre-attaquer, situation due à la *décentralisation* des pièces lancées à la conquête d'un secteur réduit de l'échiquier.

Le principe de la décentralisation intervient aussi dans les manœuvres du cavalier à seule fin de pouvoir mieux le centraliser par la suite, et même dans le déplacement des autres figures. Ici, la décentralisation ne se justifie qu'en fonction d'une centralisation future. En résumé, la décentralisation ne s'indique que pour réaliser un objectif précis et déterminé ; la centralisation, au contraire, a le mérite de préparer et d'anticiper au mieux toutes les éventualités que le combat vous réservera.

Le jeu des pions

Le rôle du pion est considérable au cours de toute la partie. C'est l'âme des échecs, comme l'a fait remarquer Philidor. Ses fonctions sont multiples comme le sont les formations ou aspects individuels sous lesquels il se présente.

D'une importance capitale est la structure *globale* du squelette de pions. Celle-ci apporte le jeu des figures, les plans à suivre, et dessine, bien souvent, l'endroit où l'attaque devrait se développer. Tout jugement de valeur d'une position devra tenir compte des caractéristiques du squelette de pions. D'où l'importance de savoir manier les pions. C'est un art en soi où la technique joue un rôle prépondérant. Car, pour tirer le meilleur parti possible des pions, il importe de se familiariser avec ses diverses fonctions ainsi qu'avec les stratagèmes pour les mettre en valeur.

Un autre point à retenir concerne la force et la faiblesse de certaines formations de pions, sans parler des divers aspects et propriétés du pion isolé. Une règle d'or gouverne le maniement des pions en général : *avancer les pions avec prudence et économie.* Car le pion est handicapé par rapport aux autres pièces : il ne peut reculer. Le pion avance sans esprit de retour. Or, toute avance de pion, pour bénéfique qu'elle puisse être, implique une concession : le contrôle de cases nouvelles s'accompagne d'une *perte* de contrôle des cases qui, précédemment, se trouvaient dans son rayon d'action. Autre danger à considérer : plus un pion s'éloigne de sa case de départ, plus sa vulnérabilité augmente.

Le pion et ses diverses fonctions

A. L'ouverture

A l'exclusion du cavalier, son intervention est indispensable pour assurer la mobilisation des autres pièces.

L'*occupation* du centre et son *contrôle* sont d'autres tâches dévolues aux pions.

Agent de soutien par excellence, grâce à sa faible valeur, le pion se charge aussi d'ouvrir des lignes, de fournir des points d'appuis aux autres pièces, et collabore aux gains d'espace.

Les pions bouclier du roi (pions du roque) offrent une protection spéciale au roi.

Le pion se charge aussi de mesures prophylactiques, de mesures de sape du centre adverse, de mesures de libération quand ce n'est pas de mesures de contraintes.

B. Milieu de partie

Agresseur du centre (avances de flanc), le rôle du pion dans l'ouverture se prolonge en milieu de partie. Devenu libre, il assume un rôle supplémentaire. La possibilité d'une promotion multiplie sa valeur intrinsèque.

C. Fin de partie

Ici, la force du pion s'amplifie dans la mesure où ses facultés de promotion se concrétisent, tandis que ses autres qualités demeurent.

Formations et aspects individuels caractéristiques

La position du diagramme se trouve caractérisée par les particularités énoncées ci-dessous.

Les pions blancs se composent de deux groupes et ne souffrent d'aucun affaiblissement.

En revanche, les pions noirs sont divisés en quatre groupes.

Diagr. 343 — Pions isolés et pions doublés répartis en divers groupes

Qui plus est, ce handicap se trouve aggravé par des faiblesses supplémentaires :

a7 : pion isolé sur une colonne fermée ;

c6 et c5 : pion doublé isolé sur une colonne *ouverte* ;

é4 : pion isolé sur une colonne *ouverte*.

Règle : Moins il y a de groupes, plus la structure de pions gagne en solidité.

Le pion *doublé* est d'autant plus vulnérable qu'il se trouve sur une colonne ouverte.

La structure globale qu'illustre

Diagr. 344 — Pions arriérés

le diagramme est caractérisée, de part et d'autre, par un pion arriéré.

Le pion é3 ne peut avancer ni compter sur la protection d'un autre pion.

Diagr. 345 — Pions pendants

Le pion b7 a les mêmes défauts.

La formation noire du diagramme est caractérisée par le duo mobile : c5 et d5, dits pions pendants.

D'une grande force dynamique en milieu de partie aussi longtemps qu'ils conservent leur mobilité, les pions pendants peuvent devenir un souci de faiblesse lorsque le pion c5, pour échapper à une trop forte pression, devra avancer d'un pas, abandonnant le contrôle de d4.

Les blancs ont la majorité sur l'aile dame (diagramme), les noirs sur l'aile roi. Celle des blancs est surtout avantageuse en fin de partie, parce qu'elle engendre un pion libre *éloigné* du centre ; celle des noirs est plutôt avantageuse en milieu de partie et moins dangereuse en fin de partie, parce que le candidat à la promotion (é4) se trouve au centre.

Diagr. 346 — Majorités locales

Diagr. 347 — Le complexe du pion doublé

dame) sur a7 et c6.

Le complexe du pion doublé perd quelque peu son électricité si le pion c6 est obligé d'avancer d'un pas : perte de contrôle de la case d5.

La méthode d'attaque standard du complexe du pion doublé consiste à bloquer c6 par l'avance c4-c5.

Diagr. 348 — Le complexe du pion doublé

A la différence du complexe du pion doublé sur l'aile D, celui sur l'aile R (voir diagramme) présente l'inconvénient supplémentaire d'affaiblir les pions boucliers du roi. Selon la disposition des figures, ses vertus dynamiques ou ses inconvénients apparaissent.

L'attaque standard du complexe par l'avance f4-f5 demeure une possibilité à ne jamais perdre de vue.

Le complexe du pion doublé et bloqué (voir diagramme) possède également des avantages et des inconvénients.

Ses vertus dynamiques concernent l'ouverture de la colonne « b » semi-ouverte, le contrôle de la case centrale d9, contrôle des cases b4 et b5.

Son inconvénient réside dans

Le complexe du pion doublé qu'illustre le diagramme comporte des avantages et des inconvénients.

Ses vertus dynamiques en milieu de partie se résument comme suit :

1) ouverture de la colonne « b » semi-ouverte ;

2) contrôle des cases centrales d5 et é5 ;

3) contrôle des cases latérales b5 et c5.

Ses inconvénients apparaissent si les blancs parviennent à lancer une attaque de figures (tour ou

Diagr. 349 — Le complexe du pion doublé et bloqué

Diagr. 350 — Le complexe du pion doublé et privé d'élasticité

la faiblesse relative du pion c4, lequel peut être soumis à une attaque de pièces mineures : Ca5 et Fa6.

Selon la disposition des figures, ses vertus ou ses inconvénients l'emportent.

Le complexe du pion doublé, que nous montre le diagramme, a généralement plus d'inconvénients que d'avantages. La pression qu'exerce le pion c5 sur d4 oblige les blancs à soutenir d4, car l'échange d × c5 n'est pas à considérer, sous réserve que les noirs puissent reprendre d'une pièce. Dans l'affirmative, les blancs demeureraient avec un pion doublé sur une colonne ouverte.

Les pions boucliers du roi

Le mérite de l'avance h6 (voir diagramme) se limite à deux objectifs :

1) réserver une case de fuite au roi afin d'échapper à une menace de mat à la huitième rangée :

2) gagner le contrôle de la case g5 où un cavalier blanc pourrait se loger.

Ses inconvénients sont plus nombreux encore qu'ils n'apparaissent nécessairement. La disposition des figures est déterminante à cet égard. Résumons-les quand même :

1) l'avance h6 affaiblit la case g6, laquelle ne se trouve plus contrôlée par *deux* pions. Il suffirait, par exemple, de clouer f7

pour que g6 ne soit plus contrôlé !

Diagr. 351 — Pions du roque intacts du côté des blancs et affaiblis du côté des noirs

2) l'avance h6 risque d'*immobiliser* le pion « g7 » au cas où h6 se trouve menacé par une pièce adverse. Dans l'affirmative, l'avance g6 laisserait h6 sans protection. D'où il suit que l'avance h6 affaiblit indirectement la case f5, endroit idéal pour loger un cavalier blanc ;

3) l'avance h6 peut constituer une invitation à un sacrifice de pièce sur h6 avec démolition des pions du roque ;

Diagr. 352 — Pions boucliers affaiblis de part et d'autre

4) l'avance h6 constitue également une invitation à une ouverture de la colonne « g » par l'avance g4-g5. Ce stratagème est surtout d'application lorsque les Blancs ont roqué du côté opposé (aile dame).

Les pions boucliers du roi Blanc (voir diagramme) installés en forme d'escalier, chose courante lorsque les Blancs développent leur fou roi en fianchetto, impliquent un affaiblissement tolérable aussi longtemps que le fou roi demeure sur l'échiquier. *Après l'échange des fous sur cases blanches, il s'agit d'une formation affaiblissante :*

1) affaiblissement des cases f3 et g4 et h3 ;

2) dangers de sacrifice sur g3 ou h4 ;

3) invitation à l'avance f5-f4 forçant un affaiblissement supplémentaire des pions du roque.

Du côté noir, il s'agit encore d'une formation classique dérivant du fianchetto du fou R. Ses inconvénients, qui apparaissent surtout après l'échange des fous sur cases *noires*, sont les suivants :

1) affaiblissement des cases f6 et h6 :

2) invitation à l'avance f4 - f5 ;

3) invitation à l'avance h4 - h5 ;

4) affaiblissement de la grande diagonale a1 - h8.

Diagr. 353 — Pions boucliers affaiblis de part et d'autre

La formation en escalier des pions blancs (voir diagramme) entraîne plusieurs affaiblissements :

1) la diagonale f2 - a7 ;

2) la grande diagonale h1 - a8 ;

3) les cases g4 et h3.

Par ailleurs, la formation en escalier invite à l'avance h5 - h4, forçant d'autres affaiblissements, ainsi que l'ouverture d'une colonne.

Serait-ce à dire qu'il faut à tout prix éviter pareille formation ? Cela dépend de la disposition des figures. Les noirs n'auront pas toujours la possibilité d'exploiter les faiblesses inhérentes à la formation d'un escalier.

La formation en triangle du côté noir présente d'autres faiblesses :

1) affaiblissement de la diagonale a2 - f7 ;

2) affaiblissement de la diagonale b1 - h7 ;

3) faiblesse de la case g6 ;

4) faiblesse relative des cases f5 et h5 ;

5) vulnérabilité de f6 et de h6 dans la mesure où ces deux pions invitent à un sacrifice de pièce avec démolition des pions du roque.

Du côté des blancs (voir dia-

Diagr. 354 — Pions boucliers affaibl[i] de part et d'autre

gramme), relevons l'affaiblisse[ment] de la case f3 de la diago[nale] h1 - a8.

Du côté des noirs, notons l'a[f]faiblissement de la diagonal[e] a2 - f7.

Le pion libre

Le pion libre mérite une mention spéciale, parce que sa force se multiplie lorsqu'il menace d'aller à dame. C'est un « ennemi public », observe Nimzovitch, qu'il faut réduire à l'impuissance.

Voici deux exemples qui illustrent la force du pion libre et *mobile*.

1.   Td2 × b2 ! !

2. Ca4 × b2   c4 - c3

Au prix d'une tour, les noirs ont obtenu un pion libre.

3. Tb7 × b6

Vouloir s'opposer à la promotion du pion libre par 3. Cd3 ? n'allait pas à cause de la finesse tactique : 3. ..., c4 + ; 4. T × b6, c × d3 ! et les deux pions passés. et liés l'emportent sur la tour.

3. ...   c5 - c4 ! !

Enlève la case d3 au cavalier et déblaie la route pour l'avance

Diagr. 355 — Le pion libre en fin[ale de] partie. Noirs au trait

c2 suivi de c1 : D +.

4. Tb6 - b4   a7 - a5 !

Oblige la tour à prendre u[ne] décision néfaste.

5. Cb2 - a4

Après 5. T × c4, c × b2, le pi[on]

noir va à dame.

Ne va pas non plus 5. C×c4,
c2 et gagne ; ou 5. Tb3, c×b3 ;
6. Cd3, b×a2 et gagne.

    5.   a5×b4
    6. abandonnent.

Au cours de la partie, les blancs
ont continué par 1. Dd8 + sans
pouvoir conclure.

Le gain pouvait s'obtenir par
1. d5 - d6 !! avec la double menace 2. F×f7 + et 2. d×c7.

Pour s'y opposer, les noirs ont
le choix entre :

a)   1.   D×f6
    2. T×f6, Tc1 +
    3. Tf1 ! et le pion libre va
à dame.

b)   1. ..., F×b3 ?
    2. Df8 mat

c)   1. ..., Dc5 +

Diagr. 356 — Spassky-Keres (Riga, 1965) :
le pion libre en milieu de partie.
Blancs au trait

    2. Rh1 ! et les noirs n'ont
plus de coups.

Le blocus du pion libre

Pour éliminer le danger du pion
libre, Nimzovitch insiste sur l'intérêt de le *bloquer*. Or, les pièces
qui conviennent le mieux pour
cette tâche, ce sont précisément
les pièces mineures à cause de
leur faible valeur qui les rend
moins vulnérables à une attaque
adverse. Mais il n'est pas indiffé-
rent d'utiliser le cavalier ou le
fou. Le meilleur bloqueur est le
cavalier, parce que sa fonction
de bloqueur n'entrave en rien
son rayonnement. Son activité
franchit ses propres pions ainsi
que les pions adverses. Ce n'est

Diagr. 357 — Bronstein-Boleslavsky
Moscou, 1950) : blocus du pion libre.
Noirs au trait

Diagr. 358 — Euwe-Pilnik
(Amsterdam, 1950) : blocus de deux pions
libres et liés. Blancs au trait

pas le cas du fou, sauf dans certaines situations favorables au fou.

Voici deux exemples empruntés à la pratique du jeu de compétition.

Par leur dernier coup, les noirs viennent de procéder au blocus du pion libre central. Le Cd6, installé devant d5, dit le cavalier de Nimzovitch, agit sur les cases centrales, tout en immobilisant le pion libre des blancs.

Les deux cavaliers noirs se révèlent des bloqueurs idéaux et tiennent en respect les deux pions passés et liés des blancs.

Structure de pions classiques avec le centre bloqué

Diagr. 359 — Structure est-indienne (système Sämisch)

Le squelette de pions qu'illustre le diagramme pose un problème crucial : *comment ouvrir le jeu sur les ailes ?*

Du point de vue des blancs, la méthode la plus plausible consiste à réaliser l'avance c5 ! forçant l'ouverture de la colonne « c ». Elle est d'autant plus indiquée lorsque les blancs ont roqué du côté court.

En revanche, l'avance f4 n'est pas à conseiller : elle affaiblirait la case é5 et ouvrirait la grande diagonale en faveur des noirs.

Une autre méthode à considérer implique l'avance g4 suivie de h4 et h5, forçant l'ouverture d'une colonne sur l'aile R. Son application suppose l'intention de blancs de procéder au grand roque.

Du côté des noirs, l'avance classique et la plus courante réside dans l'avance f5, attaquant la base de la chaîne blanche (é4). Les noirs peuvent aussi envisager l'avance c6, c'est-à-dire l'attaque de la pointe de la chaîne (d5). Celle-ci conduit tantôt à l'ouverture de la colonne « c », tantôt à l'ouverture de la colonne « b ».

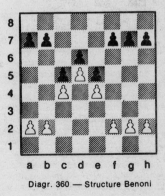

Diagr. 360 — Structure Benoni

La structure que nous montre le diagramme 360 pose des problèmes analogues pour ouvrir le jeu sur les ailes.

Du point de vue des blancs, la préparation de l'avance b4 ! est à retenir par priorité, cependant que l'avance f4 risque d'abandonner la case é5 aux noirs.

Du côté des noirs, c'est encore l'avance f5 qui jouit d'une importante priorité. La possibilité de réaliser l'avance b5 se présente aussi parfois.

La structure du diagramme 361 appelle d'autres méthodes pour ouvrir le jeu sur les ailes.

Du point de vue des blancs, la méthode classique réside dans l'avance a4 sur l'aile D et, parfois, dans l'avance f4 sur l'aile R.

Quant aux noirs, ils peuvent préparer l'avance f5, mais aussi

Diagr. 361 — Structure Benoni issue de la partie espagnole

l'avance c4 afin de poursuivre par l'avance b4.

2

Considérations sur l'attaque et sur la défense

L'attaque

L'attaque se propose de remuer les obstacles et est un moyen indispensable pour concrétiser la force de frappe des pièces. Elle soulève de multiples questions :

1) Quand faut-il attaquer ?

2) Où faut-il attaquer ?

3) Comment mener l'attaque : avec économie ou en mettant toutes les forces dans la balance ?

4) Exige-t-elle une longue ou une courte préparation ?

5) Doit-elle être rapide ou lente ?

Il n'est pas possible de réserver à ces questions des réponses précises et satisfaisantes. Tout dépend de la situation sur les 64 cases. Serait-ce à dire que l'attaque échappe à certaines règles générales ? Que non. Elles ont été mises en lumière par Steinitz et la pratique a confirmé leur bien-fondé.

L'attaque « à tout prix » n'a pas résisté à l'expérience, et pour cause. Elle fait abstraction de la balance des forces. C'est précisément le degré d'*équilibre* ou de *déséquilibre* d'une position qui règle les ambitions et fixe les objectifs d'un chacun. Une position équilibrée freine les ambitions des antagonistes et invite ceux-ci à poursuivre des objectifs modestes. L'attaque ne se justifie qu'à partir de conditions favorables ; elle est *impérative* lorsqu'il y a rupture d'équilibre.

Quelles sont les conditions qui favorisent l'attaque ? Elles sont multiples et d'ordre divers, encore qu'elles puissent se résumer en deux points :

1) la capacité d'établir une supériorité numérique à un endroit donné ;

2) l'existence de points faibles du côté adverse qui invitent à

l'attaque.

En effet, l'attaque suit toujours la ligne de la *moindre résistance*.

Parmi les points faibles qui constituent autant d'objectifs d'attaque, il en est de deux ordres selon que ceux-ci se rapportent aux figures ou aux pions.

Des pièces mal placées qui manquent de rayonnement et de mobilité constituent une faiblesse, mais non durable. A l'inverse, des pions, les figures peuvent se regrouper.

En revanche, les faiblesses inhérentes à certaines structures de pions sont *durables* dans la mesure où elles ne peuvent être éliminées ni à court terme ni à long terme. C'est le cas du pion isolé et bloqué, comme celui du pion arriéré ou du pion doublé sur une colonne ouverte.

Plus l'objectif de l'attaque est ambitieux, comme c'est le cas chez celui qui poursuit le mat du roi adverse, plus les moyens mis en œuvre exigent une mobilisation totale des forces disponibles pour l'atteindre. Le principe d'économie ne vise que les attaques de moindre envergure afin de ne pas trop dégarnir d'autres fronts.

Qu'il s'agisse de la préparation d'une attaque ou de son exécution, il va de soi que la rapidité de sa préparation et la vitesse de son exécution prévalent sur la lenteur. Les meilleurs coups sont ceux qui mènent le plus rapidement au but désiré.

La défense

Si la défense se trouve à l'opposé de l'attaque, ce n'est pas une forme de combat qu'on accepte de gaieté de cœur. Son but essentiel est de freiner, de gêner le plus possible, l'attaquant.

Comment faut-il mener la défense ? Doit-elle être passive ou active ? Et quels sont les moyens mis en œuvre pour la réaliser avec un maximum d'efficacité ?

Eh bien ! ici, il y a une règle d'or à respecter et qui ne supporte aucune violation. Le défenseur devrait agir selon le principe d'*économie*. L'art de la défense exige qu'on affecte le moins de pièces possibles à la protection des points faibles et menacés. De cette manière, les autres pièces conservent leur liberté de manœuvre à d'autres fins !

Quant au choix entre la défense passive et la défense active, elle dépend de la position. Une attaque sur l'aile R, par exemple, nécessite tantôt une défense passive, tantôt une défense active par une contre-action au centre ou sur l'autre aile.

En règle générale, une position sera d'autant plus résistante à une attaque que ses figures demeurent *mobiles*.

3

Analyse et évaluation
d'une position

Comment analyser une position et comment, à partir d'ici, établir un jugement de valeur sur celle-ci ? Cette question cruciale se pose constamment aux antagonistes au cours de leur lutte sur les 64 cases et du degré de correction de sa solution dépendra le choix de leurs coups.

Analyse d'une position

Comment procéder pour analyser une position ? Et en fonction de quels critères ?

L'analyse d'une situation donnée suppose le relevé de toutes les caractéristiques de sa propre position, mais aussi de celles de l'adversaire. A cette fin, le joueur considérera la situation d'ensemble sous divers angles : matériel, terrain, temps, tactique et stratégie.

I. Le rapport matériel

Le relevé du rapport matériel est essentiel dans la mesure où il règle votre future conduite. A *égalité* de matériel, le relevé des autres facteurs déterminera votre ligne de conduite. A *inégalité* de matériel, le comportement des joueurs s'en trouve d'emblée affecté. Celui qui en bénéficie visera la liquidation afin d'entrer dans une fin de partie, si besoin en est, pour convertir son avantage matériel en gain. En revanche, celui est en est la victime devra s'efforcer de compliquer le combat, d'obtenir des contre-chances dans l'espoir d'effacer son retard matériel. A ce propos, observons que la perte d'un pion ou d'une qualité dans une position par ailleurs en *équilibre* ne doit pas vous inciter à un abandon immédiat. Ce retard ne sera décisif qu'à long terme, à supposer que l'adversaire maintienne son avance et, pour le moins, l'équilibre de la position.

Un *déséquilibre* matériel, même d'une pièce, peut s'effacer lorsque celui qui en pâtit dispose de larges compensations tactiques ou stratégiques.

II. Le terrain

L'avantage de terrain confère une plus-value à la construction qui en bénéficie. Le gain d'espace se mesure au nombre de traverses dont on dispose pour loger ses pièces. L'occupation ou le contrôle du centre y contribue. Plus on dispose d'un espace supérieur à celui du côté adverse, plus les pièces gagnent en mobilité et, partant, en force de frappe.

Une supériorité d'espace n'est pas nécessairement un facteur *durable*. Elle doit être exploitée par d'autres moyens, sous peine de disparaître.

III. Le facteur temps

Les effets du facteur temps se dévoilent au sortir de l'ouverture et continuent à peser sur le déroulement du milieu de partie. Plus la position revêt un caractère *ouvert*, plus une avance de développement confère une plus-value à celui qui en bénéficie.

Par ailleurs, toute attaque est commandée par le degré de vitesse de son exécution. La *mobilité* et la *centralisation* des pièces contribuent à la vitesse de déplacement de celles-ci. Le manque d'espace ou des pièces mal placées freinent leur rayonnement. Ce double handicap s'oppose au respect du facteur temps.

IV. La tactique

Cette caractéristique est infiniment plus difficile à relever pour le joueur non expérimenté. La position revêt-elle un caractère dynamique et pourquoi ? Bref, il s'agit de relever les *indices* qui favorisent la combinaison : clouage, l'échec à la découverte, le double échec à la découverte, double menace, pièces non protégées, pièces surchargées, insécurité du roi, possibilités d'ouvrir des lignes supplémentaires, etc.

La présence de ces indices laissent *supposer* l'existence d'une combinaison, voire l'éventualité d'un mat, d'un pat ou d'un échec perpétuel. Reste à découvrir la solution tactique que recèle la position.

V. La stratégie

L'examen sous l'angle stratégique nous invite au relevé d'autres indices. Comment apprécier les lignes ouvertes et semi-ouvertes, les points d'appui et avant-postes, l'occupation des septième et huitième rangées, le bon et le mauvais fou, l'éventuelle supériorité du ou des cavaliers sur les fous, le degré de coopération des pièces, etc. ?

Comment déceler, enfin, les qualités et les défauts de la *structure de pions* ? Ici, le relevé des pions faibles, isolés, arriérés et doublés est tout aussi essentiel que celui des cases fortes et faibles, des majorités sur l'aile D, au centre ou sur l'aile D, leur degré de mobilité, etc. Et de se poser la question suivante : que valent leurs plus-values et moins-values en milieu de partie et, plus tard, en fin de partie ?

Comment juger, enfin, leurs mérites et leurs inconvénients réciproques ? Il se peut que des faiblesses de part et d'autre s'annulent ; il arrive aussi que l'une soit plus sérieuse que l'autre. La même comparaison vaut pour les plus-values. Un point fort ici peut annuler un point faible là-bas ; un point fort d'un côté peut annuler un point fort du côté opposé.

Evaluation d'une position

Bref, il s'agira de dresser un bilan complet de toutes les caractéristiques afin de parvenir à un jugement de valeur de l'ensemble. Celui-ci devrait se faire dans l'objectivité ! C'est difficile, car la majorité des joueurs ont tendance à juger leur position avec optimisme, parce que c'est la *leur*. Le pessimisme altère aussi le jugement.

Etablissement d'un plan

Lorsqu'une analyse de la situation d'ensemble nous a conduit à une évaluation objective des chances réciproques, le moment est venu d'élaborer un plan conforme aux exigences de la position.

Prenons, à titre d'exemple, une construction qui se situe au sortir de l'ouverture.

Que nous révèle l'analyse ?

1) Matériel : égalité.

2) Espace : à peu près égal, avec une légère plus-value en faveur des blancs.

3) Temps : de part et d'autre, le fou D se trouve encore à sa case de départ, et un même nombre de pièces a été mobilisé. Bref, au plan de la mobilisation quantitative, force est de conclure à l'égalité.

Diagr. 362 — Position après 14. ...,
D×d6. Blancs au trait (Fischer-Sherwin,
New-Jersey, 1957)

4) Tactique : une menace potentielle plane sur la construction noire : le cavalier central des noirs est immobilisé, sous peine de tolérer Ff4. En revanche, les deux rois se trouvent en sécurité, encore que, du côté noir, l'aile R soit quelque peu dégarnie de pièces défensives, qu'aggrave encore le manque de liberté de manœuvre du Cd5. Les blancs marquent donc quelques plus-values.

5) Stratégie : les blancs, grâce au pion central d4, dominent davantage les cases centrales (é4, é5 et c5) ; les noirs ne contrôlent que d5. Une deuxième plus-value en faveur des blancs concerne l'activité du Fc1 qui dispose d'une diagonale ouverte où son action se fait sentir. Une troisième plus-value se traduit par l'activité du Té1, laquelle dispose d'une colonne semi-ouverte.

Les noirs n'ont rien à opposer pour effacer ces trois plus-values. Leur fou D et leur tour D sont provisoirement inactifs, et leurs pions sur l'aile D manquent de mobilité. L'avance c4, en particulier, leur a évité d'inquiéter les blancs au centre.

En vertu de ce jugement de valeur, les blancs ont dirigé leurs forces vers l'aile R, sans se soucier dans l'immédiat de la mobilisation de leur fou D, conformément au principe du développement *qualitatif* et de l'efficacité.

Voici la continuation de la partie :

15. Cf3 - g5 !

Les blancs se proposent d'établir une supériorité numérique sur l'aile R.

15.   Cc6 - é7

Mobilise le cavalier D pour venir en aide sur l'aile R. Vouloir chasser le Cg5 par l'avance affaiblissante h6 n'était pas à conseiller. Tout d'abord, le cavalier dispose d'une retraite active (Cé4 !). Ensuite, la dame pourrait intervenir sur l'aile R (Dh5 !).

16.   Dd1 - c2   Cé7 - g6

Exprime encore le souci de ne pas affaiblir inutilement les pions boucliers du roi par 16. ..., g6.

17.   h2 - h4 !

Paradoxalement, les blancs peuvent se permettre d'affaiblir leurs pions du roque. La raison en est que les noirs ne peuvent en profiter, faute de pièces actives sur l'aile R.

17.   Cd5 - f6

Ici encore, la poussée 17. ..., h6 ferait plus de tort que de bien. Il suit : 18. h5, h×g5 ; 19. h×g6, f6 ; 20. Dé2, et le pion de Dimiano recevra une collaboration décisive par Dh5 !

18.   Cg5×h7 !

Point culminant de l'attaque où nous voyons réapparaître l'importance de la menace potentielle Ff4. La combinaison des blancs s'appuie par ailleurs sur un clouage.

18.   Cf6×h7

Le moindre mal, car après 18. ..., R×h7 clouant le Cg6, les blancs gagnent la qualité par 19. Ff4 !

19.   h4 - h5 !

La pointe. Les blancs chassent le Cg6 dont le départ autoriserait l'intervention du fou D sur f4.

19.   Cg6 - h4
20.   Fc1 - f4   Dd6 - d8
21.   g3×h4 !

Fischer évite le piège : 21. F×b8 ?, C×g2 ; 22. R×g2, Fb7 + et ce sont les noirs qui gagnent du matériel.

21.   Tb8 - b7

Offre la qualité, mais les blancs y renoncent avec raison en faveur du renforcement de l'attaque.

22.   h5 - h6 !   Dd8×h4
23.   h6×g7   Rg8×g7
24.   Té1 - é4 !

Mobilise une pièce avec gain de temps. Les blancs menacent 25. Fé5 +.

24.   Dh4 - h5
25.   Té4 - é3

Exploite le fait que la dame noire n'attaque plus le Ff4.

25.		f7 - f5
26.	Té3 - h3	Dh5 - é8
27.	Ff4 - é5 +	Ch7 - f6
28.	Dc2 - d2	

L'affaiblissement des cases noires dans le camp adverse appelle ce mouvement de la dame.

28.		Rg7 - f7
29.	Dd2 - g5	Dé8 - é7
30.	Fé5 × f6	Dé7 × f6
31.	Th3 - h7 +	Rf7 - é8
32.	Dg5 × f6	Tf8 × f6
33.	Fg2 × b7	

Gagne une tour et force l'abandon. Ici, l'attaque de mat a finalement rapporté une avance matérielle décisive.

QUATRIEME PARTIE

Les finales

1

Les finales de pions

S'il est vrai que 95 pour cent des finales de pions relèvent d'un calcul exact, il importe de se familiariser avec quelques cas typiques d'un intérêt capital pour le praticien.

Une percée à dame forcée

A partir du diagramme 363, les blancs, au trait, forcent un de leurs pions à dame :

1. b5 - b6 ! !	c7 × b6
2. a5 - a6 ! !	b7 × a6
3. c5 - c6 et le pion va à dame	

ou

1. b5 - b6 ! !	a7 × b6
2. c5 - c6	b7 × c6
3. a5 - a6 et gagne	

Les noirs, au trait, peuvent s'opposer à la percée par :

1.   b7 - b6 !

Observons que ni 1. ..., a6 ? ? ; 2. c6 ! ! ; ni 1. ..., c6 ; 2. a6 ! ! ne sont en mesure de prévenir le passage à dame.

Diagr. 363 — Les blancs, au trait, gagnent ; les noirs, au trait, annulent

Le pion passé le plus éloigné

Cet avantage qu'illustre le diagramme 364 oblige le roi adverse à s'écarter de ses pions sur l'autre aile, les laissant sans défense vis-à-vis du roi.

1.   Rd6 - c6

2. a4 - a5	Rc6 - b5
3. Rd4 - d5	Rb5 ×a5
4. Rd5 - é6	f6 - f5
5. g4 ×f5	g6 ×f5
6. Ré6 ×f5	et gagne

Diagr. 364 — Le pion passé le plus éloigné. Les blancs gagnent

Le pion passé protégé l'emporte sur le pion passé le plus éloigné

Le pion passé protégé est un atout encore plus important que le pion passé le plus éloigné. Le diagramme 365 nous en montre les vertus.

Pour vaincre, les blancs capturent d'abord le pion « h » pour avancer ensuite leur pion libre. A partir du diagramme 359, les blancs gagnent comme suit :

1.	Ré6 - é5
2. Ré3 - f3	Ré5 - f5
3. Rf3 - g3	Rf5 - é5

Le roi noir doit abandonner son pion sous peine de sortir du carré du pion libre des blancs. En effet, après 3. ..., Rg5 ? ; 4. c6 déciderait d'emblée.

4. Rg3 - h4	Ré5 - d5
5. Rh4 ×h5	Rd5 - c6
6. Rh5 - g5	Rc6 - d5
7. Rg5 - f5	Rd5 - c6
8. Rf5 - é6	Rc6 - c7
9. Ré6 - d5	Rc7 - d7
10. c5 - c6 +	Rd7 - c8
11. Rd5 - d6	Rc8 - d8

Diagr. 365 — Le pion passé protégé. Les blancs gagnent

12. c6 - c7 +	Rd8 - c8
13. Rd6 - c6 !	

Force le pat du roi noir, de sorte que les noirs doivent avancer leur pion « a ».

13.	a6 - a5
14. b4 ×a5 !	b5 - b4

15. a5 - a6 ! et les noirs ne peuvent échapper à un mat en deux coups.

Les finales de fous de même couleur

Le résidu roi + fou + pion contre roi + fou conduit généralement à la *nullité*, tantôt parce que le roi adverse bloque le pion à partir d'une case non contrôlée par le fou, tantôt parce que le fou adverse est à même de se sacrifier contre le pion. Mais il est des cas d'exception, comme celui du diagramme 366.

Diagr. 366 — Etude de Centurini. Les blancs jouent et gagnent

Seul le fou contrôle la case de promotion. D'où l'idée de chasser celui-ci de la diagonale b8 - h2. Pour ce faire, le fou blanc devra occuper la case b8, ce qui entraînera la retraite du Fh2 vers la diagonale a7 - g1. A partir de ce moment, le fou blanc contestera la domination de la diagonale a7 - g1 au moyen d'une manœuvre combinatoire : le sacrifice du fou blanc contre le fou adverse.

1.	Fd8 - h4	Rc6 - b6
2.	Fh4 - f2 +	Rb6 - a6
3.	Ff2 - c5 !	

Exploite le principe du zugzwang. Le roi noir est immobilisé pour interdire Fa7 et le fou ne peut quitter la diagonale b8 - h2.

3.		Fh2 - g3
4.	Fc5 - é7 !	

Menace 5. Fd8 suivi de Fc7 et gagne.

4.		Ra6 - b6
5.	Fé7 - d8 +	Rb6 - c6
6.	Fd8 - h4 !	

Gagne un temps, ce qui va permettre au fou blanc d'occuper non seulement la diagonale a7 - g1, mais encore la case clé a7.

6.		Fg3 - h2
7.	Fh4 - f2	Fh2 - d6
8.	Ff2 - a7	Fd6 - h2
9.	Fa7 - b8 !	Fh2 - g1
10.	Fb8 - g3	Fg1 - a7
11.	Fg3 - f2 ! et gagne	

Diagr. 367 — Pions sur la couleur du fou. Les blancs gagnent

Dans la position du diagramme 367, les blancs disposent de plusieurs plus-values :

1) tous les pions blancs occupent des cases d'une couleur *opposée* au fou ;

2) le roi est centralisé et occupe une case inexpugnable, parce que *noire.*

Les défauts de la construction noire dérivent du fait que tous ses pions se trouvent sur des cases de *même* couleur que leur fou. Il s'ensuit que le fou blanc possède trois objectifs d'attaque : d5, f5 et h5, cependant que le Ff7 devra se confiner dans des charges défensives : la protection de d5, f5 et h5. C'est trop, comme nous l'allons voir, encore que la ligne de jeu gagnante ait besoin de zugzwang.

La technique consiste à *passer le trait* aux noirs. En effet, si ceux-ci ont le trait, ils devraient d'emblée céder le passage au roi blanc, sous peine de perdre un pion. Les blancs, au trait, gagnent comme suit :

1.	Ff3 - é2	Ff7 - g6
2.	Fé2 - d3	Fg6 - h7
3.	Fd3 - c2	Fh7 - g6

Chaque mouvement du fou blanc exige une seule réponse adéquate du fou noir.

On pourrait dire que la case f3 correspond avec f7, é2 avec g6, d3 avec h7, c2 avec g6 et la case d1 avec é8.

Pour vincre, les blancs doivent parvenir à briser cette correspondance. Cet objectif peut être atteint, parce que le fou blanc dispose de deux *cases* sur la diagonale b1 - h7. En revanche, le fou noir ne dispose que d'une seule case de manœuvre sur cette même diagonale.

4.	Fc2 - b1 !	Fg6 - h7
5.	Fb1 - d3	Fh7 - g6
6.	Fd3 - c2	Fg6 - h7
7.	Fc2 - b3 ! !	Fh7 - g8
8.	Fb3 - d1 !	Fg8 - f7
9.	Fd1 - f3	

La position initiale est rétablie, avec cette différence que ce sont les noirs qui ont le trait ! .

Finales de fous de couleur différente

Lorsque les fous sont de couleur *différente*, le résidu roi + fou + pion contre roi + fou conduit presque toujours à la nullité. Les cas d'exception sont si rares qu'ils n'ont qu'une valeur académique, tant la pratique se refuse à fournir des exemples. Même l'avance

de *deux* pions se révèle souvent insuffisante pour vaincre. La raison en est que les fous qui se font vis-à-vis ne contrôlent pas les mêmes cases, tant et si bien que chaque camp conserve la maîtrise des cases que balaie son fou.

Pions passés déconnectés

Cette particularité permet de vaincre avec certitude, pour autant que les *deux* pions passés soient séparés par un intervalle de deux colonnes (ou davantage). Le diagramme 368 en offre un exemple. Les blancs gagnent comme suit :

1.	Fh5 - f3	Fé7 - h4
2.	Rd5 - é6	Rc7 - d8
3.	f5 - f6	Fh4 - g5
4.	f6 - f7	Fg5 - h6

Diagr. 368 — Pions passés déconnectés. Les blancs gagnent

5.	Ré6 - f6	Fh6 - f8		8.	Rh7 - g8	Rd8 - é7
6.	Rf6 - g6	Rd8 - é7		9.	c6 - c7 et un des pions
7.	Rg6 - h7 !	Ré7 - d8			ira à dame	

Un pion passé potentiel et du jeu sur l'autre aile

Diagr. 369 — Nimzovitch-Capablanca
(Riga, 1913) : les noirs au trait ;
les noirs gagnent

Dans la position du diagramme 369, les noirs possèdent un pion libre potentiel sur l'aile R, un pion de plus et la possibilité d'attaquer les pions faibles des blancs sur l'aile D. C'est précisément ce dernier facteur, ajouté aux deux autres, qui fait pencher la balance en faveur des noirs. Ainsi que l'observe Fine, la partie serait demeurée nulle si le pion c3 se trouvait sur b2, ce qui aurait empêché l'entrée du roi noir sur l'aile D.

A partir du diagramme 369, Capablanca a développé son jeu d'une merveilleuse précision :

| 1. | a2 - a4 | Rf7 - é6 ! ! |

| 2. | Fé5 - b8 | a7 - a5 ! |

Afin de se procurer, le cas échéant, un pion passé par la menace potentielle b7 - b5 !

| 3. | Rf1 - é1 | |

Si 3. Fc7, b5 ! ; 4. a×b5, a4 ; 5. c4, a3 ; 6. Fa5, a2 ; 7. Fc3, Rd6 !, et la menace Fé6, gagnant deux pions, décide.

| 3. | | Ré6 - d5 ! |
| 4. | Ré1 - d2 | |

Si 4. Fc7, Rc6 ! ; 5. F×a5 ?, b6 !, et gagne.

4.		Fg4 - d7
5.	Fb8 - c7	Rd5 - c6 !
6.	Fc7 - d8	b7 - b6
7.	c3 - c4	Rc6 - b7
8.	Rd2 - c3	Fd7 × a4

Assure aux noirs un pion passé sur l'aile D auquel s'ajoutera bientôt un pion passé sur l'aile R.

9.	Rc3 - b2	Fa4 - d7
10.	Rb2 - b3	Fd7 - é6
11.	Rb3 - c3	a5 - a4
12.	Rc3 - d3	Rb7 - c6
13.	Rd3 - c3	g5 - g4
14.	Fd8 - h4	h6 - h5
15.	Fh4 - g3	a4 - a3
16.	Rc3 - b3	Fé6 × c4 + !
17.	Rb3 × a3	

Si 17. R×c4, a2 ; 18. Fé5, h4 ; 19. Rb3, g3 ! ; 20. h×g3, h3 !, et le pion va à dame.

| 17. | | b6 - b5 |

Les deux pions de plus gagnent aisément.

Fou contre cavalier

Les mérites respectifs de ces deux pièces mineures n'apparaissent pas dans toutes les positions. Tout dépend de la structure de pions.

En ce qui concerne la fin de partie, on admet de nos jours que :

1) le fou est généralement supérieur au cavalier ;

2) pour convertir un avantage

matériel, le cavalier fera aussi bien l'affaire que le fou. Mais dans l'ensemble, le fou y parviendra plus aisément que le cavalier ;

3) pour exploiter un léger avantage positionnel, le fou se montre plus efficace que le cavalier ;

4) quand tous les pions, ou presque, se trouvent sur des cases de *même* couleur que le fou, le cavalier est préférable.

Supériorité du fou

Dans la position du diagramme 370, le cavalier manque de points d'appui et ne pourra accéder ni aux cases noires, dominées par le fou, ni aux cases blanches centrales que contrôlent les pions adverses. La première opération des noirs consistera à *affaiblir* les pions blancs sur l'aile D.

Diagr. 370 — Supériorité du fou : les noirs gagnent (Tchekhover-Lasker, Moscou, 1935)

1. Rg1 - f1
Centralise le roi.

1.		b7 - b5 !
2.	Rf1 - é1	Fé5 - b2
3.	a3 - a4	b5 × a4
4.	b3 × a4	Rc7 - c6 ! !

Centralise le roi afin de permettre à celui-ci d'intervenir soit sur l'aile D (attaque sur a4) soit au centre.

5. Ré1 - d2   Rc6 - c5 !

6. Cé2 - c3
Triste nécessité.

Si 6. Rc2, Fd4 ! ; 7. g3, Rc4 !, les blancs ont le choix entre les deux suites fatales : A. 8. C × d4, R × d4 ; 9. Rb3, a5 ! avec une finale de pions gagnée ou B. 8. Cc1, Fé5 ; 9. h3, Rb4, avec la capture d'un pion vital.

| 6. | | Rc5 - b4 |
| 7. | Cc3 - b5 | a7 - a5 ! |

A présent, les blancs perdent un pion sans compensation.

| 8. | Cb5 - d6 | Rb4 × a4 |
| 9. | Rd2 - c2 | |

Prématuré serait 9. C × f7, Rb3 ; 10. Cd8, a4 ; 11. C × é6, a3 ; 12. Cc5 +, Rc4, et le cavalier est perdu, sous peine de tolérer la promotion du pion.

9.		Fb2 - é5
10.	Cd6 × f7	Fé5 × h2
11.	Cf7 - d8	é6 - é5
12.	Cd8 - c6	Fh2 - g1
13.	f2 - f3	Fg1 - c5
14.	Cc6 - b8	Ra4 - b5
15.	g2 - g4	Fc5 - é7 !

Menace 16. …, Rb6 avec capture subséquente du cavalier.

16.	g4 - g5	f6 × g5
17.	Cb8 - d7	Fé7 - d6
18.	Cd7 - f6	Rb5 - c4 !

Les blancs abandonnent, car après 19. C × h7, Fé7, le cavalier serait pat, de sorte que les noirs gagneront les deux pions blancs par la menace d'aller à dame avec leur pion du bord.

Supériorité du cavalier

Diagr. 371 — Supériorité du cavalier :
les blancs gagnent (Zubareff-Alexandrov,
Moscou, 1915)

Le diagramme 371 illustre le
complexe dit *de couleur faible*. Le
fou ne contrôle que les cases
blanches, ce qui oblige les pions
et le roi de se charger du contrôle des cases *noires*. Comme
tous les pions noirs se trouvent
sur des cases de *même* couleur
que le fou, ceux-ci n'ont plus la
faculté de contrôler les cases noires, ce dont le roi ne peut se
charger à lui tout seul.

La faculté du cavalier de pouvoir contrôler aussi bien les cases
blanches que les cases noires se
révèle décisive.

Les blancs, au trait, peuvent
occuper la case c5; et la meilleure
défense noire consiste à opposer
le roi à c7. La deuxième étape
consiste à éloigner le roi noir en
immobilisant le fou. Son exécution technique comprend plusieurs
phases.

*I. Avancer le roi le plus loin pos-
sible*

1. Rg1 - f2   Rf8 - é7

2.	Rf2 - é3	Ré7 - d8
3.	Ré3 - d4	Rd8 - c7
4.	Rd4 - c5	Fd7 - c8

*II. Affaiblir les pions adverses en
les fixant sur la couleur du fou*

5.	Cc2 - b4	Fc8 - b7 !
6.	g2 - g3	

S'oppose à l'avance d4.

6.		Fb7 - c8
7.	Cb4 - d3	Fc8 - d7
8.	Cd3 - f4	g7 - g6
9.	Cf4 - h3 !	h7 - h6
10.	Ch3 - f4	g6 - g5
11.	Cf4 - h5	Fd7 - é8
12.	Ch5 - f6	Fé8 - f7
13.	Cf6 - g4 !	h6 - h5
14.	Cg4 - é3	Ff7 - g6
15.	h2 - h4 !	g5 × h4
16.	g3 × h4	Fg6 - é4

*III. Attaquer deux pions avec le
cavalier, lesquels doivent être
protégés simultanément par le fou*

17.	Cé3 - f1	Fé4 - f3
18.	Cf1 - d2	Ff3 - é2
19.	Cd2 - b3	Fé2 - g4
20.	Cb3 - d4	Fg4 - h3
21.	Cd4 - é2	Fh3 - f5
22.	Cé2 - f4 !	Ff5 - g4

*IV. A présent que le fou est para-
lysé, gagner un temps par l'avance
d'un pion*

23.	b2 - b4	Rc7 - d7

*V. Gagner du matériel par l'in-
tervention du roi ou du cavalier
selon le choix défensif des noirs*

24.	Rc5 - b6	Fg4 - f3
25.	Rb6 × a6	Rd7 - c6
26.	Cf4 × é6	abandonnent.

La *double attaque* du cavalier,
ici sur é6 et h5, est la manœuvre
clé dans ce genre de finale.

2

Les finales de tours

Les finales de tours figurent parmi les plus fréquentes aux échecs. D'abord parce que les tours ne s'introduisent que tardivement dans le jeu. Ensuite, parce que les tours s'exposent moins au danger d'être mêlées à des échanges précoces.

A propos du maniement des tours, quelques remarques d'ordre général s'imposent :

1) Pièce d'attaque *par excellence* lorsqu'elle jouit d'une grande liberté de manœuvre, la tour subit une sérieuse moins-value en tant que pièce défensive. Pour cette raison, les finales de tours réclament un traitement *agressif*.

2) Une infériorité matérielle est moins grave qu'une infériorité positionnelle — une tour *active* compense souvent le déficit d'un pion, voire de plusieurs pions.

3) Comme le pion est particulièrement vulnérable aux attaques latérales et dans le dos, la tour portera ses efforts de ces côtés-là. Plus la tour attaque un grand nombre de pions, plus elle montre sa mobilité et son agressivité.

4) L'occupation de la *septième traverse* se révèle souvent d'une importance capitale, soit pour attaquer les pions adverses dans le flanc, soit pour coller le roi au bord du tableau.

5) Pour appuyer l'avance d'un pion libre, la tour se trouve le mieux *derrière* son pion.

6) Pour freiner ou arrêter la promotion d'un pion libre adverse, la tour a généralement intérêt à l'attaquer *par derrière*.

7) Le roi l'emporte sur la tour pour appuyer l'avance d'un pion libre ou pour arrêter ou bloquer un pion libre adverse. En effet, la tour est un mauvais bloqueur, vu que cette fonction réduit sa mobilité.

Cela dit, il importe de se pencher d'abord sur le résidu tour + pion contre tour, afin de se familiariser avec la technique de cette importante fin de partie.

Le pion du bord

La promotion du pion du bord se heurte à plus de difficultés que celle du pion central ou encore du pion de l'aile.

La position du diagramme 378 se caractérise par certaines parti-

Diagr. 372 — Le pion du bord. Les blancs au trait gagnent. Les noirs au trait annulent

cularités qui favorisent la promotion du pion :

1) La tour blanche occupe la quatrième traverse, conformément à la règle de Lucena.

2) Le roi noir se trouve coupé de la case de promotion. Mais ici, ce handicap s'ajoute à un autre inconvénient : le roi occupe la case c8. S'il s'était trouvé sur c7 !-!, la partie aurait été nulle.

3) La tour noire attaque le pion par derrière, mesure défensive classique en soi, mais contre-indiquée dans le cas qui nous occupe. Si la tour avait commandé la colonne « c » ou la septième traverse, la promotion du pion aurait été irréalisable.

Voyons, d'abord, pourquoi les blancs gagnent à partir du diagramme 372 ?

1. Tb4 - c4 +

Eloigne le roi de la colonne « b », de sorte que le roi blanc peut débloquer son pion. Or, cet échec eût été impossible si la tour noire, au lieu de se trouver derrière le pion, avait occupé la colonne « c ». Qui plus est, l'échec du texte serait resté inoffensif, si la tour noire avait pu l'intercep-

ter sur la septième traverse.

1.		Rc8 - d7
2.	Ra8 - b7	Ta1 - b1 +
3.	Rb7 - a6	Tb1 - a1 +
4.	Ra6 - b6	Ta1 - b1 +
5.	Rb6 - a5 !	Tb1 - a1 +
6.	Tc4 - a4 !	

Interception décisive : le pion va à dame.

La différence fondamentale entre la position du roi sur c8 et celle sur c7 ! ! apparaît si, à partir du diagramme 372, nous altérons la position du roi noir (Rc7, au lieu de Rc8).

1. Tb4 - c4 +   Rc7 - b6 !

Attaque le pion.

2. Tc4 - b4 +

Après 2. Rb8 ?, T × a7 ! ; 3. Tb4 +, Rc5 !, la partie est nulle.

2.		Rb6 - c7 !
3.	Tb4 - b7 +	Rc7 - c8 !
4.	Tb7 - b2	

et les noirs annulent soit par Tc1 ! soit par Rc7 !

Ces deux analyses nous apprennent que la position du diagramme 372 est *nulle* à partir du moment où les noirs auraient le *trait*. Ils se hâteraient de corriger l'un des deux défauts de leur position. Par exemple :

1.   Rc8 - c7 ! !

ou

1.   Ta1 - c1 ! !

Encore une position curieuse que celle du diagramme 373. Installé à la septième traverse, le roi noir occupe la colonne « f » et se trouve *une* case trop loin du pion pour annuler. L'intervalle de *quatre* cases entre le pion et le roi noir est décisive. Le chemin de la victoire réclame un jeu précis :

1. Ta1 - h1

La tour vise la case b8.

1.		Rf7 - e7

Ou 1. ..., Rg7 ? ; 2. Tc1 !, etc

2.	Th1 - h8 !	Ré7 - d6 !
3.	Th8 - b8	Tb2 - h2 !
4.	Ra8 - b7	Th2 - b2 +

Diagr. 373 — Le pion du bord. Les blancs au trait gagnent. Les noirs au trait annulent

Diagr. 374 — Le pion du bord. Les blancs gagnent peu importe le trait

5.	Rb7 - c8 !	Tb2 - c2 +
6.	Rc8 - d8	Tc2 - h2 ! !
7.	Tb8 - b6 +	Rd6 - c5
8.	Tb6 - c6 + ! !	

La suite la plus expéditive.

8.		Rc5 - b5
9.	Tc6 - c8	Th2 - h8 +
10.	Rd8 - c7	Th8 - h7 +
11.	Rc7 - b8 et gagne	

En revanche, avec les noirs au trait, le roi blanc n'est pas en mesure de sortir de sa prison.

1.		Rf7 - é7 ! !
2.	Ta1 - h1	Ré7 - d7
3.	Th1 - h8	Rd7 - c7
4.	Th8 - b8	Tb2 - h2
5.	Tb8 - b7 +	Rc7 - c8 ! !
6.	Tb7 - b1	Th2 - c2 !

Ou 6. ..., Rc7 !, et le roi blanc demeure enfermé.

La position du diagramme illustre un autre résidu caractéristique pour le pion du bord. Celui-ci s'est avancé à la septième traverse et se trouve bloqué par sa propre tour. Quant au roi blanc,

il ne participe pas au combat.

Le roi occupe la septième traverse, ce qui est essentiel en soi. Malheureusement, sa position est trop centrale. Il est à la fois trop éloigné du pion et du bord opposé. Les blancs gagnent par une manœuvre combinatoire :

1. Ta8 - h8 !

Menace 2. a8 : D et protège indirectement le pion à cause de la menace 2. Th7 +.

Même si les noirs sont au trait, il ne leur est pas possible de corriger le défaut de la position centrale de leur roi. Celui-ci ne peut quitter la *septième* traverse sous peine de subir un échec *vertical* suivi de la promotion du pion, ni échapper à la menace Th8, qu'il aille vers f7 ou d7.

En revanche, si, dans la position du diagramme 374, le roi noir s'était trouvé sur g7 ! !, la partie aurait été nulle, même avec les blancs au trait.

3

Finales de tours plus complexes

Diagr. 375 — Pions faibles. Noirs au trait (Schlechter-Rubinstein, San Sebastian, 1912)

L'examen du diagramme ne laisse guère anticiper une victoire en faveur des noirs. Les blancs disposent d'une majorité sur l'aile D, les noirs sur l'aile R. La seule différence concerne la faiblesse des deux pions isolés des blancs qui, par ailleurs, peuvent aisément être défendus. Et pourtant, ainsi que l'observe Fine, dans *Basic Chess Endings*, c'est précisément ce facteur qui va causer la perte des blancs : ceux-ci doivent *protéger* leurs pions, alors que les noirs peuvent les *attaquer*, ce qui leur confère l'initia-

tive dont l'importance est capitale aux échecs.

Le plan des noirs peut se résumer en quatre étapes :

1) attaquer les pions faibles, ce qui entraîne, par voie de conséquence, l'immobilisation de la tour blanche ;

2) centraliser le roi ;

3) avancer leur majorité sur l'aile R ;

4) si le roi blanc se dirige vers l'aile R, les noirs gagneront du matériel. En revanche, si le roi blanc demeure sur l'aile D pour appuyer sa majorité, les noirs obtiendront un pion libre sur l'aile R dont l'avance coûtera une tour aux blancs, sous peine de tolérer sa promotion.

Voici la suite de la partie :

1.	Tc6 - é6 !
2. Tg1 - é1	Té6 - f6

Menace l'occupation de la deuxième traverse.

3. Té1 - é2

Deuxième étape

3.	Ré7 - é6
4. Rb1 - c2	Ré6 - é5
5. c3 - c4	Ré5 - é4

Troisième étape

6. b2 - b4	g6 - g5
7. Rc2 - c3	g5 - g4

| 8. | c4 - c5 | h5 - h4 |
| 9. | Té2 - g2 | Tf6 - g6 |

Installe la tour *derrière* le pion potentiellement libre.

Quatrième étape

10.	Rc3 - c4	g4 - g3
11.	h2 × g3	h4 × g3
12.	Rc4 - b5	b6 × c5

| 13. | b4 × c5 | Ré4 - f3 |
| 14. | Tg2 - g1 | a7 - a6 + !! |

Surprime la menace c6.

| 15. | abandonnent | |

En effet, après 15. Rc4, g2 ; 16. Rd5, Rf2 ; 17. T × g2 +, T × g2 ; 18. c6, R × é3 ; 19. c7, Tc2, les noirs gagnent aisément.

L'importance de la septième traverse

Trois facteurs confèrent un avantage positionnel aux blancs dans la position qu'illustre le diagramme 376.

Diagr. 376 — Tour à la septième traverse. Blancs au trait
(Capablanca-Tartakover, New York, 1924)

1) la tour blanche occupe la septième traverse ;

2) la tour confine de surcroît le roi noir à la bande ;

3) le pion libre g5 immobilise les forces noires.

Voici la suite de la partie :

1. Rf3 - g3 !!

Le roi se prépare à pénétrer dans le jeu noir.

| 1. | | Tc6 × c3 + |
| 2. | Rg3 - h4 | Tc3 - f3 |

Après 2. ..., Tc1, les blancs neutralisent la menace Th1 + par 3. Rh5 ! et les noirs ne peuvent pas échanger les tours sous peine de perdre la finale de pions.

| 3. | g5 - g6 ! | Tf3 × f4 |
| 4. | Rh4 - g5 | Tf4 - é4 |

Ou 4. ..., T × d4 ; 5. Rf6 ! avec les deux variantes : A. 5. ..., Rg8 ? ; 6. Td7 ! et le mat est imparable ; ou B. 5. ..., Ré8 ; 6. T × c7 !, T × a4 ; 7. g7, Tg4 ; 8. T × a7 ! suivi de g8 : D et Ta8 avec gain de la tour noire.

5.	Rg5 - f6 !	Rf8 - g8
6.	Th7 - g7 +	Rg8 - h8
7.	Tg7 × c7	Té4 - é8
8.	Rf6 × f5	Té8 - é4
4.	Rf5 - f6 !	Té4 - f4 +
10.	Rf6 - é5	Tf4 - g4
11.	g6 - g7 + !	Rh8 - g8

Après la liquidation 11. ..., T × g7 ? ; 12. T × g7 +, R × g7 ; 13. R × d5, les blancs conduisent leur pion D à dame.

12. Tc7 × a7 !

Le pion d5 ne peut échapper à son sort.

12.		Tg4 - g1
13.	Ré5 × d5	Tg1 - c1
14.	Rd5 - d6	Tc1 - c2
15.	d4 - d5	Tc2 - c1
16.	Ta7 - c7	Tc1 - a1
17.	Rd6 - c6	Ta1 × a4
18.	d5 - d6	abandonnent

Le pion libre protégé

Comme la tour est un mauvais bloqueur, un pion libre protégé par un autre pion, confère un avantage positionnel considérable à celui qui s'en trouve nanti. Le diagramme 377 nous en offre un bel exemple.

Diagr. 377 — Le pion passé protégé. Blancs au trait (Capablanca-Eliskases, Moscou; 1936)

L'infériorité de la position noire est due à deux facteurs :

1) ni la tour ni le roi ne contrôlent la case f5 ;

2) manque d'activité de la tour noire.

Capablanca en a tiré parti pour un sacrifice de pion temporaire.

1.	f4 - f5 !!	é6 × f5
2.	Rg3 - f4	Té7 - é6

S'oppose à l'entrée en scène de la tour adverse. Après 2. ..., Tf7 ; 3. Tg3 +, Rf8 ; 4. Tg5, les blancs progressent rapidement.

3.	Rf4 × f5	Té6 - g6
4.	é5 - é6	Tg6 - g4
5.	Rf5 - é5	Tg4 - é4 +

Ou 6. ..., Rf8 ; 7. Rd7 ! et gagne.

7.	Th3 - é3 !

Force la promotion du pion. L'interception 7. ..., Té4 ne va pas à cause de 8. T × é4, d × é4 ; 9. é7, Rf7 ; 10. Rd7, etc.

4

Tours et pièces mineures

Ce genre de finales n'affecte pas les règles générales propres à la tour. Plus elle déploie de l'activité, mieux cela vaut. La position du diagramme 378 en offre un fort joli exemple.

Diagr. 378 — Blancs au trait
(Trifunovitch-Tahl, Palma de Majorque, 1966)

Les blancs ont un pion de plus et disposent d'un pion libre potentiel sur l'aile D. Mais leurs efforts pour convertir leur avance matérielle se heurtent à l'immobilisation de leurs pièces, obligées d'observer le dangereux pion libre des noirs sur la colonne « h ». D'où l'idée de Tahl de neutraliser

celui-ci par un surprenant sacrifice de pion.

   1. é5 - é6 ! !

Intercepte la diagonale du fou D et menace, entre autres, 2. F×h3 avec gain du pion libre.

   1.   Fd7 ×é6

Le moindre mal.

L'avance 1. ..., h2 n'allait pas à cause de 2. T×h2, T×h2 ; 3. R×h2, F×é6 ; 4. Fg2, et les blancs doivent gagner la finale de fous.

   2. Ta2 - a7 +   Fé6 - d7

Interception forcée, car, après 2. ..., Rd8 ? ; 3. Ta8 +, Fc8 ; 4. Rh2, la menace Fa6 décide.

   3. Rg3 - h2 !

Bloque le pion libre, menace l'avance b5 et lie la tour noire à la protection de h3.

   3.   Th8 - h5
   4. b4 - b5 !   Th5 ×c5
   5. Ff1 ×h3

Les blancs ont atteint leur premier objectif : la capture du pion libre adverse.

   5.   f6 - F5
   6. b5 ×c6 !

Force une liquidation totale entraînant une finale de pion victorieuse.

   6.   Tc5 ×c6

7. Fh3 × f5   Tc6 - d6
8. Rh2 - g3 ! !

Le seul coup gagnant. Le clouage du Fd7 permet l'avance du roi blanc avec gain de temps. A défaut de celui-ci, les blancs n'auraient pas pu forcer l'opposition.

8.   Ré7 - é8
9. Ta7 × d7 !   Td6 × d7

10. Ff5 × d7 +   Ré8 × d7
11. Rg3 - g4 !

Pour gagner l'opposition, le roi doit se loger devant son pion.

11.   Rd7 - é6
12. Rg4 - g5   Ré6 - f7
13. Rg5 - f5 !

Oblige le roi à céder le passage au roi blanc. D'où la décision des noirs de se rendre.

5

Conseils généraux
sur la conduite des finales

1) Les pions doublés, isolés et bloqués sont faibles : évitez-les !

2) Les pions passés doivent être avancés le plus vite possible.

3) Si vous avez un ou deux pions de plus, échangez des *pièces*, mais non des pions.

4) Si vous avez un avantage, ne laissez pas tous les pions d'un côté.

5) Si vous avez un pion de plus, 99 fois sur cent la partie sera nulle, si tous les pions se trouvent du *même* côté de l'échiquier.

6) Les finales les plus simples à gagner sont les finales de pions.

7) Les finales les plus faciles à annuler sont les finales de fous de couleur différente.

8) Le roi est une pièce capitale !

9) Ne mettez pas vos pions sur la *même* couleur que votre fou.

10) A l'exclusion des structures de pions bloquées, les fous l'emportent sur les cavaliers.

11) Deux fous vis-à-vis de F + C constituent un avantage tangible.

12) Le roi est le meilleur bloqueur d'un pion libre.

13) Une tour à la septième traverse compense le déficit d'un pion.

14) La tour doit se trouver *derrière* le pion passé.

15) L'importance de la centralisation et de la mobilité des pièces demeure valable en fin de partie.

16) A la différence du milieu de partie, les finales réclament moins d'évaluation que de calcul pur.

CINQUIEME PARTIE

Les penseurs,
les grands praticiens,
les grands professeurs

1

Les penseurs

La théorie de Steinitz

Elevé à l'école de l'attaque « à tout prix » dont les avocats les plus illustres, tels que Morphy et Anderssen, n'avaient cessé de confirmer le bien-fondé grâce à leur talent confirmatoire et à leur volonté d'ouvrir le jeu au plus tôt, Steinitz a épousé, au départ, le style de ses grands contemporains, encore que certains signes précurseurs, tels que son refus de précipiter l'ouverture du jeu, sa tendance et son obstination à s'accrocher au moindre avantage matériel, aient laissé prévoir une prochaine révolution dans le monde des échecs. Celle-ci éclata en 1873.

A force de s'être livré à une étude profonde de ses propres parties et de celles de ses concurrents, Steinitz découvrit les lacunes de l'attaque « à tout prix ». Et d'arriver à la conclusion que les triomphes de Morphy et d'Anderssen étaient moins le fruit de leurs étonnantes combinaisons que celui de la défense médiocre de leurs adversaires.

Critique de l'attaque à tout prix

Fort de cette découverte, Steinitz n'a pas manqué de se poser la question : « Quand peut-on attaquer ? » Et d'y répondre : « *Quand la position le justifie* », c'est-à-dire lorsque certaines conditions favorables se trouvent réunies, qui en assurent le succès. Bref, Steinitz a déclaré la guerre à l'axiome de l'attaque « à tout prix » pour lui substituer l'attaque « *motivée* ». Restait à convaincre le monde des échecs d'une philosophie aussi anticonformiste. Seul le test de la pratique était susceptible de confirmer la justesse de ses idées : montrer à ses futurs adversaires combien leurs attaques sont prématurées et, par voie de conséquence, incorrectes ! Un tel défi eût été impensable sans une technique défensive « améliorée », art quasi incompris par les joueurs d'alors. Et d'édicter de nouveaux principes en faveur de la défense.

Seul contre tous — le monde des échecs considéra ses théories en contradiction avec le bon sens —, Steinitz éprouva la plus grande peine à promouvoir ses idées. Ce n'est qu'après ses victoires sur Zukertort en 1866 (10 à 5), Tchigorine en 1889 (6 à 4) et sa deuxième rencontre avec Tchigorine en 1892 (10 à 8) qu'elles furent enfin admises.

Quelles sont ses idées maîtresses ?

Le principe de base de Steinitz s'énonce comme suit : *élaborer un plan conforme aux exigences de la position.*

L'élaboration d'un plan équivaut à se fixer une ligne de conduite. Et celle-ci répond à une économie intellectuelle. Car si le cerveau humain était capable de tout calculer, ainsi que l'observe Lasker, il pourrait se passer d'un plan ! Conscient de ses limites, le joueur évalue les situations qui échappent au calcul pur.

Le plan et son histoire

La recommandation d'établir un plan n'est pas une idée neuve en soi sur les 64 cases. Comme le souligne Lasker dans son *Chess Manual*, le plan a fait son entrée aux échecs pour résoudre la finale théorique : R + T contre RD, fin de partie qui se développe selon un schéma déterminé. Fier de cette performance, le monde des échecs s'est endormi sur ses lauriers pendant de longues années.

L'histoire moderne du plan débute à l'époque de la Renaissance en Italie. Les maîtres italiens conçurent un plan aussi fertile que prometteur : 1) mobiliser rapidement les pièces ; 2) n'accorder que peu de considérations aux pions, préparer une attaque soudaine sur le roi. La défense, à son tour, conçut un plan antagoniste : 1) mobiliser les pièces en leur assignant des cases sûres ; 2) accepter les sacrifices et provoquer l'échange des pièces menaçantes ; 3) convertir une supériorité matérielle en victoire.

Les spécialistes de l'attaque ont imaginé les combinaisons brillantes ; les maîtres de la défense ont découvert l'échange systématique des pièces, lequel a atténué la vigueur de l'assaut quand il ne le brise pas. Les avocats de l'attaque à outrance, enfin, ont inventé les gambits.

La proposition de Philidor : *« le pion est l'âme des échecs »* a annoncé un nouveau pas en avant dans l'élaboration d'un plan.

Moins mobile que les pièces, le pion constitue un élément relativement stable de la position. Et leur structure d'ensemble (squelette de pions) détermine le caractère de la position et, partant, le plan approprié à suivre, à supposer que les mouvements de pièces s'équilibrent par ailleurs. A l'époque de la Renaissance, cet équilibre était un état d'exception. Aussi les joueurs manquaient-ils d'expérience pour admettre la thèse de Philidor. Bref, la valorisation du pion à l'appui de lentes manœuvres, son intervention en faveur d'une ouverture de lignes ou encore pour prendre d'assaut une position ferme, demeuraient incompris par ses contemporains.

Le plan, tel que l'entend Steinitz, se hisse à un niveau supérieur et concerne essentiellement le jeu de *position* et la *stratégie*. Sa tendance dominante dépendra du degré de déséquilibre de la position.

L'attaque « motivée »
au détriment de l'attaque « à tout prix »

Les avocats de l'attaque « à tout prix » ne se souciaient pas du degré de déséquilibre de la position. Ils considéraient l'attaque comme une panacée, capable tantôt de provoquer une rupture d'équilibre à partir d'une position égale, tantôt de rétablir l'égalité à partir d'une position inférieure.

L'attaque « motivée » que recommande Steinitz s'appuie sur un nombre de caractéristiques favorables qui la justifient, et suppose une *rupture* d'équilibre. A quelles caractéristiques songe-t-il ? Il en est de deux genres selon qu'elles sont *temporaires* ou *durables*. Enumérons-les :

1) avance de développement (temporaire) ;
2) plus grande liberté de manœuvre (temporaire ou durable) ;
3) occupation du centre (temporaire ou durable) ;
4) situation vulnérable du roi adverse (temporaire ou durable) ;
5) points faibles dans la position adverse (temporaire ou durable) ;
6) la meilleure structure de pions (durable) ;
7) majorité de pions sur l'aile D (ou l'aile 5) — durable ;
8) lignes ouvertes (durable) ;
9) être en possession des deux fous ou du couple (F + C) ou (C + C) — durable ;
10) avantage matériel (durable).

C'est sur cet ensemble de caractéristiques que se fonde la théorie de Steinitz. Chacune d'elles, prise isolément, peut représenter un atout en soi.

Le principe d'accumulation

Si l'attaque n'est autorisée, d'après Steinitz, qu'à partir d'une situation favorable, il s'ensuit que toute action agressive implique un préalable, c'est-à-dire une position *supérieure*, nantie de nombreuses plus-values. D'où l'intérêt d'en réunir le plus possible. Au cours de la poursuite de cet objectif, le joueur ne fera aucune distinction entre avantages temporaires ou durables. Toute plus-value sera la bienvenue. Lorsqu'il en aura réuni un nombre suffisant (affaire de jugement), la position sera mûre pour l'attaque, stade critique qui coïncide avec un état de *saturation*. A partir d'ici, l'attaque sera non seulement *motivée*, mais encore *impérative* sous peine de perdre le bénéfice des plus-values accumulées.

La pratique a amplement confirmé ce verdict de Steinitz.

Faute de saisir le moment propice pour convertir les plus-values temporaires en plus-values *durables*, le principe d'accumulation grince. L'initiative tend vers un point mort et un reflux s'installe dans la position.

L'équilibre : ses conséquences théoriques et pratiques

Que se passera-t-il sur les 64 cases lorsqu'aucun des deux joueurs ne peut se prévaloir d'un avantage de position ?

Cette notion d'*équilibre*, introduite par Steinitz, si importante dans les échecs modernes, pose à la fois un problème d'évaluation et de comportement.

L'équilibre d'une position est moins aisée à déterminer que l'équivalence de deux poids. Il est rare que, de part et d'autre, la construction soit exempt de défauts et de qualités. La plupart du temps, les plus-values et les moins-values s'entremêlent. Les unes peuvent neutraliser les autres et réciproquement. Dans l'affirmative, il y a équilibre. Ce diagnostic s'établit moins par le calcul que par voie de comparaison et d'évaluation et son degré de justesse dépendra de la force du joueur quand ce n'est pas le test de la pratique qui finira par rendre son verdict.

Quel sera le *comportement* des antagonistes face à une position qu'ils jugent en équilibre ?

Chacun s'efforcera de corriger les défauts de sa construction et de multiplier ses plus-values en vue de provoquer une rupture d'équilibre en sa faveur. Dans quelle mesure cette entreprise réciproque a-t-elle une chance d'atteindre son objectif ?

A supposer que les deux joueurs jouent correctement, une position en équilibre conduit invariablement à d'autres positions en équilibre et, partant, à une lutte sans décision. La rupture d'équilibre, tant souhaitée de part et d'autre, ne peut être forcée par une attaque brutale ou par des coups forts. Pour autant que chaque coup reçoive une réponse adéquate d'en face, toute tentative de brusquer les événements demeure stérile.

Ces réflexions condamnent l'attaque « à tout prix ». Seules les fautes adverses permettent une rupture d'équilibre à partir d'une position égale ; les vertus de l'attaque n'y suffisent pas.

Les théories de Réti

Jusqu'à la première guerre mondiale, Tarrasch et Lasker, les grands disciples de Steinitz, avaient donné le ton dans le monde des échecs par leur style dit classique. C'est Richard Réti (1889-1929) qui, le premier, s'est élevé contre certaines de leurs conceptions. Et de fonder, peu après la première guerre mondiale — avec Breyer — l'école hypermoderne où la façon de traiter les débuts a été repensée.

Une nouvelle conception du centre

Au lieu de l'occupation du centre au début de la partie, voici que Réti lance l'idée de son *contrôle*. Installer des pions sur les cases centrales peut entraîner des inconvénients. Les pions centraux peuvent devenir une cible pour l'adversaire ; ils privent par ailleurs les pièces mineures de la possibilité d'occuper ces mêmes cases centrales. D'où le concept de Réti d'y renoncer en faveur d'avances de flanc (c2 - c4 et f2 - f4) afin de gagner le *contrôle* des cases centrales. Pour accentuer ce contrôle, le *fianchetto* du fou R et, bien souvent, celui du fou D s'avèrent indispensables. Cette construction, dite le début Réti, a subi avec succès le test de la pratique jusqu'à nos jours.

Critique de la mobilisation quantitative

Sans nier les mérites de la mobilisation quantitative : sortir les pièces une à une dans le délai le plus bref, Réti introduisit la notion de la mobilisation *qualitative*, laquelle autorise de jouer deux ou plusieurs fois avec la *même* pièce au détriment de la sortie d'une pièce non développée. Son champ d'application concerne surtout les positions fermées ou semi-fermées.

L'expérience a montré le bien-fondé de ses idées, bien qu'elles se soient révélées moins bouleversantes que l'auteur ne se l'était imaginé. Débarrassée de ses excès, la révolution hypermoderne a laissé une trace durable dans l'évolution des idées stratégiques.

La théorie de Nimzovitch

Contemporain de Réti, Nimzovitch (1886-1935) prit à son tour le contrepied des théories de Tarrasch. Et de rejoindre l'école hypermoderne en s'attaquant à la logique et au dogmatisme de Tarrasch. C'est à Nimzovitch que nous devons l'introduction de notions telles que :
   1) la surprotection ;
   2) le blocus ;
   3) les manœuvres prophylactiques ;
   4) le zugzwang.
Les idées stratégiques de Nimzovitch couvrent par priorité les positions *fermées*. Aucun joueur de nos jours ne peut s'en passer.

2

Les grands praticiens

Paul Morphy

Un des plus fort joueurs de tous les temps, et champion du monde officieux au cours de la courte période où il se manifesta en Europe et aux Etats-Unis, Paul Morphy — né à la Nouvelle-Orléans en 1837 — a montré, le premier, l'importance du développement quantitatif et les possibilités d'attaque qui en découlent.

« L'étrange rapidité de ses combinaisons, sa connaissance magistrale des ouvertures et des fins de parties », comme l'a écrit Willard Fiske, caractérisaient son jeu.

Emmanuel Lasker

Champion du monde pendant vingt-cinq ans, Emmanuel Lasker (1868-1941), fut l'un des plus redoutables joueurs de tournoi que l'on ait connus.

« La vie et les échecs, disait Lasker, ont tous les deux une lutte constante. » Mieux que Steinitz, il mit les idées de celui-ci en pratique, sans les renouveler, si ce n'est sur des points de détail. Grand psychologue et défenseur hors ligne dans les positions précaires, il ne créa pas d'école tant son style échappait à une ligne de conduite dominante. Jusqu'à l'âge de 65 ans (Nottingham 1935), il a su résister aux plus forts joueurs de son époque.

José-Raoul Capablanca

Champion du monde de 1921 à 1927, Capablanca appliquait déjà certains idées de l'école hypermoderne avant qu'elles ne fussent formulées par ses théoriciens. Ses parties se distinguent par une étonnante clarté et une sécurité proverbiale. Ses fins de partie étaient de véritables mouvements d'horlogerie. C'était un talent inné dont les parties demeureront un monument dans l'histoire des échecs.

Alexandre Alekhine

Né à Moscou en 1892 et champion du monde de 1927 à 1935 et de 1937 à 1946, Alekhine considérait les échecs moins comme un jeu que comme un art. Grand joueur d'attaque à partir de bases solides, extrêmement doué pour les combinaisons, il a su réaliser la synthèse des principes de Tarrasch et de ceux de l'école hypermoderne. Par la volonté de créer des tensions, son style contraste avec celui de Capablanca.

Max Euwe

Né à Amsterdam en 1901, Euwe a été champion du monde de 1935 à 1937. Ses parties se rattachent au style classique. La logique et les plans thématiques y dominent. En revanche, en milieu de partie, il n'a pas atteint à la grandeur de Capablanca ni d'Alekhine.

Michel Botvinnik

Né en 1911 à Leningrad, champion du monde de 1948 à 1963 avec quelques petites interruptions, Botvinnik est un joueur énergique, patient et précis. Lucide, il est un critique aigu de ses propres parties et du style de ses concurrents. Sa préparation à un tournoi ou à un championnat du monde n'a d'égale que celle d'Alekhine. Botvinnik étant très fort en milieu de partie à partir de ses propres variantes de début, « ses fins de partie, observe Fine, s'élèvent au plus haut degré de perfection technique ».

Vassily Smyslov

Né à Moscou en 1921, champion du monde en 1957, Smyslov est avant tout un grand stratège et un connaisseur du pion R et des finales. La sécurité de son jeu le rapproche du style de Capablanca.

Michel Tahl

Né en 1936 et champion du monde en 1960, Tahl est le plus brillant, mais non le plus efficace, des joueurs contemporains. Ses facultés combinatoires dénotent une imagination et un goût du risque peu communs. Dans cet ordre d'idées, il dépasse encore, selon nous, Morphy et Alekhine. Pour le commun des mortels, c'est le joueur le plus séduisant de l'époque actuelle.

Tigran Petrossian

Né en 1929, Petrossian a été champion du monde de 1963 à 1969. Le style de Petrossian combine ceux de Capablanca et de Nimzovitch. A nos yeux, il est le plus grand disciple de ce dernier, tant il se meut exclusivement dans les positions fermées où il applique, avec un rare bonheur les enseignements de son grand professeur. D'une extrême solidité à la Capablanca, d'une infinie patience, il a le don de prévoir et de prévenir les intentions de ses adversaires.

Boris Spassky

Né en 1937, et champion du monde depuis 1969, Spassky excelle par ses dons d'adaptation à n'importe quel style. Agressif ou passif selon les circonstances, il applique à merveille les maximes psychologiques de Lasker. Au courant de toutes les ouvertures sans en négliger presque aucune, il se conduit comme un grand maître très fort dans toutes les phases du jeu. C'est un joueur complet qui traite chaque adversaire selon sa force et son idiosyncrasie.

Robert Fischer

Né en 1943, Fischer a souvent été surnommé « l'étoile filante des échecs ». Enfant prodige, il connaîtra une ascension rapide au sein de la hiérarchie très fermée des grands maîtres. Sa victoire contre Spassky lors du championnat du monde de 1972 (Reykjavik) a laissé aux générations futures des parties qui n'ont pas encore toutes livré leur secret. Malheureusement, Fischer a délaissé depuis lors l'échiquier pour vivre misérablement de métiers de rien. Dernier joueur à avoir réussi à interrompre l'hégémonie de l'école des échecs soviétique, on retiendra de son jeu toute la finesse de son sens stratégique et combinatoire, ainsi que ses nombreux apports à la théorie des ouvertures, notamment par la réhabilitation de certaines variantes jadis condamnées.

Anatoli Karpov

Né en 1951, Karpov devient très tôt un des fleurons des échecs soviétiques. Apparu très jeune sur le circuit international, il y enregistrera de nombreuses victoires face aux plus grands de l'époque. Ayant régné pendant une décennie sur le monde des échecs moderne (1975-86), il aura su attirer à lui l'admiration de tous les échémanes. Maniant avec une précision d'horloger toutes ses pièces, il excelle avant tout dans les situations apparemment simples pour lesquelles son sens positionnel inné lui permet de faire naître dans les rangs adverses des menaces souvent décisives. Ses matchs victorieux contre Kortschnoy (Baguio 78 et Mérano 81), sa défaite contre Kasparov laissent à la postérité un matériel où des idées stratégiques souvent inédites foisonnent.

Garri Kasparov

Né en 1963 à Bakou, Kasparov fait partie de cette jeune génération brillante passée par l'école de Botvinnik. Rompu dès le plus jeune âge à l'étude des parties de ses illustres prédécesseurs, il en conserve une mémoire au sujet de laquelle tout le monde s'accorde à reconnaître qu'elle est réellement prodigieuse. Joueur d'instinct, les positions qu'il dessine sur l'échiquier ont en commun de faire naître de multiples complications tactiques devant lesquelles bon nombre de grands maîtres ont achoppé. Positionnel avant tout, son style de jeu s'accorde à merveille avec son tempérament de battant.

C'est au terme d'un marathon de 25 mois que Kasparov détrône Karpov pour devenir, en 86, le plus jeune champion du monde de l'histoire des échecs modernes.

3

Les grands professeurs

A peu près tous les grands joueurs ont écrit sur les échecs, mais pas dans la même mesure !

Siegbert Tarrasch

Surnommé le *praeceptor Germaniae*, Tarrash (1862-1934) doit être rangé parmi les meilleurs pédagogues échiquéens de tous les temps. Disciple de Steinitz et doué d'une excellente plume, Tarrasch allait se signaler non seulement comme un praticien de premier ordre, mais encore comme un propagandiste du père de « l'école moderne ». Cette double aptitude remarquable lui réserva une énorme audience. Mais à force de prôner des règles, sans trop se soucier de leurs exceptions, Tarrasch n'échappa pas au défaut de verser dans le dogmatisme, générateur d'un manque de souplesse dans le jugement. Témoin de la naissance de l'école hypermoderne, il a vu le triomphe des théories qui étaient la négation des siennes.

Pour Tarrasch, la supériorité positionnelle se résumait surtout en deux points : le contrôle de l'espace et la mobilité des pièces. L'art de tirer parti de cette supériorité était son autre cheval de bataille.

Parmi les ouvrages qu'il a publiés, on doit mentionner tout particulièrement : *300 Schach Partien, Die moderne Schach Partie, Die Verteidigung des Damengambits* et *Das Schachspiel*.

Max Euwe

Les mêmes qualités qui ont valu à Tarrasch la célébrité en qualité de praticien et de propagandiste des échecs, nous les retrouvons chez Euwe. Doué d'un sens pédagogique et d'une puissance de travail peu ordinaires, l'ex-champion des Pays-Bas et du monde continua l'œuvre de Tarrasch à des hauteurs inconnues par la diffusion de ses ouvrages, traduits dans les grandes langues mondiales, et qui couvrent tous les compartiments du jeu en passant par les livres de tournoi et les articles réservés aux joueurs et aux revues spécialisées.

Pour nous, son œuvre monumentale demeure la classification et l'exposé de tous les débuts, en douze fascicules, travail où l'ordre et la clarté ont eu raison d'une matière vaste et ingrate.

Citons aussi ses fascicules sur les finales et le milieu de partie, ainsi que ses ouvrages : *Rencontre avec les maîtres, Stratégie et Tactique, Jugement et Plan.*

SIXIEME PARTIE

Réflexions et remarques

1

Considérations
sur l'apprentissage des échecs

Jamais époque n'a été aussi propice que la nôtre pour s'initier rapidement au noble jeu, tant la littérature sur les échecs abonde et nous offre l'expérience du passé et du présent. Mais quels sont les amateurs qui en profitent, si ce n'est qu'une faible minorité d'entre eux. Beaucoup d'entre eux consacrent des centaines d'heures par an aux échecs sans atteindre une force appréciable. La raison en est, ainsi que l'observe Lasker dans son *Manuel of Chess*, que nos efforts aux échecs comme ailleurs n'atteignent qu'un pour cent du résultat auquel on aurait pu s'attendre. Et de soutenir le pari d'élever un profane, sans aptitude particulière pour les échecs, à la force d'un joueur de premier catégorie sous réserve d'une instruction méthodique qu'illustre le « *time table* » suivant :

Règles du jeu	5 heures
Finales élémentaires	5 heures
Quelques ouvertures	10 heures
Jeu de combinaison	20 heures
Jeu de position	40 heures
Parties pratiques et analyses :	120 heures

Et d'insister sur la nécessité d'un effort de réflexion et de jugement personnel chez celui qui s'attaque à l'étude des échecs.

Vouloir mémoriser des variantes d'ouverture ou les célèbres parties de l'histoire est peine perdue. Seules les *méthodes de jeu* qui s'appliquent à un grand nombre de positions vous seront réellement utiles. Et nous songeons, en particulier, au milieu de partie et à la fin de partie. Elles nous permettront de trouver la voie pour résoudre les problèmes qui se posent, et de retenir certaines *règles* avec leurs *exceptions*.

Comme nous le montre le tableau de Lasker, le progrès est conditionné par l'étude et, encore plus, par la pratique ; aucun des deux ne peut se passer de l'autre !

L'esprit critique et l'autocritique seront les meilleurs alliés du débutant. N'acceptez pas aveuglément n'importe quel écrit, fût-il signé par les plus grands théoriciens ou praticiens. Sachez aussi admettre vos fautes et vos lacunes. Le manque d'objectivité est un frein au progrès : évitez enfin de rencontrer des adversaires inférieurs.

Dans cet ordre d'idées, nous ne pouvons qu'inviter l'amateur à rejouer les grandes parties des maîtres, à lire les commentaires avec un esprit contestataire, à analyser les possibilités dont on ne parle pas. Ce travail enrichira vos réminiscences.

2

Le mythe détruit
ou
le mode de pensée du joueur

Comment le joueur se décide-t-il pour un coup, lorsque la position n'autorise aucune combinaison ? La question intrigue les profanes et a été soulevée par Réti dans son ouvrage *Die neuen Ideen in Schachspiel*. Et d'observer : « Le profane s'imagine volontiers que la suprématie du maître s'appuie sur sa capacité de calculer 3 à 4, voire 10 à 20 coups à l'avance. Lorsqu'on me demande combien de coups je calcule à l'avance, mes amis des échecs s'étonnent toujours de ma réponse en toute franchise : pas même un seul coup la plupart du temps.

» A l'aide de la mathématique, on verra aisément l'impossibilité, pour ne pas dire l'inutilité, de vouloir anticiper une série précise de coups dans maintes situations. Considérons, par exemple, une position vide de menaces graves, c'est-à-dire une position tranquille où chaque camp dispose, selon les estimations les moins optimistes, d'une moyenne de *trois* coups plausibles. Il faudra les prendre en considération, pour autant qu'on désire anticiper leurs conséquences. Or, si je voulais m'astreindre à calculer toutes les variantes auxquelles ceux-ci pourraient donner lieu, ne serait-ce qu'en me limitant à un coup complet dans chaque ramification, j'aurais $3^2 = 9$ variantes à examiner.

» En doublant la profondeur de calcul de chaque ramification — deux coups complets — le nombre de possibilités s'élèverait déjà à $3^4 = 81$, effort de l'esprit qui pourrait tout au plus se concevoir par correspondance. L'ambition de tripler la profondeur du calcul : 3 coups blancs et 3 coups noirs pour chaque ramification, élèverait le nombre de coups à examiner à $3^6 = 729$, anticipations irréalisables en pratique.

» Même à supposer qu'on puisse s'offrir cette peine, quelle récompense nous réserverait-elle ?

» Le calcul en profondeur n'aurait un sens que dans la mesure où *les positions obtenues au terme de chaque variante* nous permettraient de déterminer la meilleure suite à partir de là. Les positions tranquilles s'y dérobent. On ne peut s'attendre qu'après 3 coups un résultat clair se dessine à l'horizon. Pour y remédier on devrait, comme se l'imagine le profane, qui incline à penser qu'aux échecs tout est combinaison, pousser encore le calcul, ce qui augmenterait le nombre de variantes à une vitesse vertigineuse. Le cerveau humain serait incapable de les embrasser. »

Le calcul n'est efficace qu'à partir d'une position où les possibilités à examiner demeurent *limitées*, c'est-à-dire lorsque vos coups obligent l'adversaire à des ripostes *forcées*. Une menace ou l'initiative d'un échange ou d'un échec de votre part entraînent ce cas particulier et rendent possible le calcul à l'avance de plusieurs coups, voire d'une dizaine, parce que les variantes à examiner demeurent *réduites*. A défaut de ces circonstances heureuses, le joueur se laisse guider par des considérations positionnelles ou subjectives, quand ce n'est pas simplement l'évaluation à laquelle il fait appel.

3

Le choix d'un coup
à partir d'une position donnée

Pour mieux décrire le mode de pensée du joueur d'échecs, référons-nous à la thèse du docteur A.D. de Groot *Het Denken van den Schaker* où celui-ci, à l'aide de multiples tests, s'est livré à une introspection : comment les joueurs procèdent-ils pour arrêter leur choix devant tel ou tel coup ? Et de soumettre de nombreuses positions, empruntées à la pratique, à cinq grands maîtres, à cinq maîtres, à cinq joueurs de première classe et à cinq de deuxième classe, avec la demande expresse d'exprimer leurs considérations à haute voix et de proposer finalement la continuation de leur choix.

Diagr. 379

L'exemple du diagramme s'est révélé riche en enseignements et un excellent test pour établir la maîtrise chez certains des joueurs consultés.

Première phase

Le joueur s'oriente. Il fait le relevé du rapport matériel et se livre à une estimation de la position en fonction de l'emplacement des pièces. Ses actions personnelles à court terme ou à long terme retiennent par priorité son attention. Menaces et contre-menaces ne sont pas négligées. C'est le moment *statique* de l'examen de la position. Le joueur se demande : comment la situation se présente-t-elle ? Il note le pion isolé, une plus grande liberté de manœuvre en sa faveur, le degré d'intensité du clouage du Cf6, l'interdépendance des Cf6 et Cd5.

Le joueur expérimenté promène son regard d'une manière non systématique et relève les caractéristiques qui le frappent.

Deuxième phase

Après ce premier examen, le joueur essaie divers coups déterminés, lesquels lui permettent, mieux que les possibilités que la position recèle, de s'orienter.

Voici, par exemple, la statistique des propositions de solution d'un joueur de seconde : 1. C×d5, 1. C×d5, 1. C×d5, 1.h4, 1. Tc2, 1. C×d5, 1. Fh6, 1. h4, 1. Fh6, 1. Fh6. C'est ce dernier coup qui a finalement reçu sa préférence.

La deuxième phase pourrait s'intituler encore le moment *dynamique* de l'examen de la position. Le joueur se demande d'abord : que puis-je faire ? Et puis : que peut faire mon adversaire ?

Quelques extraits des protocoles des joueurs consultés nous éclairent à ce sujet.

P (joueur de première) : 1. C×c6 a l'air bon. J'échange un fou actif, puis j'échange sur d5 afin de forcer une finale avantageuse Ou devrais-je attaquer sur l'aile R : Dg3 et Cg4 ?

Et de pencher quand même en faveur de la première solution

G4 (un des cinq grands maîtres) : les noirs ne menacent pas grand-chose. D×b2 ne marche pas sans doute, ou quand même ? Essayons.

G5 : suis-je menacé ? Puis-je menacer ?

G1 : voyons si je ne puis rien prendre. Dois-je attaquer ? 1. Fh6 et 2. C×f7. Pas satisfaisant.

1. C×c6 — les noirs doivent reprendre du pion. Qui est mieux ?

M3 (un des cinq maîtres) : les blancs ont un avantage écrasant

G3 : y a-t-il quelque chose de décisif ?

P (un des joueurs de première) : dois-je faire quelque chose d'immédiat parce que b2 est en prise ?

G3 : 1. F×d5 a l'air bon.

Calculons. Réserve-t-il un avantage décisif ?

G1 : 1. F×d5 — peut-être rien de spécial — calculons quand même.

1. Cg4 — ne me plaît pas non plus.

1. C×c6, b×c6 puis 2. F×d5. Peut-être d'emblée 1. F×d5.

La troisième phase

C'est celle du réexamen et de la récapitulation des possibilités considérées. Les résultats obtenus sont comparés et précisés, et le joueur marque une tendance à renforcer ceux-ci. Exemples :

G2 : réexaminer 1. C×C6, b×c6 — pression sur c6, les deux fous — agréable ! Mais la position promet davantage.

G5 : 1. F×d5, é×d5 (forcé) — c'est bon pour les blancs : Cf6 est faible, Fé7 prend Fc6 mal placé.

D'où sa décision d'opter pour 1. F×d5.

4

Remarques générales

Que dévoilent encore les protocoles (compte rendus des joueurs soumis aux tests) ?

Le joueur ne considère qu'un faible nombre de coups par rapport à ceux réglementairement autorisés. Cette sélection s'explique par le fait qu'il cherche la solution dans une direction déterminée. Après avoir établi un jugement de valeur sur la position, il part à la recherche de possibilités qui la justifient quand ce n'est pas celles qui la dépassent qui auront sa préférence. Cette ambition dérive d'un fait psychologique. A la valeur estimative de la position, le joueur ajoute inconsciemment une plus-value, dite d'espoir. Leur addition conduit à une *valeur anticipative maximum*, ordre de grandeur trop optimiste par rapport à ce qu'on peut attendre de la position. Lorsque l'examen d'une possibilité déçoit ses espoirs, le joueur l'écarte en faveur de la recherche d'une autre, susceptible de satisfaire ses perspectives. A force de réexaminer la position, le joueur tend à renforcer les différents coups qu'il a examinés afin de parvenir à une preuve objective ou subjective au sujet de la meilleure continuation.

Prenons, par exemple, le protocole de M1 (un des cinq maîtres consultés) :

1. Cé4, 1. F×d5, 1. Fh6, 1. F×d5, 1. h3, 1. F×d5, 1. b4, 1. F×d5, 1. F×d5 (coup finalement adopté).

La recherche d'un coup à partir d'une situation donnée se réduit en quelque sorte à un examen empirique de la position. Le joueur procède par divers essais qui sont autant de tentatives de solution, mais aussi un moyen de reconnaissance du terrain afin de s'orienter sur les possibilités qui s'offrent. L'essai constitue en outre une opération d'appoint dans la mesure où il justifie ou contredit un espoir quantitatif ou qualitatif.

Méthodes de jeu : l'arsenal du maître

Ce sont les méthodes de jeu, celles d'ordre tactique et stratégique, qui engendrent la force des grands joueurs. Ceux-ci possèdent une gamme de connaissances et de réminiscences structurées, dérivées de l'expérience, et qui leur permettent de « situer » la position et le traitement qu'elle réclame, ainsi que d'établir des rapports entre une situation neuve et celle qui leur est connue par des expériences antérieures.

Conclusions et analyse complète de la position

En comparant les coups proposés par les grands maîtres et ceux des joueurs de première, l'auteur note que tous les grands maîtres, sauf un, ont indiqué le meilleur coup 1. F×d5, cependant que le choix de l'un d'eux demeure quand même avantageux : 1. C×c6. En revanche, les cinq joueurs de première ont négligé la plus forte continuation. Trois d'entre eux ont proposé 1. C×d5, tandis que les deux autres ont opté pour 1. Fb1 et 1. h4.

L'auteur se l'explique par le fait que le meilleur coup n'était point plausible ! mais aussi parce que ceux qui possèdent la maîtrise voient d'emblée l'essentiel. Leurs calculs ne sont pas plus profonds que ceux des joueurs de première, mais plus efficaces, précisément parce qu'ils entament l'analyse de la position à un niveau plus élevé.

Solution complète de la position

    1. Fb3 × d5 !   é6 × d5 !
Si 1. ..., F × d5 ? ; 2. F × f6 ; 3. C × d5, é × d5 ; 4.Cd7 avec gain de la qualité.
    Si 1. ..., C × d5 ? ; 2. C × d5 ! ; é × d5 ; 3. F × é7 avec gain d'une pièce.
    2. Dd3 - f3   Db6 - d8
Si 2. ..., Rg7 ? ; 3. Cg4, C × g4 ; 4. F × é7, Tfd - é8 ; 5. Fc5 et 6. D × g4 avec gain d'une pièce.
    3. Tc1 - é1 !   Tf8 - é8
    4. Cé5 × c6   Tc8 × c6
    5. Té1 × é7   Dd8 × é7
    6. Cc3 × d5   Cf6 × d5
    7. Fg5 × é7   Cd5 × é7
    8. d5 ! et l'avantage matériel des blancs décide.

TABLE DES MATIÈRES